平凡社新書
1022

近現代日本思想史
「知」の巨人100人の200冊

東京女子大学丸山眞男記念比較思想研究センター＝監修
TOKYO WOMAN'S CHRISTIAN UNIVERSITY
MARUYAMA MASAO CENTER FOR THE HISTORY OF IDEAS

和田博文＝編
WADA HIROFUMI

山辺春彦＝編
YAMABE HARUHIKO

HEIBONS

近現代日本思想史「知」の巨人100人の200冊●目次

Ⅰ　文明開化から日清戦争・日露戦争まで　一八六六（慶応二）年〜一九〇五（明治三八）年

II 第一次世界大戦と大正デモクラシー 一九〇六（明治三九）年〜一九二二（大正一一）年

Ⅲ モダニズム・マルクス主義・ファシズム 一九二三（大正一二）年～一九四四（昭和一九）年

Ⅳ 敗戦から六〇年安保闘争まで 一九四五(昭和二〇)年〜一九六〇(昭和三五)年

I　文明開化から日清戦争・日露戦争まで

一八六六（慶応二）年〜一九〇五（明治三八）年

時代と思想❶　文明開化から日清戦争・日露戦争まで

慶応が明治と改元され、江戸が東京と改称されたのは一八六八年である。しかし明治の知識人の西洋体験は、それ以前から始まっていた。六〇年二月に万延元年遣米使節がアメリカに向かう。七七名の使節団には、勝海舟や福澤諭吉が含まれていた。六二年一月になると文久遣欧使節が、ヨーロッパに旅立つ。三六名の一行のなかに、福澤諭吉や福地源一郎（桜痴）の姿が見られた。文久遣欧使節と入れ替わるように、同年一一月には幕府最初の留学生となる、榎本武揚・津田真道《まさみち》・西周ら一一人がオランダを目指す。遣米遣欧使節の目的は、条約批准書の交換や、開港開市の延期交渉だった。ただ日本の青年はその際に、日本と西洋の圧倒的な文明の落差を目撃する。派遣ではなく密航という方法で海を渡る青年もいた。六四年七月に新島襄は、開港地の箱館からアメリカへと密かに出国する。その八年後にアメリカを訪問した岩倉使節団全権副使の木戸孝允は、新島の英語力に感心して、通訳として使節団に参加させた。

明治の知識人の大きな特徴は、各界で近代的な制度設計に関わったことである。たとえば政界。一八八一年一〇月に国会開設の勅諭が出て、八九年二月には大日本帝国憲法が発布され、翌年一一月に第一通常議会が召集された。憲法の最終草案は、伊藤博文・伊東巳代治・井上毅《こわし》・金子堅太郎が完成させている。彼らの多くは欧米体験を有していた。伊藤は六三年に渡英するが、工場や海軍施設などを目の当たりにして、開国論に転じている。七一年に岩倉使節団の随行員となった金子は、ボストンの小学校から学び始め、最終的にはハーバード大学で法学士の学位を得た。七二年に江藤新平に随行して渡欧した井上は、フランスやドイツで司法制度を調査している。

あるいは実業界。東京瓦斯会社は一八八五年一〇月に、東京電燈会社は翌年七月に開業した。近代都市生活のインフラを形成する二つの事業は、大倉喜八郎と渋沢栄一が立ち上げている。建設・製鉄・繊維・貿易などの企業を創立する大倉は、七二年の欧米視察以降、数回の洋行を通して、西洋の商業・経済事情を研究した。製紙・鉄道・保険などの事業を興す渋沢は、パリ万国博覧会開催の六七年に、徳川昭武に随行して、ヨーロッパの近代的な制度を見学する。二人が尽力したのはインフラの整備だけではない。東京商法会議所の設立や、鹿鳴館・帝国ホテル・帝国劇場の建設にも関わっている。

学校の創立に知識人は大きく関与した。福澤諭吉が慶應義塾のスタートとなる、蘭学の家塾を開くのは一八五八年。八二年には大隈重信が、東京専門学校（後の早稲田大学）を開校した。その五年後には井上円了が、私立哲学館（後の東洋大学）を開いている。この時代に学問は、漢学・蘭学から、欧米の学問に大きくスライドしていく。キリスト教は先進文明の一翼を担っていたから、日本の教育制度にも影響を与えた。アメリカで洗礼を受け、アマースト大学で理学士の学位を得る新島襄は、七五年に同志社英学校を創立する。六歳のときに岩倉使節団に随行した津田梅子も、アメリカで洗礼を受けた。再度の渡米時にブリンマー大学で学んだ津田は、一九〇〇年に女子英学塾（後の津田塾大学）を開校して、近代女子教育の道を切り拓いている。

自由民権運動が盛んだった一八七〇年代後半〜八〇年代前半は、近代ジャーナリズムの成立期にあたる。『読売新聞』の創刊は七四年、『朝日新聞』は七九年、『時事新報』は八二年。それらに続いて、新聞や雑誌が次々と誕生し、言論活動が活性化していった。八一年に創刊される『東洋自由新聞』の社長と主筆は、パリに留学したことがある、西園寺公望と中江兆民が務めている。八七年以降になると徳富蘇峰が民友社から、総合誌『国民之友』を発行する。志賀重昂や三宅雪嶺が八八年に創刊した『日本人』の誌上には、欧化主義に反発する言説が幅広く見られた。その翌年には陸羯南が、ナショナリズムを主張する新聞『日本』を主宰している。

近代化への道は、帝国主義への道でもある。一九世紀後半にイギリスは、アフリカやアジアを次々と植民地化していった。フランス・ドイツ・オランダ・ポルトガル・アメリカなども世界分割の競争に加わる。近代日本の知識人は欧州航路でヨーロッパに赴くとき、寄港地で大英帝国の力と、植民地化された現地の状況を、目の当たりにした。西洋の帝国の背中を追うように、近代日本が最初の植民地を獲得するのは、一八九五年四月の日清講和条約によってである。日本側の全権は、伊藤博文と陸奥宗光が務めた。日本は台湾・澎湖列島を手に入れ、その後の半世紀にわたって、植民地支配を続けることになる。後藤新平が台湾総督府民政長官を務め、新渡戸稲造が台湾の糖業の基礎を築くなど、知識人は植民地の制度設計にも関与した。

東アジアの帝国への道は、日露戦争の勝利によって決定的になる。一九〇五年九月のポーツマス条約により、遼東半島租借権と鉄道の権利、南樺太がロシアから譲渡され、韓国での日本の優越権が承認される。二〇世紀前半の満州進出と、一〇年八月の韓国併合は、その延長線上で可能になった。帝国主義と天皇制国家に対抗する、抵抗勢力が存在しなかったわけではない。〇一年五月に片山潜・幸徳秋水らと社会民主党を結成した木下尚江は、『火の柱』（一九〇四年）で非戦論の立場を明らかにする。一八九一年一月に第一高等中学校の教育勅語奉読式で不敬事件を招いた内村鑑三も、木下と共に足尾銅山鉱毒問題に関わり、日露戦争非戦論を主張した。不敬といえばジャーナリストの宮武外骨は、大日本帝国憲法発布を『頓智協会雑誌』でパロディ化し、八九年一〇月に禁錮三年の判決を受けている。日清戦争・日露戦争は中国の近代化を促した。宮崎滔天はアジア主義を掲げて孫文らを支援し、その動きは一九一一年一〇月の辛亥革命につながっていく。

歴史は政治・経済・外交の分野だけで編まれるのではない。この時代の知識人の世界体験は、日本人の空間意識を拡げていった。河口慧海が日本人として初めてチベットの地を踏むことは、その一例にすぎない。一八八〇年代に岡倉天心がアーネスト・フェノロサらと実施した、奈良や京都の古社寺調査は、仏教美術を世界史の視野に布置し直すことで、奈良や京都を近代ツーリズム都市に成長させる。岡倉は後に東京美術学校校長や、ボストン美術館中国・日本美術部長に就任する。それは日本の美術史の一コマに留まらず、欧米の日本イメージの形成史にも深く関わっている。

（和田博文）

井上円了《いのうええんりょう》

哲学者・教育者・仏教者　一八五八〜一九一九

新潟県長岡市の真宗大谷派慈光寺に生まれる。幼名岸丸。一八七一年、東本願寺にて得度。法名、円了。七八年、東本願寺留学生として上京、東京大学予備門に入学。八一年、東京大学文学部哲学科に入学。在学中に不思議研究会、および哲学会を創設。八五年、同学科卒業。八七年、哲学書院、および哲学館（後の東洋大学）を設立。同年、『哲学会雑誌』創刊。『妖怪玄談』（哲学書院）、『仏教活論序論』（哲学書院）刊行。キリスト教を批判し、仏教の改良運動に着手する。八八年から翌年にかけ、欧米を視察。以降も二度にわたって海外を回る。九〇年から全国巡回講演を開始。九四年、『妖怪学講義』を創刊。妖怪学を提唱し、啓蒙主義の視点から妖怪の撲滅を掲げ「お化け博士」「妖怪博士」の名称で親しまれた。九九年、『通俗講義　霊魂不滅論　附　霊魂集説』（南江堂書店）刊行。一九〇五年、哲学館事件によって生じた学内の対立から、哲学館大学（哲学館を改称）学長を辞任。「教育勅語」を基盤とする道徳教育の浸透のために、修身教会運動を展開。一九一四年、『おばけの正体』（丙午出版社）刊行。一九年、中国を巡行。大連で講演のさなかに倒れ、逝去。

〈全集等〉『井上円了選集』全二五巻（東洋大学、一九八七〜二〇〇四年）
〈水先案内〉三浦節夫『井上円了――日本近代の先駆者の生涯と思想』（教育評論社、二〇一六年）

『霊魂不滅論』（国書刊行会、一九九九年）

『破唯物論』（哲学書院、一八九八年）で扱った死後の霊魂の滅不滅に関する問題を、よりわかりやすく説く。円了は西洋科学の流行によって近視眼的な思考が蔓延し、死後の世界が否定され、宗教を「野蛮未開の遺物」とみなす世の風潮を嘆く。死後の世界がないならば、法律に触れさえしなければ道徳や品行などどうでもいいという心得になる。それは国民の道徳、社会の風紀と教育に関する一大事であるとし、霊魂不滅の論陣を張る。円了が仮想敵とするのは、当時の学者たちの多くが霊魂滅亡論の根拠とした唯物論である。円了は、近代科学の基盤をなしている「物質不滅」「勢力恒存」「因果相続」の諸原理を踏まえつつも、あくまで唯心論の立場から霊魂不滅を説く。円了によれば、霊魂不滅説は人々に満足感を与え、心を強くする。そこから生まれる決死の精神は国家の独立を保護する鉄壁となり、国家建設の礎となると主張するのである。円了の危惧は、キリスト教の権威が揺らいだ近代西欧の危機感と連なる。その意味で本書は、明治日本が西欧と対峙することで否応なく向き合うこととなった仏教の近代化の問題に対する、円了なりの回答と捉えることができる。円了によれば、唯物論と唯心論から成る西洋哲学の、このふたつの流れを中道という形で統合しているのが仏教である（『仏教活論序論』）。仏教を哲学として捉える円了の視点は、後世に大きな影響を与えた。

『お化けの正体』

（新編妖怪叢書六巻、国書刊行会、一九八三年）

円了は『妖怪玄談』で、当時流行していた「コックリさん」に注目し、その正体を「意向作用より生ずる不覚作用」であるとした。以後、彼は世の中に蔓延する「妖怪」（キャラクター化された超自然的存在を意味する現代の妖怪ではなく、常識では判断できない不可思議な現象全般を指す）を分析の俎上に載せ、啓蒙主義の立場から「妖怪」の存在を否定する、いわゆる妖怪学の試みを精力的に進めた。その集大成と言えるのが『お化けの正体』である。本書のなかで円了は、妖怪を実怪と虚怪に大別し、さらに実怪を真怪と仮怪に、また虚怪を偽怪と誤怪に分類する。円了によれば、真怪とは超理的妖怪であり、不可思議、不可知の異名である。仮怪は自然的妖怪であり、現象としては実在するものの、合理的な説明が可能である。仮怪はさらに物理的妖怪と心理的妖怪に分類することができる。例えば前者は狐火や鬼火が、後者は幽霊や狐憑きが該当する。また偽怪は人為的な妖怪であり、人々がフィクションとして生み出したものである。誤怪は偶然的妖怪であり、幻覚や錯覚によって妖怪と判断されたケースである。円了はこの四分類のなかで、特に偽怪、仮怪、真怪を重視し、偽怪の研究によって社会や人情の秘密が、仮怪の研究によって万有自然の秘密が、真怪の研究によって宇宙絶対の秘密が明らかになるという。円了の妖怪学とは、人文科学、自然科学の双方を包括する、総合学の試みだったのである。

（一柳廣孝）

植村正久《うえむらまさひさ》

牧師・伝道者・神学者

一八五八〜一九二五

旗本の家系に江戸（上総説もあり）で生まれ、維新の激変、困窮のなか、家族と横浜に移る。一八七〇年、英学を志し、七二年、オランダ改革派宣教師ジェイムス・H・バラの英学塾に入ると、折から宗教的な熱気が高まり、横浜公会設立に至る過程を経験。七三年五月に受洗。S・R・ブラウンの英学塾・東京一致神学校を経て七九年、按手礼《あんしゅれい》を受ける。下谷一致教会、番町一致教会（現富士見町教会）を設立、終生後者の牧師を務めた。

横浜公会から日本基督教会に至るプロテスタント教会発展過程で指導的役割を担い、自給独立の教会形成に努めた。海老名弾正との論争（一九〇一〜〇二年）等を通じ、新神学に対する正統的福音主義の立場を確立する一方、宣教師と対立、明治学院神学部教職を退任し、一九〇四年、東京神学社を設立した。一八八〇年、『六合雑誌』創刊に関わり、九〇年より『福音週報』（後『福音新報』）、翌年より『日本評論』（九四年まで）等を主宰。代表的著作に、『真理一斑』（一八八五年）等。聖書翻訳、賛美歌の翻訳や編集、文学の紹介や評論でも活躍。

一八八二年、横浜フェリス女学校出身の山内季野と結婚。三女の環《たまき》は牧師になった。

〈全集等〉『植村正久著作集』全七巻（新教出版社、一九六六〜六七年）

〈水先案内〉雨宮栄一『戦う植村正久』（新教出版社、二〇〇八年）

『植村正久文集』

（岩波文庫、一九三九年）

本書は、富士見町教会会員で、英文学者の斎藤勇が編集したもので、宗教思想家評論、時評、西洋文学論、訳詩、雑の五部に分けて植村の著述を収録している。文学者である編者は、神学理解を直接示す文章ではなく、人物評を多く選び、植村の人間理解に重点を置く。

植村は、自らの青年時代を多く語らなかった。それで、彼が宗教的確信を得、伝道と教会の設立・運営・制度化に献身するに至った過程はやや把握しにくい。本書収録の人物評はこの問題のヒントとなる。植村は、想像力による現世からの飛翔、理想の保持を重視しており、それに欠ける場合、辛い点をつける。功績を称えた福澤諭吉もそこが足りなかった。キリスト教は植村に想像力の翼を与えたようである。一方で、彼は、キリストの神性、贖罪、聖書の無謬性といった、キリスト教の提示する難題に取り組み、独自の立場を築いたF・D・マオリス（モーリス）のような人物を高く評価する。それは、植村自身が宗教の難題と格闘し、学習し、論理的思考を鍛えることで信仰の土台を築いたことを示す。植村の、保守、リベラルといった型にはまらない独自の神学的・思想的立場の背景には、幅広い読書、独学がある。「雑」にある文章は、教職者試験で植村の説教を聞いた宣教師ヘボンが、難解で、伝道者に不向きだと指摘したこと、一九二二年にラトガース大学から神学名誉博士号を授与され、その際、トマス・エディソンと同席したことなど、興味深いエピソードを伝える。

『新撰讃美歌』

（岩波文庫、二〇一七年）

一八八六年、日本基督一致教会と組合教会（会衆派）は協同での賛美歌集編纂を企画した。実質的に、松山高吉、奥野正綱、植村正久がこの企画を担い、八八年に歌詞のみの版を出版した。九〇年にこれを部分的に改訂、楽譜付きの版を出した。楽譜を準備したのは、アメリカン・ボード（会衆派系海外伝道局）宣教師のジョージ・オルチンと妻のネリである。今日プロテスタントの教会でよく使われる賛美歌集の原型と言ってもよい。本書は、九〇年版から英文目次等を省略し、楽譜全二八六曲から三〇曲を抄出し、注を付したものである。

宣教師の伝えたキリスト教文化の中でも、賛美歌は特に人気があった。ある女性宣教師の手紙は、音痴、濁声《だみごえ》でも、臆せず大声で歌う日本人の姿を報告している。一八七二年以降、各種日本語賛美歌集が叢生した。本賛美歌集は、その土台の上に当時の集大成として成立した。

植村正久の本賛美歌集への貢献の具体的様相は不明である。本書注によれば、植村の翻案、創作と断定できるのは三作、妻との共訳が一作、妻の訳が一作である。それでも、『新撰讃美歌集』といえば植村が想起される。植村は美文で知られ、島崎藤村が『若菜集』収録の「逃げ水」の作詩で植村訳の賛美歌四番を真似したことが有名だからだろう。植村は旧約聖書「詩編」の翻訳にも加わった。想像力を大切にした彼は、それをどう日本語で表現するかにもこだわった。言文一致、前期浪漫主義成立への寄与は疑いのないところである。（小檜山ルイ）

内村鑑三《うちむらかんぞう》　キリスト教思想家、伝道者、文筆家、評論家　一八六一〜一九三〇

高崎藩士の長男。一八七七年、札幌農学校二期生となり、「イエスを信ずる者の契約」に署名し、七八年、受洗。八一年、北海道開拓使勤務。八四年、浅田タケと結婚、半年で破局。一九八一年末、私費で渡米、知的障害者施設で働く。八五年、アマスト大学に編入。翌年、贖罪信仰を得る。八七年、理学士。八八年、帰国。新潟北越学館教頭を四ヵ月で辞任。八九年、横浜加壽子と再婚。九〇年、第一高等中学校嘱託教授。翌年、有名な不敬事件により、退職。また、妻が病死。各地を流転しつつ、執筆。九二年、岡田静子と再々婚。

一八九七〜九八年、『万朝報』の英文欄主筆、九八年、『東京独立雑誌』を創刊。翌年、角筈《つのはず》の女子独立学校校長。一九〇〇年、同誌を廃刊、学校を辞し、『聖書之研究』創刊。『万朝報』客員。〇一年、同社「理想団」に参加、また、足尾銅山反対運動に関わる。自宅での聖書講義を公開し始める。日露戦争を前に非戦論を展開、〇三年、好戦論に立つ『万朝報』を退社。一九〇四年以降、聖書研究会を中心に活動。〇八年、柏木の今井館が正式開館。一二年、娘ルツ子が病没。復活信仰を確立。世界大戦に際し、再臨運動を展開。一九三〇年、帰天。

〈全集等〉『内村鑑三全集』全四〇巻（岩波書店、一九八〇〜八四年）

〈水先案内〉鈴木範久『内村鑑三の人と思想』（岩波書店、二〇一二年）

『余は如何にして基督信徒となりし乎』

（岩波文庫、一九三九年）

一八九一年、「内村鑑三不敬事件」により日本社会の大勢から非難を受けた内村鑑三は、友人の助けで各地で教えて口を糊したが、文筆しか生存の道はないと思い定め、京都に蟄居。流浪の間に生まれたのが、『基督信徒の慰』『求安録』『日本および日本人』（後に『代表的日本人』）等の代表作八冊である。本書はその中の一冊で、一八九三年に執筆、九五年に公刊された。『日本および』と本書の二冊は英語で書かれ、アメリカでの出版、販売が想定された。前者は日清戦争の折から迅速に売れたが、後者は売れなかった。しかし、後に日本語を含め六カ国語に翻訳され、最も知られる内村の著作となった。本書の日本語訳は鈴木範久。

松沢弘陽が指摘するように、内村は、抽象的思考ではなく、自らの経験を聖書や神学の語りと突き合わせ、理解することで一般性につなげるという思考回路を特徴とした。本書は、日記を基にした、生誕からアメリカより帰国する一八八七年までの自伝で、激動する日本社会、キリスト教、アメリカと向き合った自らの経験を「生命の真の知識」を得るための「実験」として、検証的に提示する。キリスト教文化・文明の外形を拒絶し、信仰の核心をとらえて、日本の伝統の上に据えようとする若き内村の独創的立場を明示する。「異教徒」のキリスト教経験を世界に希に見る高いレベルで開示した書。ただし、正直を身上とする内村が、渡米の直接原因となった浅田タケとの離婚には触れていない。その重さが推察される。

『ヨブ記講演』

（岩波文庫、二〇一四年）

内村鑑三の人生は苦難の連続であった。若き日の離婚、不敬事件と妻の死、娘ルツ子の死はその代表的なものである。また彼は、兄弟や内村を慕う青年たちも含め、多くの人と対立、決別した。文筆で立ち、自らの信仰を証するに徹した「無教会」という立場（教会を否定したのではない）を取ったことは、対立を常態としたことと無関係ではないだろう。

「ヨブ記講演」は、一九二〇年、丸の内の大日本私立衛生会館での内村鑑三聖書研究会で行われ、関東大震災後の二五年に公刊された。旧約聖書「ヨブ記」は、義人ヨブが財産、家族、健康、友を失い、不幸のどん底に落ちる話。三人の友人が、不幸は罪の報いだと説くのに対し、ヨブは反駁し、悲嘆にくれる。苦悶の中心には、神の支配の下、善人が衰え、悪人が栄えることがあるのはなぜか、という問いがある。ヨブは苦しみを通じ、全能の神を知り、苦難は、最終的に最善の結果になるという希望を得、さらに愛を以て友を許す。最後、善の報いではなく、神の恵みとしての財産、家族、健康、友を取り戻す。

内村は、「ヨブ記」について本講演以前にも二度書いている。彼は自らの経験をヨブに見いだし、慰めを得た。「ヨブ記」は詩の形式で書かれ、難解だが、内村の読解は明瞭で、ルツ子の死を経て復活の希望を得た内村の、信仰、苦難、希望、愛への理解が明らかにされる。二〇一四年に再版されたのは、東日本大震災後の社会不安の高まりゆえか。

（小檜山ルイ）

大隈重信《おおくましげのぶ》 政治家

一八三八〜一九二二

八三歳で逝去した大隈重信の国民葬には一〇〇万人が集った。新聞各紙は「国家の功勲」「世界の偉人」「民主主義の最初の鼓吹者」(『東京朝日新聞』)、国民を率いて「藩閥や軍閥」への対抗を試み、保守政治に対して「進歩と自由」を叫んできた「偉大な政治家」(『読売新聞』)、「外交、財政の第一人者」、早稲田大学創設の功業者、「博覧強記」で「憂世達識なる時代批評家」であり「偉大なる人格者」(『東京日日新聞』)と評した。ただし『東京日日新聞』は、大隈の政治的生涯が成功といえるか否かの判断には苦しむとも述べている。大隈はイギリス風の政党政治を目標としながらも、所属政党の脆弱さを前にして薩長藩閥に対抗するため、時に謀略まがいのことや機会主義的行動をしている。薩長閥首班の内閣の外相になるなど現実主義的な政治家であった。他方、薩長閥指導者にはない大隈の特徴は、演説や新聞の談話、雑誌の論説などを通して、国民に直接働きかけたことである。時代の精神や時勢を察知し、民衆に影響力を及ぼすための弁舌にもたけていたし、隻脚ながらも元気に理想をめざす姿を見せ続け、後年にも引き継がれる民の政治家というイメージ作りに成功している。

〈全集等〉『大隈重信関係文書』全一一巻(みすず書房、二〇〇四〜一五年)

〈水先案内〉伊藤之雄『大隈重信(上)――「巨人」が夢見たもの』『大隈重信(下)――「巨人」が築いたもの』(中公新書、二〇一九年)

『大隈重信自叙伝』

（岩波文庫、二〇一八年）

大隈重信は自らの過去を追懐して公表することをあまり好まなかったといわれるが、本書は、「生立ちから征韓論政変まで」「東京専門学校開校前後まで」「過去を顧みて――追懐談・追懐文」の三部構成で編まれている。第一部は『大隈伯昔日譚』（円城寺清編、立憲改進党々報局、一八九五年）を底本としている。同書は大隈自身の語りを『郵便報知新聞』記者がまとめ、同紙に二九六回にわたり連載された回顧談（一八九三年四月一日～翌年一〇月一三日）を編集した書。次の第二部の底本は、『大隈侯昔日譚』（松枝保二編、報知新聞社出版部、一九二二年）。『報知新聞』紙上の六四回の連載（一九二一年七月三一日～一〇月一一日）は、「愈々其佳境に入らん」とする明治一四年政変後の時期までできたが、大隈の病状悪化で中断（翌年一月一〇日死去）。「生きたる好個の「日本憲政秘史」」となるはずの企画であったが、未完のまま終わった。そこで大隈の回顧談に「補」として矢野文雄の談話を加え一書として刊行されたのが、底本の『大隈侯昔日譚』。第一部は文章体で記述されているが、第二部は大隈の語り口を生かした談話体である。第三部は、大隈の談話・演説・論説の中から過去を振り返った自伝的要素を含むものを選んで収録したもの。なお二冊の底本にまとめられた大隈自らの語りは、八〇余年に及ぶ生涯の前半生までであるが、江戸から明治への激動の時代を駆け抜けた大隈の姿と、近代国家創生のプロセスを浮かびあがらせている。

『大隈重信演説談話集』（岩波文庫、二〇一六年）

大隈重信の残した演説・談話・論説は、二二〇〇タイトルにのぼる。そのうちの約七割が日露戦争後から第一次世界大戦期に集中しているが、本書には、ほぼその時期の四一編が収録されている。「人生を語る・学問を語る」と題された第一部には、「青年に寄せて――生き方の指針」（七編）、「女性へのメッセージ」（六編）、「「学問の独立」――早稲田の学風」（四編）、「教育家たちの思い出」（四編）など、大隈の青年論、女性論、学問論、教育論が収められている。他方、第二部の「政治を語る・世界を語る」には、「政治はいかにあるべきか」（五編）、「世界のなかで生きる」（五編）、「東西文明の調和――文明を論ず」（四編）、「理想を掲げて――世界平和のために」（六編）など、大隈の政治論、外交論、文明論、平和論が収録されている。大隈は一九〇七（明治四〇）年に憲政本党総理を辞し、政治活動の第一線からいったん退き、早稲田大学の初代総長になっているが、大隈の演説・談話・論説はとくにその〇七年から再び首相となる一四（大正三）年にかけて飛躍的に増えている。そうした明治から大正へと移り変わる新しい時代に、大隈は「調和」を基調とする幅広く多種多様な論を展開して、彼が期待を寄せた青年や女性を、そして社会を啓発しようとしたのである。本書は、六〇歳代後半から八〇歳代の老境に入る時期の大隈の思いを系統的に窺い知ることのできる書となっている。

（黒沢文貴）

岡倉天心《おかくらてんしん》

美術史家

一八六三〜一九一三

幼名角蔵、本名覚三。雅号の天心は主としてその死後に使用されるようになった。一八八〇年に東京大学を第一期生として卒業後、文部省に入省。八四年、師のフェノロサとともに京阪地方古社寺調査に参加、法隆寺夢殿観音を開扉する。八七年の東京美術学校の創立に関わり、同校幹事（のちに校長）として伝統を重視する美術教育に力を注ぎ、横山大観や菱田春草らの日本画家を育てた。八九年には帝国博物館理事・美術部長に就任し、美術保存調査事業に従事する。九三年に清国調査旅行へ出発する。

一八九八年、すべての官職を辞した後、橋本雅邦、横山、下村観山らとともに、官学に対抗して、東京谷中に日本美術院を創立、伝統に基づく新美術の開発に努めた。一九〇一年にインド調査旅行へ出発する。〇三年、最初の英文著書『東洋の理想』を出版する。〇四年に渡米し、ボストン美術館に勤務、後年、同館中国・日本美術部長に就任する。〇六年に日本美術院を茨城県五浦《いづら》に移転する。一〇年、東京帝国大学文科大学にて「泰東巧芸史」を講義する。

〈全集等〉『岡倉天心全集』全八巻・別巻一（平凡社、一九七九〜八一年）

〈水先案内〉木下長宏『岡倉天心――物ニ観ズレバ竟ニ吾無シ』（ミネルヴァ書房、二〇〇五年）

『東洋の理想』（講談社学術文庫、一九八六年）

「アジアは一つである」という有名な文章で始まる岡倉天心の代表的著書である。第二次世界大戦時、日本のアジア侵略や大東亜共栄圏を正当化するものとしてしばしば取り上げられてきたのは周知の事実である。しかし、すでに戦中から澤柳大五郎が「政治的経済的の協同体を意味するものではなくて、宗教芸術等の精華を等しくする形而上の同一体を意味する」と述べていた（「岡倉天心」河合栄治郎編『学生と日本』日本評論社、一九四〇年）ように、日本・中国・インドにおける文化的な一体性を意味して使用したものであった。

本書は岡倉のインド滞在中に成稿し、帰国後の一九〇三年にロンドンのジョン・マレー社から英文で出版された。*The Ideals of the East with special reference to the art of Japan* というタイトルが示すように、日本美術史研究の観点に立ったアジア論であり、「日本はアジア文明の博物館」という表現も、アジアの盟主としての日本の資質を指したものではなく、日本の美術が中国文明（儒教）とインド文明（仏教）から多大な影響を受け、それらの要素を「渾化」した歴史的特徴を説いたものであった。

物質や効率を優先する西洋近代文明がアジアに押し寄せ、人々の生活を混乱させている現実のなかで、アジアの「諸理想」こそ「暗黒を引き裂く稲妻の閃《きらめ》く剣」であると主張する本書は、文明社会に生きる現代人に依然として重要な示唆を投げかけている。

『日本美術史』

（平凡社ライブラリー、二〇〇一年）

岡倉天心は、一八九〇年から九二年までの三年間にわたり、東京美術学校において「日本美術史」の講義を行なった。これは、日本語で講述された最初の体系的な日本美術史といわれる。それから、二〇年後の一九一〇年、岡倉は東京帝国大学の講師に招かれ、「泰東巧芸史」の講義を行なった。本書は、それらの講義録と、『日本美術』一七号（一九〇〇年三月）に掲載された未完の論文「日本美術史論」から構成されている。

「世人は歴史を目して過去の事蹟を編集したる記録、すなわち死物となす。これ大なる誤謬なり。歴史なるものは吾人の体中に存し、活動しつつあるものなり」と述べるように、岡倉にとって日本の美術史を辿ることとは、懐古趣味とは全く異なり、明治以降の大変動により混乱していた我が国の美術を救済しようとする強い問題意識に支えられていたものであった。

近代科学に特有のセクショナリズムに陥ることなく、その旺盛な知識欲に基づいて各時代の日本美術の源流を明らかにしようとして、中国文明やインド文明の影響も指摘、その政治的・宗教的背景にまで視点を向けている。「日本美術史」というよりは「東洋文化史」と呼ぶにふさわしい内容となっている。岡倉の「一生の最快事」とされる、「推古時代」の代表作で秘仏であった法隆寺夢殿観音を開扉した時の様子は、臨場感に溢れた文章で綴られており、最も印象深い場面である。

（松井慎一郎）

加藤弘之《かとうひろゆき》

啓蒙思想家

一八三六〜一九一六

但馬国出石藩の甲州流兵学師範の家に生まれる。佐久間象山、坪井為春に蘭学を学ぶ。一八六〇年、蕃書調所《ばんしょしらべしょ》教授手伝となり、そこで西洋の政治学・道徳学・哲学等を研究。六二年、ドイツ語学習を命じられ、六四年に幕府の直参となり開成所教授職並となる。六八年、瓦解間近の幕府で大目付に昇進、公議所御用取扱として立憲政体の取り調べに従事する。明治維新後は新政府のもとで政体律令取調御用掛、会計権判事、学校権判事、大学大丞、文部大丞、外務大丞を歴任。明治天皇の侍読もつとめる。七七年に開成学校（東京大学の前身）に任ぜられてから途中四年間の中断を挟みつつも長く東京大学、帝国大学の総長をつとめた。大学総長辞任後は宮中顧問官、枢密院顧問官に就任、男爵に列する。

加藤は幕末期という比較的早い時期から立憲政体の意義、人民の権利の尊重を唱えるが、一八八二年に刊行した『人権新説』（谷山楼）で立場を変え、社会進化論に基づいて天賦人権論を「妄想」と批判、以前の自著を絶版にする。この思想上の転換をどう捉えるかが加藤の思想を考える上で大きなテーマとなっている。

〈全集等〉 大久保利謙・田畑忍監修『加藤弘之文書』（同朋舎出版、一九九〇年）

〈水先案内〉 田頭慎一郎『加藤弘之と明治国家――ある「官僚学者」の生涯と思想』（学習院大学研究叢書、二〇一三年）

『立憲政体略』

（『日本の名著34』中公バックス、一九八四年）

幕末期の著作『鄰艸《となりぐさ》』ですでに立憲政体の意義を説いた加藤は、明治初年の『立憲政体略』（谷山楼）によってそれをさらに明確に論じた。本書で加藤は「政体」を「君政」と「民政」に大別する。そして前者を「君主擅制」「君主専治」「上下同治」に、後者を「貴顕専治」「万民共治」に分類する。これらの違いは君主や一部貴族が国を私物化するか、憲法を制定して国民全体が政治に参加できるようになっているかによる。

このうち加藤は「上下同治」と「万民共治」とを「公明正大」な政体とし、それぞれの立法・行政・司法の運用について、欧州各国の制度がどのような形をとっているかを具体的に説明する。また人民の権利についても「私権」と「公権」とに分けて説明する。『立憲政体略』は日本でもっとも早い時期に行われた西洋の政治体制の体系的な紹介であった。

このような加藤の政治論は一八七四年の『国体新論』（谷山楼）においてひとつのピークを迎える。そこで加藤は人民の安寧幸福が国家の目的であるとし（第二章）、国家は君主の私有物ではないとし（第三章）、天皇も人民も同じ人類であるとする（第六章）。『鄰艸』から『国体新論』まで、加藤が一貫して批判したのは天皇を絶対視する水戸学的な「国体」論であった。「政体」が君主制であっても民主制であっても、憲法に基づき人民の権利を尊重する国のあり方こそが普遍的な「国体」であると、この時期の加藤は主張したのである。

『加藤弘之自叙伝』

（大空社、一九九一年）

加藤は死の前年の一九一五年、八〇歳の記念に『加藤弘之自叙伝』（加藤弘之先生八十歳祝賀会、以下『自叙伝』）を刊行した。加藤の自伝はほかに一八九六年、雑誌『太陽』に掲載した「経歴談」がある（中央公論社『日本の名著34』に収録）。『自叙伝』の原稿は出版の二年前に加藤夫妻の金婚式を機に書かれ、子孫に読ませることを目的としたもので私的な性格が色濃く、「経歴談」と比べて家族の事情に比較的詳しい。また、付録として収録された「追遠碑建設始末」に先祖についての長大な論考を載せる。逆に公務や著述については「経歴談」の筆致が鮮やかである。もっとも、二つの自伝ともに華麗な官歴・栄誉の誇示と一族の繁栄への関心が印象的である。これは加藤が官学の王道を歩み続けたという自負を示すと同時にかれの社会進化学説とも関連する。

前述のように加藤の思想は一八八二年の『人権新説』で大きく転換したとされる。かつて奉じた天賦人権論を否定し「優勝劣敗」を「天理」とする社会進化論を唱えるようになったのである。しかし、それは決して自由や権利の否定ではなく、むしろその発達を論じたものであり、「優者」と「劣者」の調和を志向するものであった。その上で加藤は統治者としての「優者」の意義を認めていた。加藤は自ら「優者」であることを示し、子孫にさらなる「優勝」を望む。その意味で本書自体が加藤の進化論のひとつの表れといえる。

（金子 元）

河口慧海《かわぐちえかい》　仏教学者　一八六六〜一九四五

井上円了の哲学館に学び、一八九〇年、五百羅漢寺にて得度。住職となるも、梵語・チベット語の仏教原典を求めてチベット行きを決意する。九七年、神戸港より出発。インドに到着後、約一年間チベット語を学ぶ。九九年にネパール到着。ネパールからチベットへの間道を模索し、一九〇〇年、ついに日本人として初めてチベットに入国する。翌年にはチベット・ラサにてセラ寺の大学に入学して修学僧侶となり、経典の蒐集に努めた。〇二年にチベットを出国、〇三年に六年ぶりの帰国を果たす。こうして河口慧海は仏教学者であるとともに、探検家としても名をはせることになった。

一九〇四年に『西蔵《チベット》旅行記』を出版。翌年には再びネパールを訪れ、漢訳一切蔵経を献上した。その後も一二年、一三年にネパールを訪れている。しかし帰国後、諸宗派の成立の根拠に疑問を抱き、二一年に黄檗宗《おうばくしゅう》の僧籍を返上し、二六年には帰俗を宣言した。この年、『在家仏教』を刊行し、在家（ウパーサカ）仏教による仏教の革命をめざす。四五年に八〇歳で没するまで、自身は戒律を守り、精進生活を続けた。

〈全集等〉『河口慧海著作集』全一七巻・別巻三（うしお書店、一九九八〜二〇〇四年）

〈水先案内〉高山龍三『河口慧海――雲と水との旅をするなり』（ミネルヴァ書房、二〇二〇年）

『チベット旅行記』上・下

（講談社学術文庫、二〇一五年）

本書は『西蔵旅行記』（博文館、一九〇四年）を底本とし、『時事新報』（一九〇三年）に連載された口述筆記や『西蔵旅行記 訂』（山喜房仏書林、一九四一年）、『河口慧海日記』（講談社学術文庫、二〇〇七年）を参照し、さらに *Three Years in Tibet*（Madras: The Theosophist Office, 1909）最終章を訳出・収録したものである。河口慧海が、すでに住職という「便宜な地位」を占めていながら、それを打ち捨ててでも、生きるか死ぬかわからないチベットに行かねばならなかった理由、またその道程を知ることができる。

慧海は、「かの世界第一の高山ヒマラヤ山中にて真実修行《しゅぎょう》を為《な》し得るならば、俗情を遠く離れて清浄《しょうじょう》妙法《みょうほう》を専修することが出来るだろう」と考え、一八九七年、三二歳で日本を発つ。シンガポール、ダージリンを経てカトマンズへと進む間、あるときは旅人に、あるときは乞食に、あるときは老婆に助けられながらひたすらチベットをめざす。寒さに凍え、高山病に苦しめられながらヒマラヤ山脈を越え、チベットに入国する様子は、さながら冒険譚のようである。しかし慧海はこれを探検記録として読まれることを好まず、あくまでも仏教の書として読まれることを期待した。実際、彼は多くの仏典を携えて六年ぶりに帰国する。

慧海の行程については、上巻に慧海自身による地図が付されている。また、これを確認し、不正確な部分を修正した高山龍三による踏査路が上・下巻末に加えられている。

『河口慧海日記——ヒマラヤ・チベットの旅』（講談社学術文庫、二〇〇七年）

河口慧海が第一回チベット旅行中に書いた日記が姪の宮田恵美氏によって発見されたのが二〇〇四年であった。この日記を翻刻するプロジェクトがその年のうちに立ち上げられた。川喜田二郎氏を代表、高山龍三氏を座長とし、本書編者である奥山直司氏を含む二〇余名から成る慧海研究プロジェクトである。〇六年には日記に基づいて慧海の足跡をたどる実地調査が大西保・白井久夫氏一行により実施された。

一九七八年に全五巻で出版された『チベット旅行記』では省略されていた地名、走行距離、出発時間、到着時間が、本書には克明に記載されている。また「おそらくは竹か木を削ったペンと墨で」（「はしがき」）横書きされたこの日記の写真版が、冒頭に載せられている。

几帳面に記されたこの日記からは、探検家というより修行者慧海の姿が浮かび上がる。たとえばチベットの寺に滞在中の一九〇一年二月一九日には「大方広仏華厳経《だいほうこうぶつけごんきょう》を終日半宵《はんしょう》読む」、二〇日「従朝至半宵、読華厳」、三月四日まで「同前」、三月五日「同前。昨夜降雪」、六日「同前」、七日「同前。降雪厳寒」、一〇日まで「同前」、一一日「大華厳経《だいけごんきょう》読了」、一二日「礼仏および大殿仏供儀《だいでんぶつくぎ》を行ふ。夜入禅」、と記録されている。このような日々の修行の記録を通して読者は人間慧海に接することができる。慧海のネパールやチベットの記述がいかに正確であったかは、のちの実地調査によっても証明された。

（和田桂子）

木下尚江《きのした なおえ》

社会運動家

一八六九〜一九三七

木下尚江は明治期に活発な言論活動を展開した社会運動家。信州松本の貧しい家庭で育つ。自由民権運動の演説会を祖母と共に聞いていたという。開智学校在学中に明治天皇の行幸があり天皇制に関心を抱く。松本中学校の万国史の授業でイギリスの清教徒革命を習い感銘を受け、国王を裁くことのできる法律を学びたいと思い上京、一八八六（明治一九）年東京専門学校で学ぶ。卒業後『信陽日報』『信濃日報』等で活躍し、九三年に弁護士登録、松本美以教会で受洗。入信当時より教会のキリスト教を「正統的信仰」とよび、自分の信仰を「野生の信仰」と表現。牧師よりもキリスト教社会主義者の石川三四郎、徳冨蘆花、安部磯雄らと交わり、平信徒的、野性的、傍系的キリスト者の位置に自らを置く。九九年上京して島田三郎の『毎日新聞』に入社。普通選挙運動、廃娼運動、足尾銅山鉱毒問題、非戦論等で論陣を張る。一九〇〇年片山潜・幸徳秋水・安部らが設立した社会主義協会に入会。翌年片山らと社会民主党を立党。幸徳・堺利彦らが創刊した『平民新聞』でも論陣を張った。なお演説にも長《た》けた雄弁家でもあった。〇六年社会主義運動から離脱し、半ば隠遁生活に入った。

〈全集等〉『木下尚江全集』全二〇巻（教文館、一九九〇〜二〇〇三年）

〈水先案内〉清水靖久『野生の信徒 木下尚江』（九州大学出版会、二〇〇二年）

『火の柱』

（岩波文庫、一九五四年）

日露開戦の是非が世間を賑わせていた一九〇三（明治三六）年、木下は安部磯雄・片山潜・幸徳秋水らと社会主義者非戦論大演説会などで非戦論を鼓吹していたが、同年一一月頃に『毎日新聞』が主戦論に転じたため、同紙での非戦論の執筆は困難となった。そこで、一面は自分の主張を発表するため、一面は遊んでばかりもいられないため、同年師走の編集会議で木下自らが提案して認められ、執筆した初めての小説。社論と個人の主張が異なる窮屈な立場に置かれたために生まれた小説といえる。『毎日新聞』〇四年一月一日から日露開戦を挟んで三月二〇日まで連載。その後加筆修正され、同年五月に平民社から単行本として刊行された。次作の『良人の自白』と共に尚江文学の中でも世評の高い作品。題名は旧約聖書からとり、内容は「新しいモーゼを書きたい、日本民族をリードするモーゼのような人物を書きたい」という思いから始まった書。反戦的キリスト教徒の山木梅子が親の強いる政略結婚を拒否して、反戦論者でキリスト教社会主義者である篠田長二との愛を成就させながら、篠田亡き後、篠田の思想的後継者として社会変革へと進むことを核とした物語。非戦論にたつ小説として広い読者層に衝撃を与えたが、政治小説・社会小説・家庭小説・浪漫主義文学の系譜にもある。大逆事件後の一〇年九月発禁処分。昭和初年に春秋社（二九年）と改造社（三〇年）から伏せ字があるものの復活。完全な形での復刊は、戦後の一九五〇年のことである。

『懺悔』

（大空社、一九九一年）

木下尚江の自伝。『平民新聞』の廃刊と社会主義運動の中心であった平民社の解散後、木下は、石川三四郎や安部磯雄らと一九〇五（明治三八）年一一月にキリスト教社会主義の雑誌『新紀元』を創刊。〇六年一〇月に「旧友諸君に告ぐ」を『新紀元』に掲載。木下は平和的革命を求めるキリスト者として、幸徳秋水や堺利彦らの無神論や暴力革命の立場にたつ社会主義者と袂を分かった。また木下は社会主義者のキリスト教を嘲笑する態度にも憤慨。社会主義者諸君はキリスト教を、有神論を嘲笑するが、「自分は「神」なくして一日も安住することができないキリスト者だ。今や諸君と僕と其の自らの志す所を異にせり」と社会主義陣営からの離脱を宣言して、群馬の伊香保温泉に隠棲、『懺悔』を執筆する。なお同年一一月には、キリスト教と社会主義とは結合しえないとの「慚謝の辞」をもって『新紀元』を廃刊している。『懺悔』は〇六年一二月に金尾文淵堂から出版。木下自身は執筆の動機を、敬愛する母の死が一つの革命であり、それゆえ過去の生活から脱却しなければならず、そのために「神と人との前に一切の罪過を懺悔」すると述べているが、懺悔録というよりは告白的な半生の自伝という受け止め方が多い。キリスト教と社会主義との関わりに行き悩んだ木下が、懺悔すなわち告白としての自伝を執筆することで、自己の内面の罪と救いの課題に向き合おうとした書といえる。

（黒沢文貴）

陸羯南《くがかつなん》　政論記者　一八五七～一九〇七

陸奥国弘前に生まれる。本名は実。東奥義塾、官立宮城師範学校を経て司法省法学校に入学するが、賄征伐事件に関連して一八七九年退校。八三年に太政官御用掛となり文書局、制度取調局、内閣官報局に勤務する。八五年にはド・メストル『主権原論』を翻訳して出版。八八年、依願退職して新聞『東京電報』を創刊。翌年には新たに新聞『日本』を創刊し、主筆兼社長となる。以後、一九〇六年に日本新聞社を売却するまで同紙を舞台に「政論記者」として活躍する。著書として『予算論』（一八九〇年）、『近時政論考』（一八九一年）、『行政時言』（一八九一年）、『原政及国際論』（一八九三年）がある（いずれも日本新聞社刊）。党派の機関ではない「独立記者」を標榜したが、藩閥政府を批判する勢力に軸足を置き、品川弥二郎、谷干城、近衛篤麿といった有力者の支援を受け、大隈重信による条約改正に反対する日本倶楽部、伊藤博文内閣期の現行条約励行運動、東亜同文会、国民同盟会などに積極的に関与した。その足跡は、政治的中立の位置にとどまらず、かといって政治勢力の代弁者にもならない、政治ジャーナリズム独自の立場を追求したものであった。

〈全集等〉『陸羯南全集』全一〇巻（みすず書房、一九六八～八五年）
〈水先案内〉松田宏一郎『陸羯南――自由に公論を代表す』（ミネルヴァ書房、二〇〇八年）

『近時政論考』（岩波文庫、一九七二年）

一八九〇年に新聞『日本』に連載され、本書の表題となっている「近時政論考」は、陸羯南の「政論記者」という立場を考える上で重要な内容を含んでいる。この論説は、「政治思想を言論に現わして以て人心を感化するもの」と位置づけられた各「政論派」の系譜を叙述するものだが、陸はまず、「政治思想を行為に現わして以て世道を経綸するは政党派《パーチー》の事なり」と規定した上で、「日本は今日まで政論派ありといえども未だ真の政党派はあらず」と断じる。それでは当時、「政党」を自称していた集団はどのような存在なのか。「思うにその目的は政論を弘めて人心を感化するよりも、むしろ一個の勢力を構造して諸種の慾望を達するにあるべし」。陸はこうした事情を了解しながら、「吾輩はその裏面を見ることを敢えてせず、ただ生平その機関たる新聞雑誌に言う所の政議を採りて、これを一の論派と見做《みな》し去らん」とする。政治勢力が掲げる政論に党派的な思惑を読みこんでいくイデオロギー暴露の方法をとるのではなく、その主張を額面通り受けとり、「政党」を自称する集団を「政論派」として捉え返していく。その先に、自分たちの政治思想の実現をめざす真の意味での政党に脱皮していくことが期待されていた。このように「近時政論考」には、党派の論理から独立した次元で政論を把握することを起点として、各政治勢力の行動やその間の対立を、政論の内容を競うという形に転換していくという構想が込められていたのである。

「国際論」

（『日本の名著37』中公バックス、一九八四年）

日本でナショナリズムが自覚的に主張されるようになるのは、一九世紀に入って欧米諸国の勢力が及んでくる「西力東漸」に対する反応としてであった。それ以前から、徳川幕府の統治がカバーしていた領域には文化的共通性が存在するという意識は存在していた。ナショナリズムがめざす国のあり方がすでに実現していたともいえるが、それは全国規模のコミュニケーションの結果であり、ナショナリズムによって意識的に形成されたものではない。「西力東漸」に直面してはじめて、文化的な一体性をもつ「日本人」が形成する日本という国の独立の維持をめざす主張として、ナショナリズムが登場したのである。このように日本のナショナリズムは当初防衛的な性格をもつものとしてあらわれたが、その掉尾を飾るのが一八九三年に陸羯南が発表した本論説であった。ここで陸は、国家が他国を侵略する「狼呑」と、個人の意図せざる行動が他の「民種」を侵食する「蚕食」に国際競争のあり方を区別し、いずれも肉体、経済、精神（心理）の三つの領域で行われるとする。その中で、日本の独立にとって最大の脅威と目されたのは西洋人による「心理的蚕食」であり、これに対抗できる精神的組織を確立する必要が説かれている。この論説が公表された翌年、日本は条約改正に成功し、独立は確固たるものとなる。それ以後の日本は膨張に向かい、新たに編入された領土の住民を同化することが日本ナショナリズムの課題となっていく。

（山辺春彦）

志賀重昂《しがしげたか》

地理学者 一八六三〜一九二七

三河国岡崎に生まれる。攻玉社、東京大学予備門を経て札幌農学校に入学。在学中の日記が『朝天虹ヲ吐ク』（北海道大学図書刊行会、一九九八年）として出版されている。卒業後の一八八六年に南洋を巡航し、翌年『南洋時事』（丸善商社）を出版。八八年の政教社結成に参加し、以後同社の雑誌『日本人』を中心に「国粋主義」の論客として活動する。新聞『みかは』『新潟新聞』『中国民報』『国会新聞』にも執筆。そのかたわら東京英語学校、東京専門学校で地理学を教え、講義録を出版。やがて政治活動に深く関与するようになり、対外硬運動を通じて立憲改進党（のち進歩党）に接近する。九七年に農商務省山林局長、翌年に外務省勅任参事官を歴任。一九〇〇年には立憲政友会に入党し、〇二年に衆議院議員に当選するが、〇四年の総選挙で落選。以後、日本の外交的・経済的発展の方向を探求するために世界各地を旅行。その成果は『知られざる国々』（私家版、一九二五年）にまとめられている。また日露戦争に際して従軍し、のちに『大役小志』（博文館、一九〇九年）、『旅順攻囲軍』（東京堂、一九一二年）を刊行した。一一年からは早稲田大学教授を務めた。

〈全集等〉『志賀重昂全集』全八巻（復刻版、日本図書センター、一九九五年）

〈水先案内〉 大室幹雄『志賀重昂『日本風景論』精読』（岩波現代文庫、二〇〇三年）

『新装版 日本風景論』（講談社学術文庫、二〇一四年）

本書は、政教社の同人として言論の世界に登場した若き志賀重昂が主張した「国粋主義」の集大成として位置づけられる作品である。政教社が刊行した雑誌『日本人』の第二号（一八八八年四月）で、志賀は次のように述べる。「国粋」、つまり国のすぐれているところは、「国土に存在する万般なる囲外物の感化と、化学的反応とに適応順従」したことから徐々に発生・発達したもので、それを保存することが生物学の原則にかなっている、と。このように、環境に適応できる形質をもつ種が生存するという進化論を社会に適用する社会進化論の立場から、民族の特質を周囲の環境に対応するものと捉え、異なる環境の下で形成された西洋の文明を急激に移植することに反対したのが志賀の「国粋主義」であった。そして本書は、日本の「国粋」を形成してきた日本の環境（風景）の美しさを描くことで、「国粋主義」を根拠づけようとする試みである。ここでは、日本の風景が美しいのは、著者である志賀の出身地だからではなく、「絶対上」のものであるとされる。たんなるお国自慢ではなく、客観的に、他民族とも共通する基準から日本の風景の美しさを弁証しようとしているのであり、その結果、志賀の関心は平凡で日常的な風景ではなく、山岳や辺境に向かっていった。本書では登山の振興が提唱されているが、これは、日常生活から離れた地にある美の鑑賞に誘うことで、日本の「国粋」の保存を企図したものと見ることができる。

『知られざる国々』

（明治文化叢書六、日本評論社、一九四三年）

本書は、三度にわたる世界旅行の知見を生かし、第一次世界大戦後の日本が直面している三つの課題に対して方向性を示そうとしたものである。三つの課題とは、①過剰人口のはけ口を求めること、②石油の安定供給、③来たるべき白人と有色人との対決において向背を決すること、であった。このうち第三の課題に対するスタンスは、「国粋主義」から出発した志賀の思索の到達点を示すものとして注目される。ここでは、「白人閥」を打破して人種と民族の平等という「正義」を実現することが日本の使命とされながらも、有色人は軍事的・経済的・「理化学」的に白人に太刀打ちできないため、有色人の連帯を形成して白人に対抗しようとする「大亜細亜主義」の採用は、日本にとって自殺行為であるとされている。結局のところこの問題に対する志賀の回答は、有色人の同情をつなぎとめながら、公明正大な方法で原料生産地と市場を開拓し、加工貿易を発展させるというものであった。陳腐といえば陳腐であるが、イデオロギーにとらわれない判断と評価することもできる。白人の横暴に憤りながらもその力を曇りなく認識することに努め、「大亜細亜主義」者が以前は中国人を「いぢめ」ていたと指摘し、平和的に日本の力を培っていく道を提示した志賀が最も危惧したのは、行きづまりからくる「国民的不安」が非合理的な選択をもたらすことだった。このような冷静さは、その後の日本から失われていったものであろう。

（山辺春彦）

渋沢栄一《しぶさわえいいち》　実業家　一八四〇〜一九三一

渋沢栄一は一八四〇（天保一一）年、武蔵国榛沢郡血洗島（現在の埼玉県深谷市）に生まれた。渋沢の生家は藍玉の商いで財を成した裕福な農家で、渋沢も幼少期から藍の買い付けなどを手伝ったという。渋沢はやがて尊王攘夷思想に傾倒し、高崎城の乗っ取りという無謀な計画を立てるも失敗。京都に逃れ、つてを頼りに一橋家に仕官した。

一八六七（慶応三）年、渋沢は、徳川慶喜の実弟・徳川昭武がパリの万国博覧会に慶喜の名代として赴くのに随行し、西洋社会を実地に見聞する。帰国後の六九（明治二）年一月、西洋で学んだ知識を活かして静岡で「商法会所」を設立し、商業を振興した渋沢は、同年一一月にその手腕を買われ明治政府に出仕、大蔵省で税制や銀行制度の整備に従事した。しかし、政府内での財政政策に関する方針の違いもあって七三年に官を辞し、以降民間の実業家として第一国立銀行頭取を皮切りに多くの企業の創業・育成に携わり、近代日本経済の礎を築いた。また教育・社会福祉活動の推進や、民間外交による日米・日中関係の改善に尽力するなど、私益だけでなく公益の尊重を信条に掲げた。

〈全集等〉『渋沢栄一伝記資料』全五八巻・別巻一〇（渋沢栄一伝記資料刊行会、一九五五〜六五年、別巻・竜門社、一九六六〜七一年）

〈水先案内〉井上潤『渋沢栄一　近代日本の創造者』（山川出版社、二〇一二年）

『渋沢栄一の「論語講義」』

(平凡社新書、二〇一〇年)

一九〇九年、渋沢は古希の祝いに小山正太郎から『論語』と算盤を描いた絵を贈られた。絵を気に入った渋沢が、漢学者・三島中洲に披露すると、三島は「論語算盤図に題し渋沢男の古稀を賀す」という一文を草した。それは、渋沢のさまざまな功績が『論語』の論理と「算盤」の論理との両立によるという内容であった。三島は道徳と利害が本来一体のものだという「義利合一」論を持論としていた。道徳から離れた利益は私的で卑小なものであり、利益から離れた道徳は空虚なものだというのである。この思想は、経済活動にも倫理が必要不可欠であるとし、また社会全体の公益を志向した渋沢の考えに明確な形を与えた。

渋沢はこれ以降、『論語と算盤』(東亜堂書房、一九一六年)をはじめとして、多くの著述で論語に言及するようになった。『論語講義』(二松学舎出版部、一九二五年)もその一つである。『論語講義』の特色は『論語』の編成に沿って、『論語』の内容について網羅的に論じている点にある(ただしここに紹介した平凡社新書版は主要なものを精選した抄訳である)。渋沢の『論語』解釈は、かれの実体験をもとにしており、思想と実践の融合のあり方という点で興味深い。特に維新前後の政治家評は、実際に交流を持った人ならではの記述といえる。ただし本書は、編集を担当した尾立惟孝の思想も反映しているという指摘もあり(笹倉一広「渋沢栄一『論語講義』の書誌学的考察」『言語文化』第48号)、読む際に注意が必要である。

『現代語訳 渋沢栄一自伝』

（平凡社新書、二〇一二年）

本書は渋沢の前半生を『雨夜譚《あまよがたり》』（岩波文庫、一九八四年）に、後半生を『青淵回顧録』（青淵回顧録刊行会）に依拠しつつ、不足した部分を渋沢の他の著作からの引用によって補ったものであり、一般読者にとっては、読みやすいものとなっている。

『雨夜譚』は子弟のために幼少期から大蔵省退官までを語ったものである。そこで語られた内容が波乱万丈であることに加えて、語り口が非常に生き生きとしており、読みやすく、面白い。面白いだけでなく幕末維新期という転換期の雰囲気をよく伝えている。特に岡部藩の代官とのやりとりは（多分に後付けの価値判断を含むとしても）封建社会批判への目覚めを描いたものとして、福澤諭吉『福翁自伝』と併せ読まれるべきであろう。

後半は渋沢が関与した企業活動と社会事業についての記述で、日本経済の草創期の状況を伝える貴重な証言といえる。社会事業に関しては困窮者を収容する養育院の運営や労使協調の努力について述べられており、ここに渋沢の「論語と算盤」思想の具体的な実践を知ることができる。興味深いのは、労使協調が渋沢にとって「強者」からの温情ではなく、相互的な協調（「交温主義」）に基づくべきものとされている点である。本書は自伝という性格上、記述内容を精査する必要があるものの、当事者の肉声を伝えるという意味で貴重である。

（金子 元）

徳富蘇峰《とくとみそほう》 ジャーナリスト 一八六三〜一九五七

徳富蘇峰は一八八六（明治一九）年に『将来之日本』で論壇デビュー。熊本の自宅で主宰していた民権私塾の大江義塾を閉じて上京し、翌年民友社を設立。『国民之友』を創刊し、『新日本之青年』を公刊。九〇年『国民新聞』発刊。平民主義（平民的欧化主義）を鼓吹し、明治の青年のリーダーとして一躍論壇の寵児となる。「純乎たる泰西主義」に立ち、自由主義・平等主義・平和主義を唱道。ただし日清戦争前後から国家主義・皇室中心主義・帝国主義の主張を強め、九七年の松隈内閣で内務省勅任参事官に就任、藩閥打破の喇叭隊長が薩摩閥の参謀になり変節したと非難される。青年期から政治への嗜好があり、参事官就任後は飯よりも好きな政治のために奔走、「政治狂言の作者」を自任。その代償は大きく、対露講和条約時と第一次護憲運動時に桂太郎内閣寄りとして国民新聞社が二度の焼き打ちに遭う。一九一三年の桂の死を機に政界と絶縁し、文章報国を決意。三九年刊の『昭和国民読本』は発売三カ月で五〇万部突破。太平洋戦争の宣戦の詔書に関与。四二年日本文学報国会と大日本言論報国会の会長。四三年文化勲章受章。四五年A級戦犯容疑者。四六年公職追放となる。

〈全集等〉『日本の名著40 徳富蘇峰・山路愛山』（中公バックス、一九八四年）

〈水先案内〉 米原謙『徳富蘇峰——日本ナショナリズムの軌跡』（中公新書、二〇〇三年）

『吉田松陰』（岩波文庫、一九八一年）

徳富蘇峰は史論家としても名高く、ライフワークとなった『近世日本国民史』全一〇〇巻（一九一八〜五二年）はその代表作。人物論としても『政治家としての桂公』（一九一三年）や『頼山陽』（一九二六年）等があり、『吉田松陰』（民友社、一八九三年）も傑作と評される。一八九二（明治二五）年の本郷教会会堂での講演を基に、同年五月から九月に『国民之友』に連載した文章に加筆修正したもの。なお松陰没後五〇年の前年にあたる一九〇八年に改訂版を出版。『吉田松陰』は明治維新前夜の内外の動静と関連づけて松陰を描いており、「維新革命前史論」と名付けてもよいとしている。執筆の動機は、「彼が殉難者としての血を濺《そそ》ぎしより三十余年、維新の大業半ば荒廃し、さらに第二の維新を要するの時節は迫りぬ。第二の吉田松陰を要する時節は来りぬ。彼の孤墳は、今既に動きつつあるを見ずや」と本書を結んだように、「維新革命」の精神を継承し「第二の維新」をめざす所にあった。つまり松陰の挫折した革命運動を、『国民之友』『国民新聞』を武器として完成する役割を蘇峰自らに課すもの。革命には預言者、革命家、建設的革命家という三種の役者があり、松陰は第二種、自分は第三種としている。蘇峰の松陰への思いは、論壇デビュー頃には「純乎とした泰西主義」と「純乎とした日本志士像」とが併存していたことを示している。大逆事件前夜の改訂版では、革命的な松陰像を修正し、生粋の尊王・愛国思想家としている。

『徳富蘇峰 終戦後日記』──『頑蘇《がんそ》夢物語』

（講談社学術文庫、二〇一五年）

徳富蘇峰は明治・大正・昭和の各時代に「すなおに順応して一生をおえた」（長谷川如是閑）三〇〇冊以上の著書をもつ言論人である。本書はその蘇峰が、昭和天皇の玉音放送から三日後の一九四五年八月一八日から四七年七月二日までの間に秘書に口述筆記させた『頑蘇夢物語』全一四巻のうち、一巻（八月一八日午前執筆）から五巻（四六年一月一三日午前執筆、A級戦犯容疑者となり新年を迎えた所）までを編集部で選択、収録したもの。「ただ予が現在の心境に徂来《そらい》する事を、そのまま書き綴」ったものであり、普通の意味での日記ではない。なぜ戦争に負けたのか、負ける戦争をなぜ戦ったのかを、日々執拗に追究しており、筆致の主たる矛先は昭和天皇、軍、そして近衛・木戸・東条ら指導者たちに向けられている。ただし戦争中に「このところ徳富時代である。この曲学阿世の徒！ この人が日本をあやまったこと最も大なり」（清沢洌『暗黒日記』四三年六月三日条）との批判もあった蘇峰は、直ちに毎日新聞社社賓や文学報国会会長等すべての役職を退き、「かくて予が操觚《そうこ》者たるの六十余年間の幕は、これにて下ろした事となった」（四五年八月一八日午後）と、自らの責任に自覚的であった。「以上は頑張老人の熱に浮かされたる譫言《たわごと》」（九月二五日）とも述べているが、戦後何十年もたってからではなく、終戦直後に自らの意見を大胆かつ率直に述べており、一読に値する。『徳富蘇峰 終戦後日記』Ⅱ〜Ⅳ（講談社、二〇〇六〜〇七年）もある。

（黒沢文貴）

中江兆民《なかえちょうみん》　思想家　一八四七～一九〇一

土佐藩の下級武士の家に生まれ、長崎、江戸でフランス学を学ぶ。一八七一年からフランスに留学。七四年に帰国後、仏学塾を開く。文部省に出仕し、東京外国語学校長に任ぜられるが一ヵ月に満たず辞職。学生に儒教的な道徳教育を施そうとしたための罷免といわれる。その後元老院権少書記官に任ぜられ、国憲取調局掛を兼務したが、七七年に辞職。八一年に西園寺公望らと『東洋自由新聞』を創刊、主筆となる。八二年、フランスの政治理論を翻訳・紹介する雑誌『政理叢談』を刊行し、そのなかでルソー『社会契約論』の漢文訳『民約訳解』を掲載。八七年藩閥政府の横暴を批判し、保安条例により東京追放処分を受けるが憲法発布時の恩赦で処分が解け、九〇年第一回衆議院議員選挙に立候補、当選。しかし民権派議員が政府と妥協したことに憤り翌年辞職。議員辞職後は実業界に身を投じるもことごとく失敗、喉頭癌により五四歳で死去する。

中江の著訳書は政治だけでなく哲学に関するものも数多い。政治的な理念の土台として哲学的な考察が必要だと考えていたのであろう。

〈全集等〉『中江兆民全集』（全一七巻・別巻一、岩波書店、一九八三～八六年）

〈水先案内〉松永昌三『中江兆民評伝』上・下（岩波現代文庫、二〇一五年）

『三酔人経綸問答』

（岩波文庫、一九六五年）

本書は、酒を飲んでは政治について議論をすることを好む「南海先生」のもとに「紳士君」と「豪傑君」という二人の客が訪れ、それぞれの主張を述べるという構成をとっている。「紳士君」は西洋の知識を身につけた理想主義者として描かれる。世の中は専制政治から立憲君主制、そして民主制へと、普遍的に進化すると主張する。対外的には非武装中立を主張する。列強に力では勝つことはできないので道理を説いて説得するべきだという。「豪傑君」は対外侵略主義者である。軍事力は文明の指標であると主張する。世界各国は互いに争い、文明が進んでいる国が勝利を占める。このような弱肉強食の状況にあって、日本は「劣弱」の「一大邦国」を侵略してそこに都を遷し、もとの日本は「紳士君」のような民主主義者に与えればよい、という。これらの主張にたいして「南海先生」はどちらの議論も現実的でないとし、国内的には立憲君主制のなかで上から与えられた権利を尊重して実質的に民主制における権利と遜色ないほどに拡張し、対外的には平和的外交を基調としてやむを得ない時は防衛戦争を行う、という穏健的な政策を主張する。

本書は一見、典型的な急進的理想主義・軍事的冒険主義・穏健的現実主義の立場を描き出しているように見えるが、実は三者のなかに共通した視点や役割分担の意識があるなど、読みこむほどに発見のある著作である。

『一年有半・続一年有半』

（岩波文庫、一九九五年）

『一年有半』は最晩年の随筆である。中江は一九〇一年四月に喉に癌が見つかり、余命を一年半と宣告される。書名はこの余命宣告から採られた。このような特異な事情から、皮肉なことに本書は兆民の著作のなかで最も売れたという。その内容は世情から人物評、文学論、かれが愛してやまなかった義太夫の音曲にいたるまで、非常に多岐にわたる。ことに「民権是れ至理也、自由平等是れ大義也」の一節は、「自由」や「平等」が、帝国主義の力にも負けない、西洋の独占物でもない普遍的な理念であると宣言している点に見るべきものがある。『続一年有半』は独自の唯物論を展開する哲学書である。国会開設期の中江の思想の中核をなしていたのは「リベルテーモラル」（道徳的自由）という概念であった。これはいうなれば「自分で決めたことに自分で従う自由」である。自分の外からの、他人の支配や物質的な欲望に負けないという意味での自由である。この思想が、自分たちで自分たちを統治する民主主義の理念を支えていた。

『続一年有半』で「意思の自由」を否定する中江は、晩年に立場を大きく変えたともいわれる。しかし、死に際しても死後の世界や精神の不滅を「非論理極まる」寝言として斥けるかれの姿勢は、いかなる状況にあっても理念に殉ずる「自由」を示したものといえる。その意味で本書は、中江の「自由」探求の極北として読まれるべき著作である。

（金子 元）

新島襄《にいじまじょう》

教育者、宣教師

一八四三〜一八九〇

安中藩祐筆の長男として江戸に生まれ、築地の軍艦操練所で数学、航海術等を学び、後、英学に志す。一八六四年、箱館から単独アメリカ商船に乗り、密航。翌年ボストンに至り、篤信のボストニアンの支援でフィリップス・アカデミに入学、六六年に受洗。翌年アマスト大学に入学、七〇年七月に理学士となり、アンドーヴァ神学校に進んで、七四年に特別コースを終えた。在学中七二〜七三年に岩倉使節団に随行。七四年、按手礼を受け、アメリカン・ボード（会衆派系海外伝道局）の準宣教師に任ぜられた。同年ボードの年次大会で日本にキリスト教主義の学校を設立する必要を訴え、約五〇〇〇ドルの献金を得た。

一八七四年一一月に帰国し、翌七五年に同志社英学校を京都に設立した。その特異な立場を活かし、日米の支援者からの信頼獲得に成功。女学校、病院、看病婦学校、仙台の東華学校等を開き、晩年同志社大学設立運動を全国的に展開したが、心臓病が悪化。神奈川県大磯で帰天。妻の八重は会津の出身、維新期が生んだ強い個性と意志で知られ、初期の女学校運営に参画、夫の死後は日赤正社員、日清・日露戦争時の篤志看護婦として顕彰された。

〈全集等〉『新島襄全集』全一〇巻（同朋舎出版、一九八三〜九六年）

〈水先案内〉伊藤彌彦『なるほど新島襄』（萌書房、二〇一二年）

『新島襄の手紙』

（岩波文庫、二〇〇五年）

新島襄はまとまった著作を残さなかった。代わりに膨大な数の手紙を残した。本書は、『新島襄全集』収録の書簡から、英文書簡の和訳も含め、九六通を抜粋、年代順に並べたもので、一八五八年から九〇年までをカバーする。編者により、一．幕末・脱国・欧米世界の発見、二．帰国・同志社設立・教育と伝道、三．大学設立の夢の三部に時代区分されている。

書簡は、まとまった論理的思考を提示するには不十分との印象があるかもしれない。しかし、新島書簡の多くは、教育事業のための資金調達人としてのそれであり、新島が生涯をかけて達成しようとした事業の意味を彼自身の筆致で雄弁に語る。また、新島の人的ネットワークを具体的に明らかにするとともに、個人宛てに書かれているからこそ、新島の感性や心情を垣間見せてくれる。手紙の挿絵が一件あり、新島は絵が上手であったこともわかる。

読者は、本書を通じ、新島が希に見る信仰の人であり、キリスト教伝道を使命としたことをまず知るだろう。幕末の単独密航とニューイングランドでの巡り会いは、新島に「生まれ変わり」と神の救いの経験を与えたようだ。新島は、教育事業を最良の伝道方法と位置づけ、最高の教育を幅広い分野にわたって提供することが、日本でキリスト教の影響力を強める唯一の方法だと考えていた。また、複数の書簡が、目的に向かうにあたっては大胆だが、細かいことによく気づき、周囲に繊細な配慮をする新島の人柄も明らかにしている。

『新島襄 教育宗教論集』

（岩波文庫、二〇一〇年）

本書は、『新島襄の手紙』の続編で、『新島襄全集』から公告文、嘆願書、申請書、説教、演説等を取捨選択し、教育、宗教、文明の三テーマに別けて収録している。手紙と異なり、複数の聴衆を意識した、より公的で、主題に沿って展開された新島の見解を参照できる。

教育論の中心には、大学設立のための日米の支援者へのアピールがある。新島の高等教育は、キリスト教に基づく良心の陶冶と幅広い高度な知育の両立を目指し、日本人には、宗教学校ではない、自主自立の気概に基づく私学設立の重要性を、アメリカ人には、牧師養成に特化しない高等教育の必要を訴えた。また、女子教育は「国柄」を定める重要課題とした。

宗教論に明らかにされる新島の信仰は、「神の愛」、つまり贖罪を強調する。伝道については、教育を通じての「間接伝道」および士族の重要性を指摘、また、伝道従事者間の競合を戒める。一方で、会衆派と長老派の合併案には反対であった。新島は会衆派の各個教会の独立性が長老制に侵食されることに抗した。それは、資金調達人としての合理的判断でもあった。つまり、会衆派の旗幟《きし》が薄れれば、新島の事業の在米支援基盤が揺らぐ可能性があった。

文明論における新島は、「人種」を「社会」ほどの意味に使い、その向上には、個人の知識、財産、自由、道徳心の向上を要するとする。特に一夫一婦制、当人による結婚相手の選択、そのための男女交際、夫婦の間の「信愛」、娼妾の廃絶を熱心に説いている。（小檜山ルイ）

西周《にしあまね》　啓蒙思想家　一八二九〜一八九七

津和野藩の御典医の家に生まれる。幼少より学業に優れていたため、家業の医学ではなく儒学を修めるよう藩命が下るが、一八五四（嘉永七・安政元）年、二六歳の時に洋学を習得するため脱藩、オランダ語を学ぶ。五七年、幕府の西洋学術研究機関であった蕃書調所《ばんしょしらべしょ》の教授手伝並となる。六二年、幕府の命で津田真道や榎本武揚らとオランダに留学。シモン・フィッセリングに師事し、法学・経済学・統計学を学ぶ。帰国後に開成所教授となり、政体改革意見書「議題草案」を執筆する。

維新後は徳川家に従い静岡に移住、沼津兵学校頭取となるが、その後新政府に出仕、陸軍省、文部省に勤務。また、明六社の一員として『明六雑誌』に諸論説を寄稿。東京学士会院会長、独逸学協会学校長を歴任。一八九〇年に貴族院議員に勅選（翌年辞退）。

西洋の学問の紹介につとめ、多様な領域で日本の近代化に貢献した。その思想にJ・S・ミルやオーギュスト・コントの影響が指摘されている。著書に『致知啓蒙』『百一新論』『百学連環』、訳書に『万国公法』『心理学』『利学』など。「哲学」の訳語の考案者としても知られる。

〈全集等〉『西周全集』全四巻（宗高書房、一九六〇〜八一年）

〈水先案内〉石井雅巳『西周と「哲学」の誕生』（堀之内出版、二〇一九年）

（『日本の名著34』中公バックス、一九八四年）

「兵家徳行」

軍事官僚でもあった西は軍隊に関する著述も行った。西の軍事論は、近代的な軍隊の意義やあり方を独特の文明論的な視野から論じる点にその特色がある。近代的な軍隊の整備は近代国家確立の重要な柱のひとつであるが、西は知識人の立場からこの課題に取り組んだといえる。

西の代表的な軍事論が「兵家徳行」である。これはもともと一八七八（明治一一）年二月、偕行社（陸軍将校の親睦・研究を目的とした団体）で行った講演であった。ここで「徳行」とは個々の軍人が有すべき行動規範のことであり、行動規範が組織全体の気風として確立することを「風尚」という。この論説で西は、司令官の命令を正確に遂行する上位下達式の組織原理（「器械仕掛け」「節制」「従命法」）と、上官の言うことを素直に聞く「忠良易直」の気風が軍隊に必要であると論じた。

こうした行動規範は、西が『明六雑誌』に掲載した「国民気風論」や「人生三宝説」で説いた主体的・功利主義的な行動規範と対照的である。西は、一般社会において「富強」をなすために要求される公的・私的な権利意識（「民権家風」「状師家風」）と経済感覚（「貨殖家風」）が、軍人にとっては有害だとする。西は、国家や社会について多面的な角度から考察していたのである。

『百一新論』

（西周現代語訳セレクション、慶應義塾大学出版会、二〇一九年）

『百一新論』は西の代表的な思想著作のひとつである。明治七（一八七四）年に弟子の山本覚馬によって出版されたが、執筆は幕末期にさかのぼるといわれる。「百一」とは「百教一致」の略である。ここで「教」とは宗教ではなく道徳を指す。西は宗教の宗派は多種多様に分かれているとしても根本的な道徳は時代や地域を超えて一致すると主張する。

しかしその後、話は道徳と政治の違いに移っていく。儒教、ことに朱子学の伝統的な思考様式においては道徳と政治は直接的に繋がっているが、西は両者を関連しつつも異なるものだと主張した。政治は心構えを正しくするだけで成り立つものではなく、具体的な統治技術を必要とする現実的な営みだというのである。

また西は「心理」と「物理」も分けて考えるべきだと主張する。いま風にいえば人文社会科学と自然科学の違いといえるだろうか。人間が主観的にどれほど強く望もうが自然法則は変わることがない。それと同じようにある行いの動機がどれほど道徳的であっても、どれほど強かったとしても適切な結果がもたらされるとは限らない。

このように西は本書で「百教一致」をいいながら知のあり方の相違を強調した。しかし最終的には分化していく知を哲学によって新たに繋ぎなおすことを提唱する。その意味で、『百一新論』はやはり西による知の総合の試みであるといえよう。

（金子 元）

福澤諭吉《ふくざわゆきち》 啓蒙思想家 一八三五〜一九〇一

豊前中津藩の大坂蔵屋敷で生まれる。父は藩の蔵米を扱う役人であった。父の死後中津に戻り、白石照山の塾で漢学を学ぶ。その後長崎遊学を経て、大坂の緒方洪庵の適塾で蘭学を修めたのち江戸の中津藩邸で蘭学を講ずる。横浜で英語に触れてから英学も学び、咸臨丸による渡米など、アメリカに二度、ヨーロッパに一度の渡航経験を持つ。また幕府の外国方に採用され、外交文書等の翻訳に携わる。幕末期の福澤諭吉は幕府権力の強化による抜本的改革を主張したが果たせなかった。明治維新後は政府に出仕せず、自らの塾を慶應義塾と名づけて教育や著述に専念した。また、一八八二年に日刊紙『時事新報』を創刊し、ジャーナリズムの世界にも進出した。

福澤の著作は歯切れの良い平易な言葉で文明社会を説明しているが、これは西洋の諸理念を深く理解し自分のものとしたことによりはじめて可能となることであろう。また、福澤の明治政府に対する姿勢は時期によって大きく異なるが、独立不羈《ふき》の立場から、批判すべきは批判し、協力すべき時は協力して、日本の文明化と独立を確立するという点では一貫していたといえる。

〈全集等〉『福澤諭吉全集』全二一巻・別巻一（岩波書店、一九五八〜六四年、別巻七一年）

〈水先案内〉北岡伸一『独立自尊——福沢諭吉と明治維新』（ちくま学芸文庫、二〇一八年）

『学問のすゝめ 現代語訳』（ちくま新書、二〇〇九年）

本書は一八七二年から七六年にかけて全部で一七編が出版され、八〇年に合冊版が出版された。「福澤全集緒言」によると各編二〇万部と計算して三四〇万部は売れたといい、当時の社会に多大な影響を与えた。有名な「天は人の上に人を造らず人の下に人を造らず」という一節はアメリカ独立宣言を訳したものとされる。人間の平等を高らかにうたった冒頭の一節に続き、にもかかわらず現実社会に貧富貴賤の格差が絶えないのはなぜか、という問いが提起される。これに対して福澤は、それは学問をするかしないかによるのだ、と応える。「親の仇」（『福翁自伝』時事新報社、一八九九年）とまで憎んだ身分制度の終焉、能力主義社会の到来を宣言したのである。しかし本書で福澤は自由のみを主張して平等を否定したわけではない。「大名の命も人足の命も」、「豪商百万両の金も飴やおこし四文の銭も」、権利として尊重されるべきことは同じだということを強調しているのも見逃してはならない。

本書はその題名にもかかわらず全編を通読すると学問の重要性を説いた箇所は意外に少ない。四年にわたる連載のなかで扱う主題は多岐にわたり、散漫の印象も拭えない。本書は学問論というよりも、むしろフェアな社会とはどのようなものかを説いた心得のようなものといえる。そのように考えると、現代社会においていまなお読まれるべき部分を数多く発見できるだろう。

『文明論之概略』

（岩波文庫、一九九五年）

幕末から明治初頭にかけて、『西洋事情』（尚古堂、一八六六年）や『学問のすゝめ』などで西洋文明を紹介してきた福澤であったが、一八七四年ごろから、より高度な理論的著述を志すようになった。福澤はF・ギゾーやH・バックル、J・S・ミル、H・スペンサーなどの著作を丹念に読み込み、それらを手がかりに自分の考えをまとめていった。その成果が『文明論之概略』である。本書で福澤は文明を「智徳の進歩」とし、西洋で文明が進歩した理由を、西洋社会の多元性に由来する自由の観念に求める。これに対して日本社会は、歴史的に上位の者が下位の者に対して無制限の権力を振るう「権力の偏重」の状況にあるとする。それは男女・親子・兄弟・師弟・主従・貧富など社会の隅々に浸透している。ただし、日本においては天皇と武家政権の並立という状況がかろうじて自由な観念を受け入れる素地となったともいう。

また福澤は、現状もっとも文明が進歩している西洋諸国が、対外的には植民地支配という「野蛮」な面を持つことも指摘する。そして弱肉強食の国際情勢に対して日本が独立を確保するために、これまで批判してきた封建的な主従関係をも「報国心」を養う「方便」として活用することを提唱する。理想主義的な傾向が強かった『学問のすゝめ』と比べて、『文明論之概略』は理論的な思考と状況的な判断とが見事な融合を見せており、それだけに注意深く読むことが要求される著作である。

（金子 元）

三宅雪嶺《みやけせつれい》　哲学者　一八六〇〜一九四五

加賀国金沢に生まれる。本名は雄二郎。一八七九年に東京大学文学部に進学し、哲学を学ぶ。卒業後は東京大学、文部省に勤務するが、八八年に辞職して政教社の設立に携わり、以後同社の雑誌『日本人』を中心に「記者」として言論活動を展開。一九二三年に内部対立から政教社を退社し、女婿の中野正剛とともに我観社を設立して雑誌『我観』を創刊。政治的には藩閥批判の立場をとり、後藤象二郎の大同団結運動、大隈重信による条約改正への反対運動、伊藤博文内閣を批判する対外硬運動、近衛篤麿の国民同盟会などに関与。日露戦争後からは民主化の動向を支持し、社会主義にも理解を示した。三七年の日中戦争開始後は日本の対外膨張政策や国内体制革新の動きを追認・鼓舞する傾向があらわれた。哲学方面の著作としては『哲学涓滴』（文海堂、一八八九年）、『我観小景』（政教社、一八九二年）、『宇宙』（政教社、一九〇九年）などがあり、また「東西美術の関係」「学術上の東洋西洋」「東洋教政対西洋教政」「人類生活の状態」を〇七年から二五年にかけて連載。歴史の分野では、一六年に連載がはじまり、没後に完結した「同時代観」がある。

〈全集等〉『明治文学全集三三　三宅雪嶺集』（筑摩書房、一九六七年）
〈水先案内〉中野目徹『三宅雪嶺』（吉川弘文館、二〇一九年）

『真善美日本人』（講談社学術文庫、一九八五年）

三宅雪嶺が同人として加わっていた政教社は「国粋主義」を掲げたことで知られるが、三宅がその立場をまとまった形で論じたのが一八九一年出版の本書である。その立場は、「民種の特色を発揚《はつよう》するは人類の化育《かいく》を裨補《ひほ》するなり」という凡例の一節に示されている。各「民種」がその間の競争を通じてそれぞれの特色を磨くことによって、はじめて人類全体として真善美の極致に到達できる。いいかえればこの目標は、欧米人の力だけによっては達成できない。日本人をはじめとする非欧米人がもつ固有の特色は、欧米人の特色を磨いていく上で不可欠であり、非欧米人も人類を進歩させるという任務を分担している。日本人の特色を守り、発展させていくという「国粋主義」の主張を、三宅はこのように根拠づけたのである。それが夜郎自大ではなかったことは、真（学問）・善（正義）・美（美術）の各領域における日本人の特色と任務を述べた『真善美日本人』（政教社）のすぐ後に『偽悪醜日本人』（政教社、一八九一年）を出版し、日本人の至らない点を指摘していることからも明らかである。日本人の任務はあくまで人類の進歩という点から規定されているのであり、他の「民種」の特色に学んで弱点を矯正していかなければならない。また、他の「民種」も人類を進歩させる任務を担い、そのために必要となる特色を有しているという点で、日本人と対等の資格をもっているとされるのである。

「自伝」

（『人間の記録四三　三宅雪嶺』日本図書センター、一九九七年）

この自伝は死の九年前にあたる一九三六年、七六歳の時に『婦人之友』に連載されたものである。生い立ちが順を追って述べられた後、最終節で自分の生き方を貫く立場がまとまって提示される。こうした構成は、福澤諭吉が『福翁自伝』（時事新報社、一八九九年）の結びの部分で、「家に居り世に処するの法」を述べていることを想起させる。三宅の場合、それは「独立」を保つということであった。政府や大組織から距離をとることが三宅の言動を特徴づける要素の一つだが、この「自伝」では「御用を承わらず、自ら欲するところを自ら行う」ことと説明されている。この「独立」を保つ要諦とされるのが「分相応」である。「補助を仰がねば出来ぬようなことは初めから着手」しなければ他者に依存せずにすむ。これは裏を返せば、「野心」をもたず、成功や出世に固執しないということでもある。高利貸に苦しめられながらも、「金のために働くというのが業腹で、自ら為すべきをなし、それで金がはいればよく、はいらなくてもよいとした」という。こうした態度は現状に満足するだけにとどまる場合もあるが、自己に没入せず、自分の利益や執着から離れた自由な視点をもたらす面もある。これは「宇宙」という全体の観点から万物を相対化して捉える哲学的立場につながっており、また、長期にわたる三宅の評論活動が時代の流れと齟齬をきたさず、新たに登場した政治的・社会的動向の意義を捉えることができた要因となった。

（山辺春彦）

宮崎滔天《みやざきとうてん》 革命家 一八七一〜一九二二

丸山眞男は明治維新期の士族反乱と自由民権運動の急進化という国内の動乱状況の中で育ち、そうした不断の混沌の中にしか精神の慰めを覚えない習性を身につけた行動的知識人が、西洋列強のアジア侵略に対抗するアジア主義を唱え、大陸浪人に転身するとしているが、宮崎滔天もその一人といえる。もちろん多くの行動的知識人は藩閥専制への義憤から国内の政治的革新運動に向かったが、他方、一貫して海外に目を向け、友を隣邦に求めてまず広く東洋全体の空気を一新することを追い求めたのが滔天であった。日本に亡命してきた朝鮮開化派の金玉均を支援し、タイへの移民事業に従事し、またフィリピン独立運動にも関与するなどしたが、活動の主対象を中国とし、実際に革命運動に身を投じるのは、一八九七（明治三〇）年九月の孫文との初めての出会いによる。中国の革命は中国蘇生のためだけでなく、西洋の圧迫を受ける東亜諸民族の屈辱をすすぎ、世界の人道を回復し擁護する道という孫文の主張に滔天は全面的に共鳴し、中国革命派の真の同志として革命に献身無私の尽力をした。活動を共にした滔天への孫文の信頼は厚く、滔天の居宅は革命派のいわば梁山泊であった。

〈全集等〉 宮崎龍介・小野川秀美編『宮崎滔天全集』全五巻（平凡社、一九七一〜七六年）
〈水先案内〉 榎本泰子『宮崎滔天――万国共和の極楽をこの世に』（ミネルヴァ書房、二〇一三年）

『三十三年の夢』

（岩波文庫、一九九三年）

孫文と宮崎滔天が執念を燃やした一九〇〇（明治三三）年の恵州事件の失敗後に、滔天が執筆した自叙伝。『二六新報』の〇二年一月三〇日から六月一四日まで連載され、同年八月に白浪庵滔天の名で国光書房から出版。孫文が序文で、滔天を「今之侠客」と称えている。郷里熊本で民権一家宮崎家の親・兄弟から受けた影響の叙述に始まり、恵州事件の挫折後、桃中軒牛右衛門の名で浪花節語りになるまでの滔天の半生が語られている。本書は二六年に吉野作造の校訂・解題により復刊。吉野は「数奇風流の運命に身をまかせた人だけに、著者三十年の行事そのものがすでに非常に面白い。（中略）当時の青年を動かした思想の何であるか、時勢はこれと如何の交渉をもっておったか。これらの歴史研究上肝要なる諸問題も彼が自らの過去を語ることのうちに事こまかに説明されている。（中略）支那の革命に対する終始一貫の純精《ママ》の同情に至っては、その心境の公明正大なる、その犠牲的精神の熱烈なる、共に吾人をして遂に崇敬の情に堪えざらしむる。（中略）私は本書によって啻《ただ》に支那革命初期の史実を識ったばかりでなく、また実に支那革命の真精神を味うを得た」と述べている。なお本書の数種の漢訳本のうち、特に黄中黄（章士釗）訳録『孫逸仙』（一九〇三年）は中国で広く読まれ、高い理想をもつ優れた革命家としての孫文、そしてまた滔天が、中国の知識人や日本に滞在する中国人留学生の間に広く認識されるきっかけとなった。

『狂人譚（抄）』

（『日本の名著45』中公バックス、一九八四年）

滔天は幼少時に父親から大将豪傑になれといわれ、西南戦争で西郷に殉じた民権論者の兄八郎のようになれともいわれて育つ。また土地復権運動を推進した兄民蔵、中国革命をめざす兄弥蔵ら民権兄弟からの影響も大きく、社会問題や中国革命に目を向ける。中学中退後に「自由民権の天国」である徳富蘇峰の私塾大江義塾で学ぶ。義塾時代に宿した人生の煩悶憂鬱をキリスト教に救われ一時帰依。やがて海老名弾正の正則熊本英語学会で学び、長崎の加伯利英和学校神学科に入学。教会で知り合ったアブラハム老の私塾建設資金を頼むため訪れた地で、熊本政界の実力者前田案山子の三女槌子を知り結婚。革命資金は作るが、生計のために稼ぐ金はないという滔天一家の貧乏を妻が支えたが、妻子の苦労を度外視して革命に奔走する。そうした滔天の一八歳頃の長崎時代を舞台に、「西洋の狂乞食」アブラハムをモデルに道理主義に心酔し「世界の人、人類の子」と称する「道理満」とキリスト教徒の友人との問答を軸に著されたのが『狂人譚』。生活に困窮し不忍池畔で芸者の居候だった頃、不忍庵主の名で『二六新報』一九〇一（明治三四）年六月一九日から一〇月一三日に連載し、翌年九月に国光書房から発刊。息子の宮崎龍介が「父滔天の名は『三十三年の夢』によって知られるようになったが、父の思想をうかがえるのはむしろ『狂人譚』である」と述べているように、思索者・思想家としての一面をうかがう上で参考になる。

（黒沢文貴）

宮武外骨《みやたけがいこつ》　ジャーナリスト　一八六七～一九五五

一八六七年、讃岐に生まれる。八四年、亀四郎という名を外骨と改名。「がいこつ」と読まれることが一般的だが、晩年に読みを改めたため「とぼね」とされることもある。八七年に『頓智協会雑誌』を創刊し、好評を博す。八九年、第二八号に、「大日本頓智研法」を骸骨が授与する絵を掲載。天皇が大日本帝国憲法を授与する姿を想起させるものであったため不敬罪に問われ、三年の禁錮刑に処される。出獄後の一九〇一年に『滑稽新聞』を創刊。〇八年に「自殺号」を出して廃刊するまで、様々な政治問題や社会問題を茶化し、告発する記事を掲載。繰り返し発行停止や罰金刑、禁錮刑に処される。その後も数多くの雑誌を発行。一方で、一五年と一七年には、衆議院選挙に立候補し落選。大正デモクラシー運動に関わる中で、政治学者の吉野作造と親交を結ぶ。二一年、廃姓を宣言し、「宮武」と名乗ることをやめる。二四年、東京帝国大学の嘱託となり、明治文化研究会を結成。明治新聞雑誌文庫の設立に尽力する。二七年からは文庫の事務主任となり、四九年に退職するまで資料の収集や整理を行う。五五年、死去。

〈全集等〉『宮武外骨著作集』全八巻（河出書房新社、一九八六～九二年）

〈水先案内〉吉野孝雄『宮武外骨伝』（河出文庫、二〇一二年）

『アメリカ様』

（ちくま学芸文庫、二〇一四年）

宮武外骨は生涯を通して多くの出版物を残したが、戦中はほとんど執筆活動を行っていない。明治新聞雑誌文庫での仕事が忙しかったからということもあるだろうが、それ以上に、外骨の皮肉や批判に満ちた文章が許される時代ではなかったからということが大きいだろう。『アメリカ様』が出版されたのは一九四六年五月。第二次世界大戦の敗戦からまだ九カ月ほどしか経っていない頃である。外骨はこの時、七九歳。長く抑え込まれてきた鬱憤を晴らすかのように、生き生きと筆を走らせている。

戦前から軍閥、官僚、財閥が支配する日本社会を批判し続けてきた外骨は、出版停止、罰金刑、禁錮刑など様々な弾圧を受けてきた。しかし、自分が批判してきた日本社会が敗戦を機に変革を余儀なくされている。外骨はそれを「アメリカ様」のおかげと皮肉を込めて喜んでみせる。そして、それに乗じて、という形をとりながら、今まで語ることを禁じられていた天皇、社会主義、言論弾圧など、様々な問題に自由に切り込んでいる。

思いつくままに書かれた文章は、駄洒落や悪ふざけがふんだんに盛り込まれた断片的ノートのようにも見える。だが自由気ままであるからこそ、敗戦直後の世相や気分が鮮やかに映し出されている。日本社会が抱える問題を鋭くあぶり出す外骨のまなざしを通して、終戦直後、そして現在の日本について、私たちは様々な思いを巡らすことができるはずだ。

『明治奇聞』

（河出文庫、一九九七年）

一九二三年、関東大震災が起こる。これにより東京は甚大な被害を受け、近代日本に関する多くの貴重な資料も失われた。そのことへの反省から、震災の翌年、吉野作造の呼びかけで明治文化研究会が発足する。会の使命として掲げられたのが、明治期以降の社会全般に関する研究を行い、それを資料として残すことであった。そして、この会の一員となった外骨が、二五年から二六年にかけて六冊に分けて出版したのが『明治奇聞』である。

外骨は様々な古新聞から「珍材料」を拾い出し、人々の興味を引こうとする。使命感よりも、ただ興味の赴くままに収集したように思われる小さな事件、世相、風俗に関する情報が大量に掲載された本書は、確かに誰が読んでもどこかで興味が持てるだろう。とるに足らない珍事から歴史的価値のある情報まで、時に鋭く、時にくだらなく論じる外骨の言葉を追いながら、読み手はそれぞれ自分にとっての宝探しを楽しめる。そうするうちに、明治期日本の社会や文化への関心を高めようという外骨の企みに、まんまとはまってしまうのだ。

ただ河出文庫版の『明治奇聞』にはこの本のごく一部しか掲載されていない。『明治奇聞』他、数冊からの抜粋がテーマごとに分類されていて読みやすい一方、外骨の「とるに足らない」ことを圧倒的執念で集積したからこそ見えてくる時代の空気感は伝えきれていないように思う。ぜひ『宮武外骨著作集』で原文に触れて欲しい。

（佐藤美奈子）

陸奥宗光《むつむねみつ》

政治家　一八四四〜一八九七

陸奥宗光は日清戦争期の外交を伊藤博文内閣の外相として担い、条約改正も成し遂げた人物として名高いが、死去に際して進歩党が「死に至るまで政界の一動力たるを失わず。当代の奇材」と称えた政治指導者でもあった。流転の幼少期を過ごすが、幕末には勝海舟や坂本龍馬の知遇を得、その才が認められている。一八六八（慶応四）年明治新政府の外国事務局に伊藤博文、井上馨らと任官、能吏の維新官僚であったが、紀州和歌山出身の陸奥は薩長藩閥政府の人材登用の公平性への不満から西南戦争時に土佐立志社系が企てた政府転覆計画に関与。八三（明治一六）年一月までの四年四カ月、山形と仙台で獄中生活を送った。ただしその間に功利主義の祖であるベンサムの主著を翻訳。八四年四月から二年一〇カ月、伊藤、井上、山県有朋らの尽力で外遊し、イギリスとウィーンで学ぶ。西園寺公望との交友はウィーンで始まる。八八年駐米公使。九〇年山県内閣の農商務大臣、大臣秘書官は原敬。第一回総選挙で和歌山選出の衆議院議員となる。「政治以外殆ど他の趣味を有せず」とも評され、徳富蘇峰は「波瀾多き、変化多き」陸奥の一生を、「小説よりも奇なる生涯」と述べている。

〈全集等〉『日本の名著35 陸奥宗光』（中公バックス、一九八四年）
〈水先案内〉 佐々木雄一『陸奥宗光――「日本外交の祖」の生涯』（中公新書、二〇一八年）

『新訂 蹇蹇録』（岩波文庫、一九八三年）

陸奥宗光の日清開戦指導には、明確な方針や展望によるものというイメージがある一方、誤算や失敗、場当たり的な指導という評価もある。三宅雪嶺は「陸奥は速断し、時として当り、時として誤る。誤りて窮地に陥り、之を脱する際に最も才能を発揮す」（『同時代史』第二巻、岩波書店、一九五〇年）と評しているが、陸奥の用意周到に準備を怠らない姿とも併せれば、的確な陸奥像である。そうした陸奥にとっての痛恨事が、下関講和条約調印直後の露独仏の三国干渉。陸奥のみならず日本の政治・軍事指導者は、日清間の問題への列強の干渉を初めから警戒していたし、遼東半島の割譲を快く思わないロシアの外交行動は予想されていたが、ドイツを含む連合干渉は想定外の事態であった。『蹇蹇録《けんけんろく》』は、三国干渉を陸奥の失態として批判する国内の声に対する陸奥の反駁の書であり、次の政治的飛躍を期するためのものでもあった。窮地を脱する際に最も才能を発揮すると評された陸奥の真骨頂を示す文章であり、彼の教養と政治的体験のすべてが凝縮された書である。一八九五（明治二八）年三月に第一次刊本、五月に第二次刊本が完成し、各国駐剳《ちゅうさつ》公使におくられた。陸奥の所蔵本には、陸奥が口述筆記させたものという五月二九日付の西園寺公望の筆者証明が付されている。長く秘本であったが、陸奥自身は様々な人物に渡している。本書末尾の「また決して他策なかりしを信ぜんと欲す」との言こそ、陸奥の外交指導者としての矜持を示している。

「古今浪人の勢力」

（『日本の名著35』中公バックス、一九八四年）

陸奥宗光を権力と理念の間に引き裂かれた「分裂した魂」の持ち主と評したのは、萩原延壽（『陸奥宗光』上・下、朝日新聞社、一九九七年）である。非薩長の出身ゆえに自身の能力に見合わない殊遇を受けてきたと認識する陸奥にとって、当時の日本政治を動かしていたのは、藩閥勢力という実在する権力と自由民権という普遍的な理念であった。獄中の著作にみられるように陸奥は自由民権に深い理解をもつ知識人であり、かつ立憲政治を進めようとする政治家でもあった。そのため藩閥勢力に接近したが、藩閥側も自由民権勢力、自由党に影響力をもつ陸奥の存在が必要であった。陸奥は、政治は術（アート）であり、学（サイエンス）ではない、政治を行うには巧拙（スキル）とそのための実学・実才や世務に練熟する必要がある、また立憲政治は専制政治のように簡易ではないゆえに政治家の巧拙が一層必要としている。つまり陸奥は立憲政治には権力と理念を媒介する政治技術が必要であり、自身にはその技術があると自負していたが、日清戦後は肺患により療養生活を余儀なくされ、実際政治には復帰できなかった。本編は雑誌『世界之日本』第一三号（一八九七年三月）に死去目前の陸奥が匿名で執筆した論説。戦国時代以来の浪人勢力を時代の主導者として描き、最後に「自由民権を主張せる今の浪人諸氏よ、（中略）いやしくも進歩変革が社会の常道たる以上は、浪人はつねに勝つ。永久に勝つ。浪人の勝たざる社会は滅亡化石の社会なり」と述べている。（黒沢文貴）

山路愛山《やまじあいざん》　評論家　一八六五～一九一七

一八六五年、江戸に生まれる。幕府天文方の家系だったため、六九年に徳川家に従って静岡に移住。静岡英学校に学び、八六年には静岡教会で受洗。九一年に東京に出て『護教』に執筆し、翌年には民友社に入社して『国民新聞』にも執筆。九三年から友人・北村透谷と人生相渉論争を行う。九九年に『信濃毎日新聞』主筆。一九〇三年に『独立評論』を創刊し、帝国主義の立場から非戦論を批判。日露戦争後は国家社会主義を主張して国家社会党を結成するとともに、普通選挙運動に関与した。英雄の伝記を通して日本の通史を描くことを企図し、〇九年から『足利尊氏』『源頼朝』『西郷隆盛（上巻）』（以上玄黄社）『徳川家康』（独立評論社）などを刊行したが、完成に至らなかった。他方で、英雄の事業を可能にした人民の歴史にも関心を寄せ、『日本人民史』を執筆したが、これは冒頭部分で中絶した。この他にも主に史論と評論の分野で多くの著述を残した。皇室を中心とする生活共同体として日本人を捉えるのがその基本的立場だが、これには天皇の前で人民と同じ地位まで政府を相対化するという含意があり、民間の思想家としての山路の立脚点を支えていた。

〈全集等〉『民友社思想文学叢書　山路愛山集』全二巻（三一書房、一九八三～八五年）
〈水先案内〉岡利郎『山路愛山――史論家と政論家のあいだ』（研文出版、一九九八年）

『基督教評論・日本人民史』

（岩波文庫、一九六六年）

『日本人民史』の序論部分では、山路愛山の弁証法的な歴史の捉え方がまとまって述べられている。それによれば、「主論」に対して「抗論」が提起され、両者が対峙する中で「結論」が登場するという形で「人間の進歩」や「世の進歩」が実現するという。この過程で特に重視されるのは「抗論」であり、その抵抗があってはじめて「主論」の弱点が修正される。この見方を明治の思想史に適用したのが、本書に収録されている「現代日本教会史論」である。ここで明治の起点となる維新は、精神と物質の両面にわたる「根本的革命」とされ、精神面では、思想の自由を制約し、「抗論」の登場を妨げて「真実の信仰」を失わせた徳川幕府の政策を打破したものと位置づけられている。山路によれば、人間の精神は「現世主義」にとどまることはできず、その「最奥の根柢」に達するものを求めてやまない。維新後にこの課題に応える使命を負ったのがキリスト教信仰であり、それは主として維新の敗者である旧幕臣や佐幕派藩士の子弟によって担われた。「精神的革命は時代の陰より出づ」るのである。こうして、「懐疑的」「唯物的」な諸思想に対抗しつつ、「人心に真個の満足を与ふる」ことをめざした明治のキリスト教の歩みが共感をもって描き出されていく。ここには、旧幕臣の子として逆境の中で育ち、キリスト教信仰の立場から民間における言論活動を展開した、山路自身の思想的遍歴が投影されていると見ることができる。

『源頼朝』

（平凡社東洋文庫、一九八七年）

本書は、個人が社会・政治構造に規定されながらも、それに働きかけるという相互作用によって時代の変化が生じるさまを描き出そうとする、山路愛山の歴史叙述のスタイルがよくあらわれた作品である。源頼朝の最大の功績は、武士たちが自分の権利を自分で守る自力救済の結果として生じてしまう「私闘」を抑制できる政権を樹立したことであった。しかしこの事業は、それぞれの家が世代をこえて特定の職業と格付けをひきつぐという従来の仕組みを破壊することなく、むしろその基礎の上で実現したものだった。頼朝が政治家としてすぐれた資質をもっていたことだけでなく、弓馬の芸を家業とする武家の棟梁という家格をもつ源氏の嫡流だったことも重視されているのである。武家政権の成立はまた、それに先立つ院政の確立過程と重ね合わせて理解されている。後三条院と白河院が、藤原氏の支配を支えていた政治機関を廃止することなく、記録所や院司を活用して徐々に実権を握っていったように、頼朝は、政所に大江広元や中原親能を登用し、彼らの家に代々うけつがれてきた先例古格に関する知識を利用して、後白河院政と調和しながら漸進的に改革を進めようとしたというのである。このように本書は、変化が急激かつ徹底的に行われる革命としてではなく、古いものに並行して新しいものが建設されるという、日本の歴史に見られるパターンを取り出そうとした試みとしても読むことができる。

（山辺春彦）

Ⅱ 第一次世界大戦と大正デモクラシー

一九〇六（明治三九）年～一九二二（大正一一）年

時代と思想❷ 第一次世界大戦と大正デモクラシー

明治時代も終わりに近い一九一〇（明治四三）年五月、大逆事件の大検挙が始まった。翌年の一月に幸徳秋水ら二四人に死刑判決が下され、一二人に死刑が執行されている。幸徳は日本で初めて社会主義を標榜する社会民主党を、〇一年に創立したメンバーである。同党は結社禁止になるが、堺利彦と平民社を立ち上げて、『平民新聞』で日露戦争前夜に非戦論と社会主義を主張した。〇五年一二月から半年間の滞米中に、幸徳はアナーキズムへの関心を深める。帰国後は議会主義を否定して、直接行動論を唱えた。明治天皇暗殺の謀議を理由に、証拠が薄弱なまま、秘密裁判で死刑を宣告した大逆事件は、天皇制国家がアナーキズムをいかに危険視していたかを如実に示している。

大正元年は一九一二年、大正一五年は二六年。その間の一九一〇〜二〇年代前半の自由主義的な思潮は、大正デモクラシーと呼ばれる。美濃部達吉が『憲法講話』で提唱した天皇機関説と、吉野作造「憲政の本義を説いて其有終の美を済すの途を論ず」に代表される民本主義が、この思潮を代表している。一九〇〇年に普通選挙同盟会が普選請願書を衆議院に提出してから四半世紀。大正デモクラシーに支えられて、男子普選は二五年にようやく実現した。他方でその論陣を張る『大阪朝日新聞』は、筆禍事件を一八年八月に起こしてしまう。記事中の「白虹日を貫けり」という内乱の兆候を示す故事成語が問題視されて、編集局長の鳥居素川や、社会部長の長谷川如是閑は、退社に追い込まれた。

大正教養主義と呼ばれる思潮もこの時代に盛んになる。西田幾多郎・田辺元・和辻哲郎が中心の京都学派と、大正教養主義は重なっていた。西田の代表作『善の研究』が東洋的な形而上学で西洋哲学を包摂しようと試みたように、京都学派は東洋と西洋の思想の融合を模索していく。和辻の『古寺巡礼』は、大正教養主義が広く受容された典型である。文化伝播の文脈で、古社寺や仏像を捉え直すこの本に導かれて、奈良を訪れた同時代人は少なくなかっただろう。哲学者阿部次郎の『三太郎の日記』も、広く読まれた一冊である。自己内面の確立の記録として書かれた同書は、同時代の文学思潮である、武者小路実篤らの白樺派と響き合っている。

東洋と西洋といえば、英語圏での日本イメージの形成に関わったのは、仏教学者の鈴木大拙である。アメリカやイギリスに長く滞在した鈴木は、雑誌 *The Eastern Buddhist* を一九二一年五月に創刊して仏教思想の普及に努めた。今日までZEN（禅）が日本イメージの一角を形成しているのは、鈴木の仕事抜きには考えられない。イギリス人のレジナルド・ブライスは、鈴木の著作から大きな影響を受けた。二人が蒔いた種は、ZENとHAIKU（俳句）がリンクする日本理解として実を結んでいる。

一九世紀末から二〇世紀初頭にかけて、イギリスではフェミニズム思想に基づく女性参政権運動が盛んになる。日本にもその波が及んで、一九一一年九月に日本で最初のフェミニズム雑誌『青鞜』が創刊された。一八世紀のイギリスで「新しい女」に対して嘲笑的に使われた「blue stocking」の訳語が、誌名に採用されている。「元始、女性は太陽であつた」という発刊の辞を寄せた平塚らいてうの他に、中野初子・物集《もずめ》和子らが発起人に加わった。『青鞜』は「女流」文芸雑誌だったので、岡本かの子・田村俊子・長谷川時雨・与謝野晶子らの文学者が名を連ねている。やがて編集が平塚から伊藤野枝に引き継がれると、雑誌は個人主宰の性格を強めていった。二一年三月には社会主義的な婦人団体赤瀾会を、伊藤や堺真柄《まがら》や山川菊栄が結成して、メーデーに参加している。

一九一四年七月、オーストリアがセルビアに宣戦布告して、第一次世界大戦の火蓋が切って落とされた。一九世紀後半にアジアやアフリカを植民地化していったヨーロッパの帝国は、植民地化する土地がなくなると、世界再分割に舵を切る。おのずから第一次世界大戦の主戦場は、帝国が集まるヨーロッパになった。日本は極東に位置しているので、漁夫の利を得ている。戦死者一〇〇〇万人という犠牲を払った末に、大戦は一八年一一月に終結した。ヴェルサイユ講和条約によって、日本は山東半島の旧ドイツ権益を引き継ぎ、赤道以北の旧ドイツ領南洋諸島の委任統治権を獲得する。二〇年一月に国際連盟が発足し、新渡戸稲造は連盟の事務次長に就任した。

大逆事件で社会主義運動は厳しい局面に立たされるが、その命脈を絶たれたわけではない。大逆事件に先立つ一九〇八年六月に、荒畑寒村・大杉栄・堺利彦らは錦輝館赤旗事件で投獄されていた。投獄によって大逆事件を免れる大杉は、一二年一〇月に荒畑と、社会思想と文芸が中心の『近代思想』を創刊する。この雑誌は、大逆事件で散り散りになった社会主義運動家の絆を、次の展開に備え、強めていく役割を果たした。格差と貧困の問題は、資本主義社会につきまとう。経済学者として大成する以前に、河上肇が新聞に連載した「貧乏物語」が、大きな反響を呼ぶのはそのためである。

河上肇『貧乏物語』が単行本化される一九一七年三月、世界史を揺るがす大きな事件が起きた。第一次世界大戦中のロシアのペトログラードで、二月革命が勃発してロマノフ王朝は滅亡する。さらにその八カ月後の十月革命で、レーニンを中心とするソビエトが権力を確立した。マルクス主義を基盤として、社会主義的な社会の実現を目指す政権が、地上に初めて姿を現したのである。ただソビエトが全土を、すぐに掌握できたわけではない。英仏などの列強が対ソ干渉戦争に乗り出し、日本もシベリア出兵を行った。反革命軍の抵抗により、内戦状態は長く続く。ソビエト社会主義共和国連邦が成立するのは、二二年一二月になってからである。

二月革命後の五月に、山崎今朝弥邸でロシア革命を支持する決議を行った堺利彦・山川均らの社会主義者は、諸団体の大同団結を目指して、一九二〇年八月に日本社会主義同盟準備会を結成する。アナーキストの大杉栄や近藤憲、著作家組合の大庭柯公、文化学会の嶋中雄三、友愛会の麻生久、新人会の赤松克麿など、幅広いグループが結集した。極東の社会主義者の国際組織を作るため、コミンテルンが上海で開いた会議に、大杉は二〇年一〇月に密航して出席する。それは二二年七月の日本共産党の、非合法な結成につながっていった。ただその前年のロシア共産党大会で、アナーキストの排除が決定する。日本でもアナ・ボル論争が起き、その後は山川が理論的指導者として活躍することになる。

（和田博文）

阿部次郎《あべじろう》

哲学者

一八八三〜一九五九

山形県に生まれる。父は小学校教員。山形中学校を学校騒動の首謀者となった咎で放校処分になり、上京して京北中学校に編入学した。第一高等学校を経て東京帝国大学哲学科に進み、ケーベルに師事。一高では岩波茂雄と寮で同室。一学年下の安倍能成とも親しかった。卒業後は夏目漱石の門にも出入りしつつ、新聞の文芸欄への寄稿などで生計を立てた。一九一四年、『読売新聞』での連載をまとめた『三太郎の日記』を東雲堂書店より刊行。ベストセラーとなり、一躍文壇の寵児となる。以来、「教養主義」の象徴的人物と目された。

一九一三年に岩波茂雄が岩波書店を開業すると、『哲学叢書』（一九一五年）や『思潮』（一九一七年）の編集を主導するとともに、『倫理学の根本問題』（一九一六年）、『美学』（一九一七年）、『人格主義』（一九二二年）などを刊行。二三年、東北帝国大学に新設された法文学部に美学講座担当教授として赴任。日本文化研究に進み、『徳川時代の芸術と社会』（一九三一年）などを刊行。四五年、定年退職。五四年、阿部日本文化研究所を設立。五九年、仙台市名誉市民となり、同年死去。仙台市市民葬によって弔われた。

〈全集等〉『阿部次郎全集』全一七巻（角川書店、一九六〇〜六六年）

〈水先案内〉竹内洋『教養派知識人の運命——阿部次郎とその時代』（筑摩選書、二〇一八年）

『新版 合本 三太郎の日記』

（角川選書、二〇〇八年）

著者の分身、青田三太郎の「内面生活」を描いた日記体小説である。三太郎が哲学や文学を読みながら理想的人格を目指して葛藤し苦悩する姿は、当時の思想・文芸界の絶賛と、いわゆる「煩悶青年」たちの熱烈な歓迎を受け、一九一四年に東雲堂書店から刊行されるや、たちまちベストセラーとなった。翌一五年にはその後の短編を編んだ『三太郎の日記　第弐』が岩波書店から刊行。さらに一八年には、東雲堂書店の『第壱』と岩波書店の『第弐』を併せ、その後の文章も「第三」として加えた『合本 三太郎の日記』が岩波書店から刊行された。今日通称される『三太郎の日記』は、たいていこの「合本」を指している。

以来、本書はいわゆる大正教養主義のバイブルとなったが、一九二〇年代になって社会主義が台頭すると、個性の発展や人格の陶冶ばかりを説く教養主義や人格主義は社会問題を解決しないという類の批判にもさらされた。しかし戦後になると、精神的空白状況や読書人口の拡大が相まって再び注目され、角川書店から再刊。発行部数は八万部に及んだ。

本書に象徴される教養主義とは、所詮「修養」という「型」を喪失した気ままな自己逃避にすぎないという手厳しい批判もある（唐木順三「型の喪失」）。しかし、そうであろうか。阿部のいう「教養」とはあくまで「自分を造り上げること」であった。本書はむしろ、価値を喪失し、多くの人が生き方に悩む現代にあってこそ、一層の輝きを増すに違いない。

『徳川時代の芸術と社会』

（角川選書、一九七一年）

江戸期の庶民芸術とその思想史的意義を考察した、阿部の後期の代表作である。すでに『三太郎の日記』の頃から、阿部は自らの人格主義の立場が、ともすれば根無し草的コスモポリタンに陥りかねないことを自戒し、日本人としての自己の文化的基盤を求める必要を自覚していた。この自覚は、東北帝大赴任前年の西洋留学を契機に一層強固なものとなり、帰国後の本格的な日本文化研究の動機となった。その最たる研究成果が本書である。『色道大鏡』や『ひとりね』に注目し、常民の生きる世界とは異質な「悪所」にこそ江戸の文化的生産力の根源を求めた本書の研究は画期的であり、近世文化研究の新たな道を開いた。ところが阿部は、その思想史的意義の考察に及ぶや、それは人を慰めるものではあっても品格を高めるものではなく、したがってそれを「その根本精神においては全然排斥」してこそ、日本人の未来は開かれると力説する。「徳川時代の平民芸術よ、安らかに眠れ」と。

これを近代主義的立場からの安易な前近代の否定であると批判するのは容易い。しかしむしろ、多くの知識人が日本回帰になだれ込んでいったこの時代にあって、阿部があくまでも人格主義という理想を手放さなかったことの意味こそ、今、問われるべきではないか。いずれにせよ本書は、近代的理想と日本的伝統の関係如何という、近代日本の宿命的課題に、我々が今、もう一度真剣に向き合うべきことを訴えている。

（古川雄嗣）

荒畑寒村《あらはたかんそん》

社会運動家、作家、評論家

一八八七～一九八一

横浜遊郭内で生まれる。本名勝三。市立吉田高等小学校卒業。外国商館のボーイ、横須賀海軍造船工廠の見習工などを経て『万朝報』を愛読し、幸徳秋水、堺利彦の「退社の辞」に感動して社会主義協会に入会した。一九〇五年、東北伝道行商の途次、谷中村で田中正造に初めて会う。その後、平民社解散のため、堺の斡旋で紀州田辺の牟婁《むろ》新報記者となり、管野須賀子を知り結婚。〇七年、平民新聞記者となり足尾銅山暴動を取材、『谷中村滅亡史』を刊行するもただちに発禁となった。翌年、赤旗事件で検挙され、入獄中に管野と幸徳の恋愛を知り懊悩するが、彼らは大逆事件で処刑された。大杉栄と『近代思想』を創刊し、大逆事件後の「冬の時代」を乗り切ろうとするが、次第に大杉との思想的感情的懸隔が生じた。二二年、堺や山川均らと日本共産党を結成。翌年訪ソするも、共産党検挙を知り急ぎ帰国。解党後の第二次共産党には参加せず、二七年以後は堺らとともに労農派の中心として活躍した。戦後は労働組合再建に尽力、日本社会党結成に参加し、第一回総選挙に社会党から立候補して当選したが芦田連立内閣に反対して脱党、以後、評論活動に専念した。

〈全集等〉『荒畑寒村著作集』全一〇巻（平凡社、一九七六～七七年）

〈水先案内〉寒村会編『荒畑寒村 人と時代』（マルジュ社、一九八二年）

『平民社時代』

（中公文庫、一九七七年）

週刊『平民新聞』発刊七〇周年の年である一九七三年に中央公論社より刊行された初版には、巻末に寒村年譜と著作目録が付録としてある。初期社会主義を代表する平民社の歴史を辿った書物。「日本社会主義運動の揺籃」という副題のように、〇三年一〇月一二日の『万朝報』に掲載された堺利彦と幸徳秋水の「退社の辞」から始まる本書は、日本の社会主義運動が日露戦争反対論によって開始されたことを特筆する。戦争反対の信念、平和主義の熱情、人道主義の理想が社会主義運動のエネルギーのみなもとであった。

週刊『平民新聞』発刊のさい、幸徳の恩師である中江兆民の友人小島竜太郎が保証金一〇〇〇円を出してくれたり、堺と同郷の医師加藤時次郎が創業費として七五〇円を貸してくれたりといった助力によって創業の土台ができたことなど、さまざまなエピソードが満載である。週刊『平民新聞』が政府の弾圧によって一九〇五年一月二九日第六四号で廃刊となったあと『直言』が刊行された。同第一二号は「婦人号」と銘打って女権拡張運動と連動する特集を組み、第一四号では日本で初めてのメーデー記念会の記事があった。しかし、無期限発行停止の処分を受けたため廃刊をきめ、平民社は解散となる。大日本帝国の戦争政策と戦い続け、〇五年一〇月の解散まで「平民主義」「社会主義」「平和主義」を基本的立場とした約二年間の活動が詳述された。文庫版には鹿野政直の解説を付す。

『谷中村滅亡史』

（岩波文庫、一九九九年）

一九〇七年八月に平民書房より刊行された、荒畑寒村二〇歳時の第一出版物である。刊行直後に発禁となった。〇五年、一八歳の寒村は社会主義のパンフレットを売り歩く東北伝道行商の途中、谷中村を訪ねて田中正造に会い、足尾銅山まで足を伸ばした。翌〇六年にも谷中村を再訪し、本書執筆の〇七年には、二月に足尾銅山暴動取材のため二度目の足尾に赴いている。同年六月に田中に同道してまた谷中村を訪ねるなど、度重なる取材によって本書は書かれた。本文庫の巻末には、堀切利高の解題、鎌田慧の解説がある。

田中に懇願されて成った本書は、谷中村に残留した農民の家屋土地が強制収用された報を受けて一気呵成に書かれ、古河市兵衛と政府および栃木県による暴虐がいかに農民を苦しめ谷中村を滅亡させたかを、広く社会に訴える熱血の書となっている。西園寺公望内閣の内務大臣原敬によって強制収用および立ち退きが行われたが、原は一年前まで古河財閥の副社長だった。田中と木下尚江の序文を付して、緒言と結論のあいだに「第一　鉱毒問題の起因」から「第二十六　谷中村の滅亡」まで、二〇数年におよぶ足尾銅山鉱毒事件の経過や周辺の事情を詳細に伝えた。寒村は、後年、悲憤慷慨の幼稚な若書きだと謙遜したが、漢文調の力強い文体が谷中村滅亡の切迫した実情を報じている。日本近代における最初の公害問題を論じた第一級のドキュメンタリーである。

（竹内栄美子）

石川三四郎《いしかわさんしろう》　思想家、社会運動家　一八七六〜一九五六

埼玉県児玉郡山王堂村（現本庄市）に五十嵐家の三男として生まれる。徴兵を避けるために石川家の養子となるも、実際には五十嵐家で育った。東京法学院（中央大学の前身）を卒業し、一九〇二年『万朝報』に入社。『万朝報』が日露戦争開戦論に転じると、幸徳秋水、堺利彦、内村鑑三が非戦論の立場から退社するのに続いて石川も退社、幸徳、堺らの平民社同人となった。〇五年には『新紀元』を刊行し、木下尚江らとキリスト教社会主義の主張を展開、この頃、田中正造と知り合って思想的影響を受け信頼を深める。〇七年には福田英子主幹の『世界婦人』の編集兼発行人となる。同年、日刊『平民新聞』を出すも足尾銅山労働者ストライキ支援などによって軽禁錮となり、獄中で「虚無の霊光」を執筆した。一二年に『哲人カアペンター』を刊行、翌年の『西洋社会運動史』が発禁となり、日本を脱出して渡欧する。ブリュッセルでアナキストのポール・ルクリュ宅に寄宿、ポールの叔父であるエリゼ・ルクリュの思想に親しんだ。二〇年に帰国したのちは、カーペンターの影響で自然の摂理に従った「土民思想」を展開し、東京郊外で農耕と著述の生活を送った。

〈全集等〉『石川三四郎著作集』全八巻（青土社、一九七七〜七九年）
〈水先案内〉大沢正道『石川三四郎 魂の導師』（虹霓社、二〇二〇年）

『自叙伝』上・下

（理論社、一九五六年）

上巻は『青春の遍歴』と題されて、一九一三年初夏、石川三四郎がブリュッセルのポール・ルクリュ家を訪問した場面から始まり、ルクリュ夫妻に自分の来し方を物語る体裁となっている。生い立ちから平民社や大逆事件のことなど、ブリュッセルに到着するまでの半生が「ですます調」で語られた。下巻は『一自由人の旅』と題されて、ブリュッセルからロンドンやフランスでの放浪を経て帰国後、再度の渡欧を経たあと、二七年に東京郊外の千歳村に移住して雑誌『ディナミック』を創刊した頃のことや、北京滞在、東洋文化研究や戦後の無政府主義運動のことが綴られた。石川が亡くなる年に刊行された口述筆記による生涯を語った自叙伝である。上巻の解説は家永三郎が書き、下巻巻頭には『哲人カアペンター』に寄せた徳冨蘆花の「愚かなる石川君」が置かれ、巻末には唐沢柳三作成の著作年表のほかに、養女石川永子の「あとがきにかえて」と鶴見俊輔の解説が付されている。

石川の生涯を詳述した北沢文武『石川三四郎の生涯と思想』（鳩の森書房）では、海外生活が第三巻第一章で扱われただけで、それほど力点が置かれていない。しかし『自叙伝』では、上巻のルクリュ夫妻に語る体裁、下巻でも半分以上の分量をヨーロッパおよび中国での叙述に割いていて、石川にとって海外での体験がいかに重要であったかがうかがえる。自然を重視したカーペンターやルクリュとの思想的邂逅が石川に決定的であったことを語った自伝。

『虚無の霊光』

（三一選書、一九七〇年）

三一選書『虚無の霊光』に収録されているのは、表題作「虚無の霊光」を巻頭に「堺兄に与へて政党を論ず」「土の権威」「土民芸術論」「原始生活の回復」「無政府主義講座」「無政府主義研究」「社会美学としての無政府主義」「無政府主義の原理と其実現」「行動美論」の一〇編で、巻末に秋山清の解説を付す。「虚無の霊光」は、一九〇七年三月、日刊『平民新聞』で筆禍にあい、獄中で書き上げたもので、本書からは石川独特の無政府主義思想や「土民《デモク》思想《ラシー》」の考え方がうかがえる。後藤彰信『石川三四郎と日本アナーキズム』（同成社）によれば「虚無の霊光」は聖書、老荘思想、ショーペンハウエルなどの章句によりながら、石川の文明批評を述べたもの。虚無の概念は、戦後に書かれた「社会美学としての無政府主義」にも通じているが、石川の思想的重要タームとしては、虚無、無限、宇宙、生命、美、土、自然などがあげられよう。カーペンターの反文明思想がその基盤にある。アナキストは無限を生活し、虚無に立脚してのみ人生や社会には美があるという。虚無の徹底によって、真の自由と平等が実現されるというのである。また、デモクラシーの「demos デモス」（市民、人民）を「土民」と訳しているのも特徴的で、「土民」は自由と自治と生活美に生きる存在だとされる。「土民生活」による「土民思想」は自治と反逆の思想であり、日本ファシズムの精神的支柱のひとつであった農本主義とは一線を画した。

（竹内栄美子）

大杉栄《おおすぎさかえ》

思想家、社会運動家

一八八五〜一九二三

陸軍将校大杉東の長男として香川県丸亀町に生まれる。父の転任で新潟県新発田に移り幼少期を過ごした。名古屋陸軍幼年学校では、学友との喧嘩で重傷を負い、退学処分となる。東京外国語学校仏語科在学中に、平民社を訪ねるなどして社会主義思想に目覚める。一九〇八年、赤旗事件で千葉監獄に収監。出入獄を繰り返し「一犯一語」を標榜して獄中で語学を修得した。赤旗事件で収監中に大逆事件が起こり、出獄後は堺利彦の売文社に身を寄せた。一二年一〇月、荒畑寒村と『近代思想』を創刊、のち『平民新聞』を発刊する。この頃、伊藤野枝と恋に落ち同棲することとなったため、妻の保子とは別にかねてより恋愛関係にあった神近市子に葉山日蔭茶屋で刺された。保子と離婚し、一八年、野枝と『文明批評』を創刊。「極東社会主義者会議」出席のため上海に密航したり、ベルリンの「国際アナキスト大会」出席のため渡仏したりした。フランスを追放されて帰国後、二三年に関東大震災後の混乱のなかで、野枝と甥の橘宗一とともに、麴町区大手町の東京憲兵隊本部で殺害された。クロポトキン『相互扶助論』など翻訳も多い。アナキズムの代表的思想家。

〈全集等〉『新編 大杉栄全集』全一二巻・別巻一（ぱる出版、二〇一四〜一六年）

〈水先案内〉「大杉栄と仲間たち」編集委員会『大杉栄と仲間たち』（ぱる出版、二〇一三年）

『叛逆の精神――大杉栄評論集』（平凡社ライブラリー、二〇一一年）

一九四八年六月に麦人社より刊行された『叛逆の精神』は、近藤憲二が編集し、書名も近藤による。生前の大杉栄の論文集には『生の闘争』（新潮社、一九一四年）、『社会的個人主義』（新潮社、一九一五年）、『労働運動の哲学』（東雲堂書店、一九一六年）などがあったが、これらの主要なものにその後のものを加えて『正義を求める心』（アルス、一九二一年）が大杉自身の編集で刊行された。『叛逆の精神』に収録された諸編は、この『正義を求める心』からのものが多い。第一章から第三章までは同じ構成となっている。

本書冒頭には「僕は精神が好きだ」が置かれ、「征服の事実」「生の拡充」「鎖工場」「労働運動の精神」をはじめとした大杉の主要論文が並んでいる。大杉の根本主張は、人は誰からも支配されずに自分の生を拡充させるべき自由な存在であるということだろう。誰かが誰かを支配するという「征服の事実」を認めることはできない。「征服の事実」に対する叛逆の精神こそが、新生活や新社会の創造に結びつくのである。そのことを大杉は「生の拡充」において「征服の事実がその頂上に達した今日においては、階調はもはや美ではない。美はただ乱調にある。階調は偽りである。真はただ乱調にある」と表現した。自分で自分を縛る鎖をつくる「鎖工場」では、体制への精神的隷属からいかに脱して自己を獲得するかが問われている。奴隷的思考を廃して、人間は自由で自立した存在であるとした。

『自叙伝』

（土曜社、二〇一一年）

山本実彦のすすめによって『改造』に一九二一年一〇月から一二月、二二年二月、一〇月、一二月、二三年一月と断続的に掲載された『自叙伝』は、大杉の死後、単行本『自叙伝』として改造社より刊行された。「最初の思出」「少年時代」「不良少年」「幼年学校時代」「新生活」「母の憶ひ出」「獄中生活」「葉山事件」という章立てだったが、本書では「獄中生活」を除き、「葉山事件」が元の見出し「お化けを見た話 自叙伝の一節」となった。土曜社版編者は、大杉の甥である大杉豊で、解説のほかに編注や略年譜が巻末に置かれているのが便利である。大杉の自伝的作品には、ほかに『獄中記』『日本脱出記』などもある。

軍人の家に生まれた大杉は、自分も未来の陸軍元帥を夢見ながら幼年学校に進学するものの、上官に服従できず、自由を欲して兇暴な振る舞いにより退学となる。蟄居生活のなか『万朝報』を読むことで軍隊以外の活きた生活を知ることとなり、とりわけ幸徳秋水の非軍国主義の論文に魅了された。母の死をへて、福島に転属した父の変わりようを目の当たりにしつつ、東京外国語学校に入学、幼年学校以来修得してきたフランス語を初歩から始めることに嫌気がさし、ちょうど日露戦争時に『万朝報』を去った幸徳と堺利彦の平民社を知るところで終わっている。父母の愛情を一身に受けた素直で腕白な少年が、革命運動家へと成長する過程が平明な文で綴られた自伝。

（竹内栄美子）

河上肇《かわかみはじめ》　経済学者　一八七九〜一九四六

山口県岩国に生まれる。東京帝国大学法科大学政治科を卒業後、東京帝大農科大学の講師となり、『経済学原論』（有斐閣、一九〇七年）などを著す。『読売新聞』上で社会問題に関する連載を持った。〇八年には京都帝国大学の講師（のちに教授）となり、『経済と人生』（実業之日本社、一九一一年）などを発表した。一三年から約二年間、ヨーロッパに留学。

帰国後の一九一六年に『大阪朝日新聞』で「貧乏物語」を連載し、一世を風靡した。一九年には個人雑誌『社会問題研究』を創刊し、二三年には『資本主義経済学の史的発展』（弘文堂）を発表した。貧困の道徳的解決を求める河上の議論に対して、山川均・堺利彦や自らの弟子である櫛田民蔵がマルクス主義の立場から批判したが、それを受けて河上はマルクスを本格的に学び、その成果を『経済学大綱』（改造社、一九二八年）、『資本論入門』（弘文堂、一九二八年）などにまとめた。二八年に筆禍事件により京都帝大教授の職を辞す。以後は政治活動に従事し、共産党に入党する。三三年に治安維持法違反で入獄するも、最後まで「理論的非転向」を貫いた。四六年に死去する。

〈全集等〉『河上肇全集』全二八巻・続全七巻・別冊一巻（岩波書店、一九八二〜八六年）
〈水先案内〉山田洸『河上肇』（清水書院、二〇一六年、初出一九八〇年）

『河上肇評論集』

（岩波文庫、一九八七年）

日露戦時から終戦直後までに、河上が発表した一七編の評論をまとめた一冊である。三部構成をとり、Ⅰは明治期の論考、Ⅱは大正期の論考、Ⅲは昭和期の論考が収録されている。

河上が評論活動を始めた日露戦争期には資本主義の著しい発達とともに、貧困が社会問題として認識された時期であった。河上の『貧乏物語』はあまりに有名であるが、Ⅰの諸論考からは、『貧乏物語』が執筆される前提となった、河上の現状認識を知ることができる。

Ⅱには米騒動に関する「米価問題所見」や女性特有の貧困問題に関する「婦人問題雑話」などが収録されている。『貧乏物語』は三〇版の大ベストセラーとなった一方で、この頃の河上は貧困の解決方法を、道徳による利己主義からの離脱に求めていた。その後、河上はマルクス主義へと足場を移し、『貧乏物語』を絶版とした。「櫛田民蔵の批判に答えて」は『資本主義経済学の史的発展』への批判に対する河上の真摯な応答といえる。

昭和期に入ると、マルクス主義への思想的な弾圧が進み、満洲事変・日中戦争を経て、アジア・太平洋戦争へと突入する。Ⅲに収録された、一九二八年に京都帝大を辞する際の「大学を辞するに臨みて」、三三年より入獄してからの「宗教的真理について」「獄中から家族へ」などは、河上を理解するうえで欠かせない論考である。杉原四郎による「解説」「年譜」が巻末に付されている。

『自叙伝』全五巻　（岩波文庫、一九九六〜九七年）

河上は一九四六年一月に他界したが、翌二月から生涯の最期にまとめていた自叙伝が複数の雑誌に並行して活字化され、さらに四七年から四八年にかけて、単行本として刊行された。本書はそれを文庫化したものである。

第一巻は「幼年時代、少年時代」から新労農党樹立が提案される一九二九年頃まで、第二巻は新労農党結成から治安維持法違反で検挙される三三年頃までのことが書かれている。第三巻・第四巻は検挙されてから下獄するまでの獄中記となっており、第五巻は「思い出・断篇の部」としてさまざまな回想録が収録されている。

第一巻の「解題」にあるように、この自叙伝は一貫した構想のもとに書き下ろされたわけではなく、さまざまな時期に「興の湧くまま断続的に書きためてきた草稿」を時系列に並べている。獄中で書きはじめて以降、出獄後に「獄中記」を執筆し、その後本書の第一・二巻に相当する部分を書き下ろし、さらに「獄中記」を改稿している。本格的な執筆期間は足かけ八年にわたる。それゆえに、『自叙伝』に含まれる叙述の内容は多様である。一九二〇〜三〇年代の共産主義運動の様子や、思想犯の監獄での扱いがわかる。河上の祖母・祖父の伝記なども含まれる。河上の人生を読み解く手がかりであるばかりでなく、幅広い時代の証言として価値がある。

（藤野裕子）

幸徳秋水《こうとくしゅうすい》

思想家、社会運動家、ジャーナリスト　一八七一～一九一一

高知県幡多郡中村町（現四万十市）の酒造業と薬種業を営む商家に生まれる。本名伝次郎。誕生の翌年、父が亡くなり、母多治によって育てられる。中村小学校卒業後、中村中学に学ぶも台風で校舎倒壊、就学を断念した。自由民権運動の影響を受けて上京の途次、大阪で中江兆民と出会い書生となる。兆民は幸徳にとって父のような存在であり学問の師であった。一八九八年『万朝報』発行の朝報社に入社しジャーナリストとして活躍。一九〇一年には『廿世紀之怪物 帝国主義』（警醒社書店）を刊行し、社会民主党結成に参加、同年末には足尾銅山鉱毒事件に関し田中正造から頼まれて直訴状を起草した。〇三年『社会主義神髄』（朝報社）刊行。日露戦争開戦論に反対してともに朝報社を退社した堺利彦と平民社を創設し週刊『平民新聞』を創刊、日露非戦論を展開して発禁が続き〇五年に平民社は解散、その後、渡米した幸徳はアナルコ・サンジカリスムの影響を受ける。帰国後は日本社会党大会で直接行動論を主張して議会政策論者の田添鉄二と論争した。〇九年、妻千代子と離婚し管野須賀子と結婚、翌年、権力の仮構する大逆事件の首謀者として検挙され死刑となった。

〈全集等〉『幸徳秋水全集』全九巻・別巻二・補巻〈復刻版〉（日本図書センター、一九九四年）

〈水先案内〉絲屋寿雄『幸徳秋水 Century Books 人と思想』新装版（清水書院、二〇一五年）

『帝国主義』

（岩波文庫、二〇〇四年）

幸徳の第一著作として、一九〇一年に警醒社書店から刊行された。「廿世紀之怪物」という角書きがついている。内村鑑三の序文をおき、第一章「緒言」、第二章「愛国心を論ず」、第三章「軍国主義を論ず」、第四章「帝国主義を論ず」、第五章「結論」という構成で、一九世紀から二〇世紀に広がった帝国主義の本質を剔抉《てっけつ》した書物。帝国主義の分析では、ボーア戦争に派遣されたホブソンの『帝国主義論』（一九〇二年）、それを踏まえたレーニンの『帝国主義論』（一九一七年）が知られているが、本書はそれらに先駆けて刊行された。

幸徳は「帝国主義はいわゆる愛国心を経《たていと》となし、いわゆる軍国主義《ミリタリズム》を緯《よこいと》となして、もって織り成せるの政策にあらずや」という。帝国主義の根本には愛国心と軍国主義があるとする主張は、二一世紀の現在においても全く古びていない。グローバルな現代においても同様に言えることだろう。自国中心主義の熱狂に基づく愛国心は、多くの国に軍備拡張させて自国の領土を拡大し「大帝国《グレーターエムパイア》」の建設を目指す。人口増加と貧民増加問題を解決するためには領土拡大や新市場開拓が必要だという理屈がまやかしであり、貧富の格差が広がることは苛烈な自由競争制度の結果であることを喝破している。新自由主義が席巻する現代の諸問題にもつながる視点が見出せよう。戦争に反対し、文明の正義と人道、人類の幸福を主張する本書は、自国中心で混迷する現代にこそ読まれるべき名著である。

『平民主義』

（中公クラシックス、二〇一四年）

一九〇七年四月に隆文館から刊行され、即日発禁となった幸徳第六番目の著書である。中公クラシックス版は、神崎清の現代語訳であり、山泉進による懇切な解説「伝次郎君の夢、幸徳秋水の挫折」、巻末には幸徳が起草した「田中正造直訴状」、「獄中から弁護人に送った手紙」、年譜も収録されている。「社会主義」「非戦論」「思想と趣味」「下獄と外遊」「撃石火」の構成だが、中公クラシックス版では「撃石火」が抄録となっている。

『平民主義』は、『万朝報』や週刊『平民新聞』『直言』などに一九〇三年八月から〇七年三月までのおよそ三年半にわたって発表された連載をまとめたもので、「社会主義」「民主主義」「平和主義」を掲げた平民社の方針がよくわかる内容となっている。ただし「序にかえて」に見られるように、幸徳は、連載時と違って本書刊行時には自分の思想が変化し、普通選挙や議会政策ではなく、本当の社会的革命には団結した労働者の直接行動が必要であると考えるようになっていた。「序にかえて」は、「余が思想の変化」というタイトルで、刊行の二カ月前に日刊『平民新聞』二月五日号に掲載した文章を序文としたもの。直後の二月一七日には日本社会党大会で直接行動論を主張した。普通選挙実現による議会政治によって社会主義実現を説いた連載時本文の主張から、いまや直接行動によって社会主義は実現されるとする幸徳の社会主義論の変遷がうかがえる。

（竹内栄美子）

堺利彦《さかいとしひこ》　思想家、社会運動家　一八七一～一九三三

福岡県（豊前国）京都《みやこ》郡豊津町生まれ。号は枯川《こせん》。小笠原藩の士族である堺得司の三男。中村家の養子となり旧制豊津中学を主席で卒業、政治を志して上京し、第一高等中学校に入学したものの、放蕩にふけって学費滞納、除籍となる。養家から離縁され実家に復籍した。当初、政治家志望だったが、文学への情熱やみがたく、大阪にいた次兄を頼って大阪で文学修行を行う。小説「悪魔」が『福岡日日新聞』に連載されて次々に作品を発表、父母の死をへて堀紫山の妹美知子と結婚してからは放縦の生活から一変し、新生活に入った。一八九九年、『万朝報』記者となり、幸徳秋水、内村鑑三などを知る。日露開戦に対して非戦論を唱え幸徳、内村とともに退社、幸徳とは平民社を設立して社会運動の先端に立つ。一九〇六年、日本社会党を組織。大逆事件のさいには赤旗事件で入獄中であったために検挙を免れ、のち「冬の時代」をしのぐために売文社を設立、大杉栄や荒畑寒村とともに活動した。二二年、日本共産党創立に参加、第一次共産党事件に連座して禁錮刑となり、以後は、二九年に日本大衆党より東京市議会議員に当選するなど、労農派で活動した。

〈全集等〉『堺利彦全集』全六巻（法律文化社、一九七〇～七一年）
〈水先案内〉小正路淑泰編著『堺利彦――初期社会主義の思想圏』（論創社、二〇一六年）

『堺利彦伝』

（中公文庫、改版、二〇一〇年）

社会主義者になるまでの半生を綴った自伝で『改造』に連載された。初版は、一九二六年九月に改造社より刊行された。『堺利彦全集』では第六巻に収録されている。序によれば「日本共産党事件」のために禁錮一〇カ月の刑を受けるべく入獄するまえにこの自伝を書き上げたかったが、前半しかまとまらなかったという。第一期「豊津時代（上）」、第一期「豊津時代（下）」、第二期「東京学生時代」、第三期「大阪時代（上）」、第三期「大阪時代（下）」、第四期「二度目の東京時代」、第五期「福岡時代」、第六期「毛利家編輯時代」という構成である。豊津から上京して放蕩、帰郷後に大阪に出て文学修行、二度目の東京時代に結婚し福日社に就職して福岡へ行くも、主幹との意見対立により退社して三度上京、同郷の末松謙澄のもとで毛利家編纂所に入り『防長回天史』の編纂事業に従事するまでを描く。

冒頭「堺利彦は貧乏士族の子であった」と始まる本書は、自分を「堺」と呼んで戯画的に語る部分と、一人称「私」の語りによる部分とがあり、波瀾万丈の前半生を活写している。豊前豊津がいかに懐かしの故郷であるか、堺の深い愛郷心を知ることができる自伝である。文庫改版では、荒畑寒村「先師のおもかげ」と『パンとペン 社会主義者・堺利彦と「売文社」の闘い』（講談社、二〇一〇年）の著者である黒岩比佐子による解説を付す。黒岩『パンとペン』では、社会主義者時代も含めた堺の生涯が「売文社」を中心に描かれた。

『新家庭論』

（講談社学術文庫、一九七九年）

堺利彦は、幸徳秋水や大杉栄とは違って、家庭を大切にした愛妻家であった。堀美知子と結婚してから堺の放蕩がやんで新生活が始まったことはよく知られている。本書は、そのような堺の家庭論であり、一九〇一（明治三四）年に内外出版協会より出された『家庭の新風味』および『堺利彦全集』第二巻所収「家庭の新風味」をもとに、タイトルが改題されて『新家庭論』となったもの。構成は、第一冊「家庭の組織」、第二冊「家庭の事務」、第三冊「家庭の文学」、第四冊「家庭の親愛」、第五冊「家庭の和楽」、第六冊「家庭の教育」という六部構成で、家庭とは何か、夫、妻、子供は家庭においていかなる役割を果たすべきか、また家計、育児、教育、団欒などについての具体的提言がユーモアを交えながら明快に説かれている。「家庭の和楽」が人類全体に寄与するという主張がその根本にある。

堺の述べる家庭は、家制度を存続させるためのものではなく、夫婦同権の個人を尊重する家族である。とはいえ、結婚の目的を「夫婦相愛して家を成し、子を産み、そして世の中の進歩を助ける」点にあるとし、「賢夫人」としての妻の「内助」は否定せずに「主婦」の家庭経営能力を重視している。その意味では、穏健な家庭論であり、女性尊重のフェミニストであるとも言えるだろう。イデオロギー重視の革命的政治思想とは一線を画した、実際の生活に基盤をおいた堺の思想がうかがえるユニークな実用書である。

（竹内栄美子）

鈴木大拙《すずきだいせつ》

仏教学者　一八七〇～一九六六

石川県に生まれる。本名は貞太郎。金沢第四高等中学校に進み、同級生の西田幾多郎と生涯を通じた同志となるが、経済的事情により中途退学。小学校教員を経て、一八九二年に帝国大学文科大学（後の東京大学文学部）哲学科選科に入学。在学中、鎌倉で参禅。九七年、禅師・釈宗演の推薦で中国古典英訳の助手として渡米。一九〇〇年に『大乗起信論』を英訳、〇七年に『大乗仏教概論』を英文で刊行。〇九年に帰国し、学習院で英語を教える。一一年、アメリカ人外交官の娘ビアトリスと結婚。二一年、大谷大学教授。

「世界人としての日本人」の立場から、禅を中心に、西洋に対しては東洋思想の世界的意義を説く一方、日本に対しては「日本的霊性」の自覚を促し続けた。著書は邦文で八〇冊、英文で三〇冊以上に及ぶ。欧米各地での講義・講演を頻繁に行い、世界信仰会議、東西哲学者会議、エラノス会議などにも出席。日本仏教思想の世界への発信に絶大な貢献を果たし、E・フロムら多くの思想家にも影響を与えた。一九四九年、文化勲章。九一歳で『教行信証』を英訳し、九五歳で死去。最晩年の著書に『東洋的な見方』（一九六三年）がある。

〈全集等〉『鈴木大拙全集　増補新版』全四〇巻（岩波書店、二〇〇〇～〇三年）

〈水先案内〉上田閑照・岡村美穂子編『鈴木大拙とは誰か』（岩波現代文庫、二〇〇二年）

『仏教の大意』（角川ソフィア文庫、二〇一七年）

敗戦の翌年、昭和天皇・皇后の御前で行った御進講をもとに、一九四七年に法藏館から刊行された。とはいえ、本書は天皇に向けてというよりも、むしろ戦後の日本人あるいは人類一般に向けて、日本あるいは世界の再建のために書かれた書物であると言ってよい。そのため、本書は「仏教とは何か」よりも、まず「宗教とは何か」から説き起こされる。

大拙は冒頭、分別・差別の世界である「感性的（知性的）世界」と、無分別・無差別の「霊性的世界」とについて語る。現代人は通常、前者だけが実在であると思い込んでいるが、宗教的立場から見た場合、むしろ後者こそが真の実在である。しかしながら、真の妄想はまさにこのようにいずれかの世界だけを真の世界と信じることにある。実のところ、両者は二つの世界でありながら直ちに一つの世界であり（分別即無分別）、これに目覚めることが「霊性的自覚」である。このとき、我々は単なる感性的世界を生きるのでも、それを超出するのでもなく、いわば霊性に貫かれた感性的世界を生きる。我々は依然として感性的世界を生きるが、そこに「より深い意味」が立ち現れるのであると大拙は言う。

現代人の不幸と現代世界の混乱の根源は、この意味での霊性が見失われたことにこそある、というのが大拙の一貫した見方であった。これは単なる仏教学や宗教哲学にとどまらない、一個の現代文明論である。大拙の思想が今なお世界的に注目される理由は、ここにある。

『禅の第一義』

（平凡社ライブラリー、二〇一一年）

鈴木大拙が一二年ぶりに帰国してから五年後の一九一四年、丙午出版社から刊行された。日本人に向けて日本語で書いた書物としては最初期のものである。文語体で書かれており、現代人には少々とっつきにくいが、内容的には大胆であり、その意味では平易でもある。

その大胆さとは、「宗教の極致これ禅なり」と断言する点である。とはいえ、これは禅の他宗派・宗教に対する優位を説いているわけではない。本書は、『仏教の大意』と同様、まず「宗教の本義」から説き起こし、それは「存在の根底」や「人生の根本」の会得であるとする。その根底・根本を、根底・根本としてありのままに摑むのが禅である。したがって、あらゆる真なる宗教は、禅（的なもの）をその根底にもっている。ここから、本書はキリスト教、浄土教、あるいはワーズワースなどの西洋文学における禅を論じる。つまり、ここで言う禅とは、一宗派（形式）としてのそれではなく、あらゆる宗教を宗教たらしめる活力そのもの、すなわち大拙が後に言う「霊性」そのものを指しているのである。

大拙は確かに、禅や東洋の世界的意義を説いた。しかし、それはそのキリスト教や西洋に対する優位などを意味したわけではないことに注意したい。禅とキリスト教、東洋と西洋といった分別を超えた無分別こそが、まさに「禅の第一義」なのである。大拙にとって禅とは、その深みにおいて人が真に「世界」と出会う道行だったのである。

（古川雄嗣）

内藤湖南《ないとうこなん》　東洋史学者　一八六六～一九三四

本名虎次郎。湖南の号は十和田湖にちなむ。一八八五年に秋田師範学校高等師範科を卒業後、秋田県北の小学校首席訓導に就任。八七年、上京して大内青巒主宰の『明教新誌』の記者となる。九〇年、政教社同人となり『日本人』の編集に携わる。九四年、『大阪朝日新聞』記者となる。九七年、処女作『近世文学史論』刊行後、『台湾日報』主筆として台北に赴任する。九八年、帰国して『万朝報』論説記者となり、翌年、中国を初訪問、厳復や羅振玉らと会談。一九〇〇年、『大阪朝日新聞』に再入社する。〇二年、中国に派遣され、満洲や朝鮮を視察する。〇五年の二度目の満洲旅行では、『清朝実録』や『満文老檔』等の貴重文献を発見する。

一九〇七年、狩野亨吉の推薦により、新設の京都帝国大学文科大学史学科の講師に招かれ、東洋史学講座を担当。〇九年、京都帝国大学文科大学教授に就任、翌年、同僚の小川琢治や狩野直喜らと学術調査のため北京に出張。京都学派の支那学の確立に貢献した。二六年、帝国学士院会員となる。京都帝大を定年退職後は、洛南の恭仁山荘で隠棲生活を送った。

〈全集等〉『内藤湖南全集』全一四巻（筑摩書房、一九六九～七六年）

〈水先案内〉J・A・フォーゲル著・井上裕正訳『内藤湖南――ポリティックスとシノロジー』（平凡社、一九八九年）

『先哲の学問』

（ちくま学芸文庫、二〇一二年）

本書は、内藤湖南の死後にまとめられた、主に江戸期の学者を紹介顕彰した講演録である。達意の文章で知られる湖南であるが、諧謔をまじえながらの明快な語り口が印象的である。ここで対象とされているのは、山崎闇斎、新井白石、富永仲基、慈雲、市橋下総守、中井履軒、山片蟠桃、賀茂真淵、山梨稲川、解脱上人（貞慶）の一〇名である。儒学者だけでなく仏僧や国学者らも扱い、時代も平安期にまで及んでおり、博覧強記の歴史家・湖南にしてようやく可能な構成となっている。書籍の保存に尽力した稀代の蔵書家であった近江仁正寺藩主・市橋下総守を取り上げているのも興味深い。

湖南の注目するところは、彼らの説いた学説ではなく、その学問研究の方法にある。彼らが当時の学問的潮流に迎合することなく、独創的な方法論を案出して学問の進展に大きく貢献した点を高く評価する。しかも、その方法論が近代にも通用する論理的・科学的なものであった点を強調する。そこには、高等教育を受ける機会に恵まれず、独学で学問研究の方法論を模索してきた湖南の思索の跡を辿ることができるとともに、西洋近代史学とは一線を画して、家学の儒学を出発点として独創的な歴史研究を展開してきた湖南の自負さえ窺うことができる。学者の学問だけでなくその生き生きとした個性を描き出す叙述は、湖南史学の真骨頂であり、読むものをしてけっして飽きさせない。

『清朝史通論』

（平凡社東洋文庫、一九九三年）

本書は清朝史に関する二つの講演録から構成されている。一九一一年一〇月の武昌蜂起を契機に開始された辛亥革命は、東洋史学者の内藤湖南に決定的な影響を与えた。ジャーナリスト時代における清朝末期の政治動向への取材と満洲旅行における貴重文献の発見という経験も手伝って、本格的な清朝史研究へと湖南を駆り立てたのである。武昌蜂起からまもない一一月から一二月にかけて三回にわたり、湖南は京都帝国大学で「清朝の過去及現在」と題する特別講演を行なった。軍事、財政、思想の三方面から清朝の変遷を辿り、「一体支那といふ国は統一さるべき国である」、「今の所官軍が勝たうが革命軍が敗けようが、それで大局が変ずるものではない。何れにしても革命主義、革命思想の成功は疑ないのである」との結論を導き出すあたりは、その後の中国の歩みを予言しており、歴史研究は現代史理解のために必要であると主張した湖南史学の面目躍如たるところがある。

袁世凱が皇帝就任にむかって動き出していた一九一五年八月、湖南は京都帝大で「清朝史通論」と題して六日間にわたる夏季講演を行なった。清朝滅亡から三年以上を経て、新たな文献史料の発見やそれに伴う研究の進展により、政治、外交、学問、芸術に及ぶ多様な方面から考察し、日本との関係にも言及する。文化史観や日中文化同一論をはじめとする湖南史学の特徴が存分に展開されている。

（松井慎一郎）

西田幾多郎《にしだきたろう》

哲学者

一八七〇〜一九四五

石川県に生まれ、金沢第四高等中学校に進む。同級生の鈴木大拙とは生涯にわたる同志となった。同校を中途退学後、帝国大学文科大学（後の東京大学文学部）哲学科選科に入学。卒業後、第四高等学校や山口高等学校でドイツ語や倫理学を教えつつ、参禅。一九〇一年、「寸心」の居士号を受ける。〇九年、学習院大学教授。翌一〇年、京都帝国大学助教授。以後、西田を慕って多くの哲学徒が京都に集まり、彼らは後に「京都学派」と呼ばれた。私生活においては、姉、弟、妻、子どもたちの死や病を立て続けに経験するなど、深い悲しみと苦悩を味わい、「哲学の動機」は「深い人生の悲哀でなければならない」とも述べた。

一九一一年、『善の研究』を発表。教養主義の思潮のなかで多くの読者を得る。以後、『自覚に於ける直観と反省』（一九一七年）、『働くものから見るものへ』（一九二七年）、『一般者の自覚的体系』（一九三〇年）、『無の自覚的限定』（一九三二年）等へと思索を展開する一方、時局を見据えた『日本文化の問題』（一九四〇年）なども著した。戦争には本来、終始否定的であり続け、四五年六月、敗戦の確信と戦後日本への深い憂慮のうちに死を迎えた。

〈全集等〉『新版 西田幾多郎全集』全二四巻・別巻一（岩波書店、二〇〇二〜〇九、二〇年）

〈水先案内〉上田閑照『西田幾多郎とは誰か』（岩波現代文庫、二〇〇二年）

『善の研究』
（講談社学術文庫、二〇〇六年）

京都帝大赴任の翌年に弘道館から刊行され、哲学者西田幾多郎の名を世に知らしめた。当時大学院生であった高橋里美は、一読感激し、これを「邦人の手になった独立な哲学書らしい哲学書」と評した。三木清や務台理作は、これを読んで京都帝大への進学を決めた。一九二〇年に倉田百三が『愛と認識との出発』のなかで本書に言及すると、それを契機に読者層が広がり、阿部次郎の『三太郎の日記』とともに教養主義の必読書ともなった。

「純粋経験を唯一の実在としてすべてを説明してみたい」。これが本書の主題である。純粋経験とは、主客未分の原経験であり、直接経験とも言われる。例えば、私が美しい花を見て感動したとする。この場合、主体としての私が、客体としての花を見て、この花は美しいという判断を加えたわけではない。それ以前に、ただ私と花とが出遇うという瞬間の経験だけがある。そこでは、私も花もその美しさも、すべてが渾然一体である。このような純粋経験こそ、道徳、宗教、科学、芸術など、すべてがそこから体系的に発展する根源的な統一であると西田は考え、それを哲学の論理によって説明しようとしたのである。

これは、私という主体から出発する西洋近代哲学への挑戦でもあった。と同時に、私は私を去ることによってこそ真実な私を実現しうるという、一種の修養論としても読むことができる。本書が、真実な自己を求める多くの青年層に衝撃を与えたのは、このゆえであった。

『西田幾多郎哲学論集』Ⅰ・Ⅱ・Ⅲ

（岩波文庫、一九八七〜八九年）

『善の研究』以後の西田哲学の展開を追うことができるよう、主要論文を編んだ論集である。編者の上田閑照は西谷啓治の弟子、つまり西田の孫弟子にあたる（二〇一九年死去）。

西田哲学は、純粋経験から「自覚」へ、自覚から「場所」へ、場所から「歴史的世界」へと展開していった。『善の研究』において残された、純粋経験の直観と反省的判断との関係如何という問題から、両者の内的結合としての自覚、そしてその自覚が可能となる場所（無の場所）、さらにその場所の具体化（限定）としての歴史的世界の考えへと至ったのである。これは、ともすれば観照に陥りかねなかった純粋経験の立場から、我々は行為によって世界を知り歴史を作るのであるとする行為的直観の立場への展開でもあった。

本論集は、Ⅰが苦しみつつ場所の立場へと至った時期（一九一七〜三二年）、Ⅱが行為的直観や歴史的世界の立場を打ち出して飛躍的な展開を遂げた時期（一九三三〜三八年）、Ⅲが最晩年のいわば総合、集大成の時期（一九三九〜四五年）を、各々扱っている。各巻には上田による丁寧な解説が付されており、西田哲学への入門として最適である。

西田が自らの哲学の歩みを「悪戦苦闘のドッキュメント」と表現したことは有名である。しかし本論集を通読すると、それはむしろ真理（実在）のほうが西田を通して自らを語ろうとするドッキュメントであったようにも思われてくるであろう。

（古川雄嗣）

新渡戸稲造《にとべいなぞう》　農政学者　一八六二〜一九三三

南部藩士新渡戸伝は祖父。一八七七年、内村鑑三らとともに第二期生として札幌農学校に入学、「イエスを信ずる者の誓約」に署名する。八三年、「太平洋の橋」になると決意し東京大学に入学するも翌年退学して渡米、ジョンズ・ホプキンス大学に入学。八六年、クエーカー(友会徒)となる。九一年に帰国して、札幌農学校教授に就任。九四年、貧しい子女のため札幌に遠友夜学校を設立する。一九〇一年、台湾総督府に勤務、「糖業改良意見書」を提出する。〇三年、京都帝国大学教授に就任。〇六年に第一高等学校校長兼東京帝国大学教授となり、河合栄治郎や矢内原忠雄らに大きな影響を与える。一〇年、柳田國男らと「郷土会」を結成する。一八年、東京女子大学の創立にさいして学長に就任する。

一九二〇年、国際連盟事務次長に就任、オーランド諸島問題の調停や「国際知的協力委員会」の設立などに尽力する。二六年、貴族院議員となる。二九年、太平洋問題調査会理事長となる。三二年、満洲事変後の日本を擁護するためアメリカ各地で講演する。三三年、カナダで開催された第五回太平洋会議に参加した直後に客死。

〈全集等〉『新渡戸稲造全集』全二三巻・別巻二(教文館、一九六九〜二〇〇一年)

〈水先案内〉森上優子『新渡戸稲造――人と思想』(桜美林大学北東アジア総合研究所、二〇一五年)

『現代語訳 武士道』

（ちくま新書、二〇一〇年）

一九〇〇年に新渡戸稲造が滞在先のアメリカで出版したのが、*BUSHIDO-The Soul of Japan* である。日本人の手による最初の日本文化論であり、数カ国語に翻訳され、日本人理解のテキストとして多くの人々に読まれてきた。セオドア・ルーズベルトが自身の体験したカウボーイ精神との共通点を見出して感銘し、それが契機となり、ポーツマス条約で仲介役を務めることになったのはよく知られている。

西洋人に日本の道徳観念を紹介するという意図の下に執筆された本書は、武士道こそ日本人の精神的支柱であるとし、義・勇・仁・礼・信（誠）・名誉・忠義などの徳目や切腹・仇討・刀などの文化について、西洋の歴史や文学からの類例を引いて説明する。クエーカーを通じたキリスト教信仰によって「人間に東西の区別はない」と信じる新渡戸は、武士道が普遍的な道徳観念であることを何ら臆することなく説いていく。自殺を否定するキリスト教社会で野蛮の象徴とされた「切腹」については、自ら毒杯を仰いだソクラテスの最期に比して、それが法律上ならびに礼法上の制度の一つであり、「罪をつぐない、過ちを詫び、恥を免れ、友を救い、自己の誠実を証明する行為」と解説する。二〇世紀を目前に控えて功利主義や唯物主義な考えに染まりつつある日本の現状を憂い、武士道を台木にキリスト教を接木しようとする強い問題意識も見出すことができる。

『修養』

（角川ソフィア文庫、二〇一七年）

新渡戸稲造が編集顧問を務める『実業之日本』に掲載した文章をまとめて、一九一一年に出版したのが本書である。ともすれば功名富貴を追求する青年たちに対して、「修身養心」すなわち「身と心との健全なる発達を図る」ことの重要性を主張する。「自ら省みて、屑《いさぎよ》しとし、いかに貧乏しても、心の中《うち》には満足し、いかに誹謗を受けても、自ら楽しみ、いかに逆境に陥っても、その中に幸福を感じ、感謝の念をもって世を渡ろうとする」という姿勢こそ新渡戸自身が目標とし、また青年たちにも期待したものであった。

西洋の歴史や文学を引いて日本の道徳観念を紹介した『武士道』とは対照的に、本書は東洋や日本の古典・故事を引いて、勇気・克己・名誉・貯蓄などの徳目の重要性を述べて、修養のあるべき姿を説いている。人生には、人間と人間との間における「ホリゾンタル（水平線）的関係」のみではなく、人間以上のものとの「ヴァーチカル（垂直線）的関係」が存在するとして、「天地の霊」と交わるための「沈思黙考」の必要性を説くあたりは、クエーカーを通じたキリスト教信仰の影響が窺える。本書執筆当時、第一高等学校校長であった新渡戸は、そこでキリスト教に基づく人格教育を実践していた。前田多門、鶴見祐輔、藤井武、三谷隆正、南原繁、森戸辰男、高木八尺、河合栄治郎、矢内原忠雄ら多彩な人材が輩出したことは、新渡戸の真骨頂が教育者であったことを証明している。

（松井慎一郎）

長谷川如是閑《はせがわにょぜかん》　ジャーナリスト　一八七五〜一九六九

本名・萬次郎。東京深川の材木商の家に生まれる。父・徳治郎は遊園地「花屋敷」の経営も手掛けていた。曾祖母の養子となり長谷川姓を名乗る。坪内逍遥や中村敬宇の塾で学び、一八九八年、東京法学院（現中央大学）を卒業。ジャーナリストを志し、一九〇三年、陸羯南が主筆をつとめる日本新聞社に入社した。

一九〇八年、大阪朝日新聞社に転じ、遅れて入社した大山郁夫らとともに「大正デモクラシー」の牽引役となるが、社会部長の地位にあった一八年、白虹事件の責任を取るかたちで退社した。翌年、大山らと雑誌『我等』（のちに『批判』と改題）を創刊。以後、三四年の廃刊まで、同誌を拠点にファシズム批判をはじめとする尖鋭な言論活動を展開した。

戦時期は、著書が発禁処分を受けるなど困難な状況の中で、日本文化や古典の研究に活路を求めた。戦後、貴族院議員に勅選され新憲法制定に参加。一九四八年文化勲章を受章した。

浅草育ちで江戸っ子気質。職人・町人の精神を基盤に、青年期に吸収したイギリス自由主義を融合したところに、如是閑の思想の特徴があった。

〈全集等〉『長谷川如是閑集』全八巻（岩波書店、一九八九〜九〇年）

〈水先案内〉田中浩『長谷川如是閑〈田中浩集 第四巻〉』（未來社、二〇一四年）

『倫敦！　倫敦？』（岩波文庫、一九九六年）

一九一〇年三月、長谷川如是閑は大阪朝日新聞社の特派員として、イギリスで開かれる日英博覧会の取材に赴いた。ウラジオストックからシベリア鉄道に乗り、モスクワ経由でロンドンへ。取材を終えると、八月、日本海軍の軍艦「生駒」に便乗してイギリスを出国。船を乗り継ぎ、スエズ運河経由で帰国した。約八カ月の旅程であった。如是閑の取材記事は「倫敦！倫敦？」のタイトルで『大阪朝日新聞』に連載され、その後、一冊の本にまとめられて、『倫敦』（政教社、一九一二年）として出版された。

滞在中、如是閑はロンドンの街並みや風俗、議会や女権拡張運動の様子などをつぶさに見てまわった。到着早々、時の国王・エドワード七世が死去したため、その国葬に参列する機会も得た。それを如是閑は、軽い筆致でつとめて客観的に描写している。

論評は極力控えながらも、鉄道の運営システムに「自由主義《リベラリズム》の実現」を体感し、「女子自由同盟」のデモ行進を見物人が真面目に歓迎する様子を活写するなど、その着眼点は鋭い。議会を見学した際には、上院の玉座の上からマグナカルタの制定を国王に迫った「バロン」たちの像が見下ろしているのも見逃さない。

突き放したような書きぶりに違和感を覚えることもある。それを含め、イギリスをみつめる如是閑の視線は、むしろ、同時代日本のデモクラシーの性格をこそ今に伝えている。

『長谷川如是閑評論集』

（岩波文庫、一九八九年）

長谷川如是閑は、長い生涯を通じて一〇〇冊近い著書と三〇〇〇を超える論文や評論、エッセイを著した。本書は、その中から文明や国家・社会に対する論評、同時代批評、メディア論、人物論等を精選して収録したものである。論稿は如是閑が大阪朝日新聞社を退き、雑誌『我等』を創刊してからのものが大半を占める。第一次世界大戦後のデモクラシーの時代に、オピニオンリーダーをつとめた如是閑の思想が、本書によって通覧できる。

「大正デモクラシー」の大きな特徴を、国家に対する個人ないしは社会の自立化・価値化と捉えるなら、如是閑の場合、それは例えば「子供」や「百姓」の世界の価値化と（「権力の外にある世界」）、世上の「英雄」に対する懐疑（「アンチ・ヒロイズム断片」）として現われる。そのような人間観の上で、如是閑は現今の「愛国的精神」は、国家に対する批判的態度であるべきとし（「国家の進化と愛国的精神」）、国家目的の一つを、労働という「苦痛」を負担する労働者を「人間中の人間」として認めることに置いた（「快楽論的労働観を排す」）。

国家が攻撃性を露わにした時、如是閑は、それに対抗する社会の側の力量を問い（「森戸助教授筆禍事件の論理的解剖」）、軍国主義の浸透に対しては強い警戒感を表明した（「傾向及批判」（抄））。論点と対象は多岐にわたる。デモクラシーの可能性と弱点を平易な言葉で説いた如是閑の言論は、今もって有効性を失わない。

（廣木 尚）

平塚らいてう《ひらつからいちょう》

女性運動家

一八八六～一九七一

東京市麹町の裕福な家庭に生まれる。本名は明《はる》。日本女子大学校を卒業後、作家の森田草平と塩原で心中未遂事件を起こし、日本女子大学校の同窓会から除名される。

一九一一年九月、女性の手による文芸誌『青鞜』を発刊し、創刊号に「元始、女性は太陽であった」を発表する。青鞜社に集った女性は、「新しい女」として注目され、揶揄もされた。一八年からは『婦人公論』などで、与謝野晶子・山川菊栄らを相手に「母性保護論争」を展開。私生活の面では、年下の奥村博（のち博史）と婚姻の手続きをとらぬまま共同生活をし、二人の子を持った。二〇年には、市川房枝・奥むめおらと新婦人協会を結成し、治安警察法第五条の撤廃要求や花柳病男子結婚制限法制定の請願運動を展開した。昭和初年には高群逸枝らの『婦人戦線』に参加したほか、消費組合運動に熱意をもった。一方で、戦時中には国民優生法を容認する文章も執筆している。

戦後は平和運動に参加し、日本婦人団体連合会会長・国際民主婦人連盟副会長などを務めた。一九七一年五月、八五歳にて死去する。

〈全集等〉『平塚らいてう著作集』全七巻・別巻一（大月書店、一九八三～八四年）

〈水先案内〉差波亜紀子『平塚らいてう――信じる道を歩み続けた婦人運動家』（山川出版社、二〇一九年）

『元始、女性は太陽であった——平塚らいてう自伝』全四巻（大月書店国民文庫、一九九二年）

平塚が逝去して三カ月後の一九七一年八月から七三年一一月にかけて大月書店から刊行された、同タイトルの自伝を文庫化したものである。平塚が自らの足跡を小林登美枝に語り、小林が書き起こした原稿に、平塚が綿密に手を入れてまとめられた。

第一巻は、生い立ちから女学校生活、森田草平との心中未遂事件を経て、『青鞜』を発刊するまでの時期について記されている。第二巻は、青鞜での運動をとおして取り組んだ婦人問題と、奥村博との恋愛・共同生活について書かれている。第三巻は、母性保護論争、新婦人協会での活動、その後の消費組合運動などについて。第四巻は、疎開生活から、戦後の婦人運動・平和運動・母親運動に関する記述となっている。平塚は第三巻の内容を語る途中で死去したため、同巻の約三分の一は、平塚が生前に執筆した「わたくしの歩いた道」に小林登美枝が補注を加えたものとなっている。

『青鞜』や新婦人協会での活動があまりにも有名な平塚だが、その思想形成は、禅の修行や、森田・奥村との恋愛、出産・育児といった私生活と密接に関わる。反面、母性保護論争に代表されるように、平塚は、個人的かつプライベートな問題と片付けられがちな女性特有の問題を、論壇で公に議論することを通じて、政治的な問題に昇華させた。本書を通読すると、平塚の公的な言論活動・運動と私的な生活との往還を実感できるだろう。

『平塚らいてう評論集』

（岩波文庫、一九八七年）

平塚が執筆した評論のうち、今日的な意義あるものを中心に編まれた評論集である。『青鞜』創刊号に発表された「元始女性は太陽であった――『青鞜』発刊に際して」の全文から始まり、一九六六年二月に『憲法会議通信』に発表された「憲法を守りぬく覚悟」にいたるまで、三七編が時系列に収録されている。

本書の前半部は、一九一八年に『婦人公論』で与謝野晶子・山川菊栄らと議論した母性保護論争における平塚の論考が中軸をなす。母性保護論は、同時代にエレン・ケイが提唱したもので、妊娠出産の時期にある女性に対して国家が経済的な保護を与えるべきだとする主張である。これに対し、与謝野晶子は女性が真に経済的独立を果たすためには、国家の保護を受けるべきではないと批判したが、平塚は母性保護を国家の進歩発展に必要不可欠と見なし、妊娠・分娩期にある貧困の女性を国家が保護すべきだと反論した。

後半部は、女性の労働問題・社会改造論について論じた論考、婦人参政権をめぐる論考、さらには高群逸枝主宰のアナキズム雑誌『婦人戦線』に寄稿した「婦人戦線に参加して」などが並ぶ。戦後の論考としては、平和運動に関する論考が中心となっている。巻末の小林登美枝「平塚らいてう小伝」、米田佐代子「解説」と併読すれば、この一冊で、平塚の政治的な足跡と思想的な変遷を理解できるだろう。

（藤野裕子）

柳田國男《やなぎたくにお》

民俗学者 一八七五～一九六二

旧姓松岡。歌人の井上通泰は兄、画家の松岡映丘は弟。一八九一年、歌人松浦萩坪に入門。九七年、国木田独歩や田山花袋らと新体詩集『抒情詩』を刊行する。一九〇〇年に東京帝国大学を卒業後、農商務省に入省、農業政策に従事する。その後、法制局参事官、宮内書記官、内閣書記官記録課長、貴族院書記官長を歴任。公務のかたわら小山内薫らと「イプセン会」、新渡戸稲造らと「郷土会」を結成し、西欧文学や民俗学に関する研究をすすめる。〇九年、日本民俗学最初の採集記録といわれる『後狩詞記』を刊行。一九年の退官後は、国際連盟委任統治委員や朝日新聞社編集局顧問論説担当等を務める。

一九二五年、民俗学を中心に隣接する諸科学の総合を目指して雑誌『民族』を刊行。三五年、還暦を記念して開催された日本民俗学講習会が契機となり、民俗研究者の全国的組織「民間伝承の会」が発足。四六年、枢密顧問官に就任。四七年、成城の自宅書斎に民俗学研究所を設立。四九年、「民間伝承の会」を「日本民俗学会」と改称し、会長に就任する。五一年、文化勲章受章。六二年、『定本柳田國男集』刊行開始（七一年完結）。

〈全集等〉『柳田國男全集』全三六巻・別巻二（筑摩書房、一九九七年～刊行中）

〈水先案内〉 鶴見太郎『柳田国男――感じたるまゝ』（ミネルヴァ書房、二〇一九年）

『遠野物語・山の人生』（岩波文庫、一九七六年）

「天狗の話」（一九〇九年）で山中に異人種が住んでいるという「山人＝先住民」説を展開した柳田國男は、調査旅行や知人を通じての事例の収集、南方熊楠との論争を経るなかで「山人」論を深めていく。本書は、『遠野物語』（一九一〇年）、「山人考」（一九一七年）、『山の人生』（一九二六年）を収録し、柳田の「山人」論の発展の跡を辿ることができる。

『遠野物語』は、遠野出身の佐々木喜善《きぜん》が語る故郷の話を聞き書きしてまとめたものである。「一字一句をも加減せず感じたるままを書きたり」と述べるように、遠野に伝わる神や妖怪などにまつわる幻想的な一一九話が簡潔な文語体で「現在の事実」として語られる。松崎村寒戸《さむと》の神隠しの話は、若い娘が梨の木の下に草履を脱ぎすて行方知らずとなったが、三〇年後、その家に親戚一同が会したとき、突然、老女の姿となって帰宅し、風の烈しいなかすぐに立ち去ったという話である。この神隠しの話について、『山の人生』では「かりにただ一人の愛娘《まなむすめ》などを失うた淋しさは忍びがたくとも、同時にこれによって家の貴《とうと》さ、血の清さを証明しえたのみならず、さらにまた眷属郷党《けんぞくきょうとう》の信仰を、統一することができたものではないかと思う」と学問的な解釈を展開している。「山人」に関する多くの事例の紹介は、これらの領域を顧みない既存の学問を批判すると同時に、日本古来の信仰・生活を明確にするという強い問題意識に基づいていた。

『桃太郎の誕生』

（角川ソフィア文庫、二〇一三年）

本書の初版は、柳田國男にとって最初の概論書である『民間伝承論』刊行の前年（一九三三年）である。『民間伝承論』で主張された「一国民俗学」と「重出立証法」の視点と研究方法は、すでに本書で展開されている。自序で「将来際限もなく成長していかねばならぬ学問である。この小さな一冊子の全然無用となるような時代が、かりに到達するとしてもそれもまた私には喜ばしい」と述べるように、民俗学発展のための実験台を自らが引き受けようという意志の下、筆を執ったものであった。

「桃太郎」「猿蟹合戦」「舌切雀」「花咲爺」「かちかち山」の五大御伽噺が、別々に生育したものではなく、もともと「話の種」は一つで、お互い提携・連絡しながら構成されてきたと説く。収集しうる限りの全国の昔話を列挙し比較しながら考察していく論述は、一般読者からすればくどいほどである。「重出立証法」の有効性を証明する意図もあったと考えられる。

「一国民俗学」の視点に基づき、昔話の国内における生成発展への考察に主眼が置かれ、海外の神話や昔話との比較研究には及んでいない。また、日本の昔話を海外からの伝播や移入であると説く研究者に対しては執拗なまでの批判を投げかける。ここに、昔話の起源を神話に求め、その原初状態を辿ることで日本人の固有信仰を明らかにしようとする柳田の執念を見出すことができよう。

（松井慎一郎）

柳宗悦《やなぎむねよし》　思想家　一八八九〜一九六一

東京に生まれる。父は海軍少将で和算家の柳楢悦。学習院で学び、当時英語教師だった鈴木大拙と出会って生涯師事。先輩や同級生には武者小路実篤、志賀直哉、長与善郎らがおり、一九一〇年に彼らとともに『白樺』を創刊。宗教哲学に関心を深め、ホイットマンの詩と思想に傾倒した。東京帝国大学哲学科卒業後、一四年に声楽家の中島兼子と結婚。翌年、最初の朝鮮旅行。朝鮮の芸術に魅かれ、一九年には三・一独立運動に際して「朝鮮人を想ふ」を発表。総督府による朝鮮人弾圧に抗議した。同年、東洋大学教授（宗教学）。

民衆の日用雑器にこそ真の美を見出し、「民藝」の語を創案。民藝運動を牽引し、一九三六年には東京駒場に日本民藝館を開館。自ら日本全国を回って蒐集した民藝品を展示した。『民藝とは何か』（一九四一年）や『美の法門』（一九四九年）など、民藝と仏教に関する多数の著書で知られるが、同時に、朝鮮、台湾、沖縄、アイヌの民藝とそれを生み出した文化・伝統の保護を訴えて日本の同化主義政策を批判したことは特筆に値し、政治思想の観点からも注目されている。五七年、文化功労者。八九年、韓国政府より文化勲章が追贈。

〈全集等〉『柳宗悦全集』全二二巻（筑摩書房、一九八〇〜九二年）

〈水先案内〉鶴見俊輔『柳宗悦』（平凡社ライブラリー、一九九四年）

『民藝とは何か』

（講談社学術文庫、二〇〇六年）

一九四一年に昭和書房より刊行された「民藝論への入門の書」である。もともと二九年に別題で発表されたものに二度の改訂を加えたものであり、柳が特に思いを込めた著作である。民藝という思想の核心を、です・ます調できわめて平易に説き明かしている。

「民藝」とは「民衆的工藝」、つまり「民衆が日々用いる工藝品」の意味で柳らが創案した言葉である。それは要するに「雑器」であり、安価でありふれた日用品である。柳はしかし、そこにこそ真の美を見出した。それはなぜなのか。決定的な理由は、それが自由な個人の作為ではなく、無名の職人によって、生活の必要に基づいて作られたものであるという点にある。それゆえに民藝は、第一に、実用的で健康な「用の美」を備え、第二に、作為を捨て去った「自然」の美を現し、第三に、その土地土地の自然と生活とが織りなす固有の「伝統」を反映する。かくして、民藝には「自然」という普遍的真理と「伝統」というその具体的表現とが凝縮されている。ゆえに、柳は民藝を Folk-craft と英訳している。民藝とは「民衆的工藝」であると同時に「民族的工藝」であり、柳にとってそれは単なる美の問題ではなく、人間と国家と世界のあり方の根本に関わる問題であったのである。

「もし民藝が衰頽するなら、やがて国家はその特質を喪失するに至るでしょう」。グローバリズムが席巻する今日においてこそ、本書の意義はいよいよ明らかとなるであろう。

『手仕事の日本』

（講談社学術文庫、二〇一五年）

一九四八年、靖文社から刊行された。民藝の意義を概説するとともに、日本各地（北海道を除く）を旅しながらその土地土地の民藝品を紹介・批評するという構成をとっている。一九四〇年頃に刊行の予定であったが、戦中の混乱により頓挫した。特に青年に向けて書かれたものであり、『民藝とは何か』と同様、です・ます調の平易な叙述がなされている。

上記の本書の構成そのものが、各地をめぐった柳の足跡の再現であると同時に、彼の民藝という思想の核心を表現している。というのは、柳にとって「日本」とは、それぞれに固有な自然風土と歴史をもつ「地方」の総合であるからである（北海道が除外されているのは、歴史が浅いためにこれといって固有で土着なものが見られないからであるが、他方で柳は、アイヌの民藝に注目し、一九四一年には日本民藝館で「アイヌ工藝文化展」を開催している）。つまり本書は、「手仕事」によって作られた日本各地の民藝を通して、日本という国のいわば具体的な「手触り」を、後世の日本人に伝えようとしたものなのである。

この点で、民藝の思想は観念的な日本の文化や伝統を振りかざす通俗的なナショナリズムとは明確に一線を画している。確かに我々は日本を誇るべきであるが、それは「具体的な形のあるものを通して」であり、それによって我々は「世界は一つに結ばれているものだということを、かえって固有のものから学」ぶのだと、柳は言うのである。

（古川雄嗣）

山川《やまかわ》菊栄《きくえ》

女性運動家、評論家

一八九〇～一九八〇

東京生まれ。女子英学塾を卒業する。家が競売にかけられた経験があったことから、社会問題に興味を持ったとされる。大杉栄・荒畑寒村らの平民講演会にでるなどして、社会主義に触れた。

一九一六年には『青鞜』誌上で、伊藤野枝と廃娼運動をめぐって論争を展開した。同年、山川均と結婚。一八年からの母性保護論争では、与謝野晶子・平塚らいてう・山田わか等の主張に対して、社会主義の立場から、女性の経済的自立と母性の保護は社会の変革によって成し遂げられるべきと論じ、その論理性が論壇で高く評価された。

一九二〇年にらいてうと市川房枝が新婦人協会を設立すると、翌二一年に山川は日本社会主義同盟の女性らとともに赤瀾会を結成した。その後、マルクス主義女性論で知られるアウグスト・ベーベルの『婦人論』を翻訳。また日本労働組合評議会の婦人部テーゼを起草したとされる。戦後は、労働省婦人少年局の初代局長に就任したほか、『婦人のこえ』を発刊、婦人問題懇話会を組織するなどした。八〇年に八九歳で死去する。

〈全集等〉『山川菊栄集　評論篇』全八巻・別巻一（岩波書店、二〇一一～一二年）

〈水先案内〉鈴木裕子『自由に考え、自由に学ぶ――山川菊栄の生涯』（労大新書、二〇〇六年）

『山川菊栄評論集』（岩波文庫、一九九〇年）

山川菊栄が発表した数ある評論のうちから、現代的な意義のある論考が厳選され、年代順に配列されている。四部構成からなり、全二七編が収録されている。巻末にある鈴木裕子の解説により、山川の人生とその思想を概観することができる。

第一部「女の立場から」では、性売買や母性保護をめぐる山川の論考が収められている。一九一八年から翌年にかけての母性保護論争において、国家からの母性保護をとるべきか、女性の経済的独立をとるべきかの二者択一で、議論が硬直状態となったかに見えた際、山川は国家の義務と労働者の権利の問題へと議論を引き上げ、社会全体の変革の必要性を訴えた。第二部「無産階級の女性運動」では、社会主義の立場をより鮮明にして、新婦人協会への問題提起や、労働組合に婦人部を設置する必要性を説く論考が収録されている。女性問題だけに特化せず、性差別・人種差別・階級差別の統一的な解決を訴えているところが山川の議論の特徴といえる（「人種的偏見・性的偏見・階級的偏見」）。第三部「戦時下の抵抗」には、満洲事変以降の論考が収められている。言論統制が厳しくなるなかで、時局への抵抗、戦時体制批判が巧妙に織り込まれている。第四部「日本の民主化と女性」では、戦後に発表された評論九編が収録されている。本書の各論考を読めば、同時代の女性批評家とは一線を画した山川の論理性と射程の広さを味わうことができる。

『おんな二代の記』

（岩波文庫、二〇一四年）

本書は、山川菊栄の著した自叙伝である。初版は一九五六年に日本評論社より刊行された。「ははのころ（明治前半）」「少女のころ（明治後半）」「大正に入ってから」「昭和にはいってから」の四部からなる。「ははのころ」は、山川の母青山千世（一八五七〜一九四七）について記した伝記となっており、それゆえ本書には『おんな二代の記』という題が付されている。

自叙伝という体裁をとりながら、歴史書としての価値を持つのが本書の特徴の一つである。「ははのころ」は、幕末から明治初年にかけて千世が女性として教育を受け、結婚して子どもを持つ過程が記されているが、時代背景となる明治初年の政治的な動乱についても詳述されており、山川の歴史観を知る上で興味深い。一方、山川が本格的に論壇で活躍する大正期・昭和期に関しては、『青鞜』に集った人びとの人物評が生き生きと描かれている。公娼制度をめぐって意見が対立していた伊藤野枝と山川とを引き合わせようとする大杉栄の言動など、多くのエピソードが盛り込まれている。日比谷焼き打ち事件、米騒動、赤瀾会の結成、水平運動などが、山川の視点から回顧されており、いわゆる「大正デモクラシー」の風潮を知るためにも格好の書といえる。巻末の解説（鈴木裕子著）のほか、詳細な「山川菊栄年譜」も参考になる。

（藤野裕子）

山川均《やまかわひとし》

社会主義者　一八八〇〜一九五八

岡山県倉敷に生まれる。同志社補習科を退学後、上京して守田文治（有秋）とともに『青年の福音』を刊行する。両名執筆の評論が不敬罪に問われ、入獄した。その後、幸徳秋水と知己となる。一九〇六年日本社会党に入党、『平民新聞』の編集に加わる。〇八年赤旗事件で検挙され入獄した。一〇年に始まる大逆事件の際、山川は入獄中であったために、検挙を免れた。一三年に最初の妻である大須賀里子と死別する。一六年には、堺利彦の立ち上げた売文社に参加。同年に青山菊栄と結婚する。雑誌『新社会』などで、社会主義の立場から吉野作造の民本主義に対する鋭い批判を展開し、注目を集めた。

一九二二年には日本共産党結成時に参加し、『前衛』に「無産階級運動の方向転換」を発表。「山川イズム」として当時の運動に大きな影響を与えた。その後は共産党を離れ、『労農』を創刊して労農派マルクス主義のリーダー的存在となる。三七年に人民戦線事件で投獄され、上告中に敗戦を迎えた。戦後は、日本社会党に入党したほか、社会主義協会を結成するなどした。五八年に七七歳で死去。

〈全集等〉『山川均全集』全二〇巻（勁草書房、一九六六〜二〇〇一年）

〈水先案内〉米原謙『山川均　マルキシズム臭くないマルキストに』（ミネルヴァ書房、二〇一九年）

『社会主義への道』（河出新書、一九五五年）

本書は、社会主義の実現にむけて、社会主義政党はどのようなもので何をなすべきかを論じたものである。労働大学での講義ノートを元にしており、一九六三年には労働大学新書として再刊された。です・ます調の比較的平易な文体で書かれているのはそのためである。

第一・二講では労働階級の政治運動について述べたうえで、労働階級の政党と労働組合とのあるべき関係を論じている。第三・四講では、社会主義社会の実現にむけて社会主義政党が果たすべき役割に触れ、暴力革命の是非、社会主義政党が政権を握ったあとの議会の役割など、革命に付随する諸問題に言及している。第五・六講では社会主義政党の綱領のあり方、組織としてのあり方について論じている。

社会主義政党が政権をとったのちに、どのようにすれば社会主義社会への移行がなしうるのか。本書で山川は社会主義政党の役割を二つにまとめている。一つは、社会主義的な政策を行うだけではなく、大衆に密着して支持基盤を拡大するという「中間段階」における政府の任務である。もう一つは、大衆からの支持を土台として社会主義革命を遂行する任務である。戦後の社会党が、時に保守政党と合同して政権を握り、時に左右両派が合同して統一社会党を形成するという時代背景のなかで、山川が抱いたあるべき社会主義政党の姿が、簡潔かつ明瞭に表現されている。

『山川均自伝』

（岩波書店、一九六一年）

本書は、山川の死後、三つの自伝的な文章を一冊にまとめて刊行したものである。一つめは、一九五〇年から『朝日評論』に連載し、翌年に朝日新聞社より刊行された「ある凡人の記録」である。一八八〇年の出生から赤旗事件の刑期を終えて出獄した一九一〇年までのことが書かれている。二つめは、没後に発見された未定稿の「続・ある凡人の記録」であり、一九一〇年から売文社で活動していた一六年までの時期について書かれている。三つめは、五六年に『社会主義』創刊五周年記念で開かれた大内兵衛・向坂逸郎らとの座談会筆記「日本の社会主義――五十年の歩み」から、山川の発言を抜粋したもので、一七年から終戦直後までの時期についての証言である。山川菊栄・向坂逸郎による「編者注」「編者附記」も熟読に値する。

労農派の旗手と目された山川の自伝は、福本イズムや共産党との対立、コミンテルンとの関係を知るうえで、貴重であることはいうまでもない。加えて、「あとがき」で山川菊栄が「戦後の十二年間、短いながらも彼が言論の自由のなかに執筆しえたこと、そして平和に安らかに、タタミの上で眠ることができたのを、私は彼のためにも、私自身のためにもどんなにありがたく思うことでしょう」と記すように、本書は、戦前の思想弾圧のなかで、マルクス主義を掲げた言論活動が死と隣り合わせであったことの証言でもある。

（藤野裕子）

吉野作造《よしのさくぞう》 政治学者

一八七八～一九三三

商工官僚吉野信次は実弟。第二高等学校在学中の一八九七年、ミス・ブゼルのバイブルクラスに参加。一九〇〇年、東京帝国大学法科大学に入学、海老名弾正牧師の弓町本郷教会に通う。〇六年、袁世凱長子克定の家庭教師として天津に赴任。帰国後の〇九年、東京帝国大学法科大学助教授（政治史担当）に就任、その後、三年間の欧米留学を経て教授に昇進。

一九一四年、編集主幹滝田樗陰《ちょいん》の口述筆記により『中央公論』に初めて「学術上より観たる日米問題」を発表、以後、同誌に頻繁に論考を掲載し、「大正デモクラシー」のオピニオンリーダーとして活躍する。一六年、満洲と朝鮮に視察旅行、天道教本部等を訪問。一八年、白虹事件をめぐって浪人会と立会演説会を開催、その直後に福田徳三らと黎明会を結成する。二三年、関東大震災時の朝鮮人虐殺事件の真相究明に動く。二四年、東京帝大教授を辞して朝日新聞社に入社するも、枢密院を批判した記事が原因となり退社する。同年、尾佐竹猛や宮武外骨らと明治文化研究会を結成する。二六年、社会民衆党の結成に奔走する。三〇年、『明治文化全集』全二四巻完結。

〈全集等〉『吉野作造選集』全一五巻（岩波書店、一九九五～九七年）

〈水先案内〉田澤晴子『吉野作造——人生に逆境はない』（ミネルヴァ書房、二〇〇六年）

『憲政の本義──吉野作造デモクラシー論集』（中公文庫、二〇一六年）

吉野作造は、『中央公論』一九一六年一月号に掲載した論文「憲政の本義を説いて其有終の美を済すの途を論ず」で「民本主義」を唱え、デモクラシー論争の口火を切った。本書には、この「憲政の本義」論文を含めて、デモクラシーに関する論文六本が収録されている。

吉野の説く「民本主義」は、国民主権を主張する「民主主義」とは異なり、主権の所在はあえて問わず、「主権者は須らく一般民衆の利福ならびに意嚮《いこう》を重んずるを方針とすべしという主義」であった。デモクラシーを世界の大勢と捉えた吉野は、天皇主権が明記された大日本帝国憲法下においてもデモクラシー政治が可能であることを説いた。その実現方法として、普通選挙制と政党内閣制の確立、さらには、民意が反映されない軍部・枢密院・貴族院等の国家機関の無力化を主張したのである。

ワシントン会議で海軍軍縮条約が調印された一九二二年二月発表の「所謂帷幄《いわゆるいあく》上奏に就て」では、憲法第一一条の軍令大権（統帥権）をも内閣の輔弼《ほひつ》内に置くべきだとして、軍令や軍部大臣武官専任制の廃止などを主張し、軍部への対決姿勢を明らかにした。また、ロシア革命以降盛り上がりつつあった新興の社会主義的過激主義勢力に対しては、議会主義を擁護する立場から反対の論陣を張った。こうした理想主義的現実主義の論調には「人はすべて神の子」というキリスト教に基づく宗教的信念が内在していたのである。

『中国・朝鮮論』

（平凡社東洋文庫、一九七〇年）

「露国の満州占領の真相」（一九〇四年）から「民族と階級と戦争」（一九三二年）までの中国・朝鮮論を収録し、吉野作造のアジア認識の変遷を辿ることができる。我が国商工業の大市場・満洲を確保するとして日露戦争を肯定した吉野は、大正期に入っても帝国主義的な言論を展開する。一九一五年の対華二一ヵ条要求を「極めて機宜に適した処置」と評価する。

しかし、国内で「民本主義」を主張する一九一六年から、そのアジア認識も大きく転換する。中国の将来を担うものとして革命勢力に期待を寄せるようになり、朝鮮については、金雨英ら朝鮮人との交流もあり、もとは「一独立民族」であった朝鮮人が異民族統治を甘んじて受けるはずがない、民族の独立を尊重して政治上の自治をみとめるべきだと主張する。一九年の三・一運動にさいしては日本人の「対外的良心」の麻痺を問題視し、五・四運動にあたっては日本の対中国政策の「人道的転換」を主張した。関東大震災時の朝鮮人虐殺については、官憲が朝鮮人暴動の流言を流して民衆が直ちに信じたことで虐殺が発生したと述べ、朝鮮統治という根本問題を考えるべきだと説いた。その晩年に発生した満洲事変については、自衛権の発動などではなく「帝国主義的進出」であるとその真相を暴き、迎合するメディア等を批判した。こうしたアジア認識の根底には、デモクラシーの精神が人と人との間から国と国との間にも徹底していくという楽観的予測が存在していたのである。

（松井慎一郎）

和辻哲郎《わつじてつろう》

哲学者　一八八九〜一九六〇

一九一二（明治四五）年に東京帝国大学文科大学哲学科を九鬼周造と共に卒業した。文学好きで第二次『新思潮』に参加し、夏目漱石の漱石山房に出入りする。古代文化への関心が深く、一九年に『古寺巡礼』（岩波書店）を、その翌年に『日本古代文化』（同）をまとめた。二一年に岩波書店が創刊した、雑誌『思想』の編集に携わっている。東洋大学の他に、法政大学や慶應義塾大学でも教壇に立った。二五年に京都帝国大学の講師となり京都に移住。二七年から一年余りドイツに留学して、マルティン・ハイデッガーの実存哲学や、エトムント・フッサールの現象学を学んだ。ドイツへの旅は、『風土——人間学的考察』（岩波書店、一九三五年）を生む原動力となる。

一九三四年に東京帝国大学教授に就任し、四九年まで勤めた。定年後は日本倫理学会会長や日本ユネスコ国内委員会委員、正倉院評議員会評議員などを歴任している。多くの著書があり、五二年に『鎖国』（筑摩書房）で読売文学賞を、五三年に『日本倫理思想史』上・下（岩波書店）で毎日出版文化賞を受賞した。

〈全集等〉『和辻哲郎全集』全二〇巻（岩波書店、一九六一〜六三年）

〈水先案内〉熊野純彦『和辻哲郎——文人哲学者の軌跡』（岩波新書、二〇〇九年）

『初版 古寺巡礼』

（ちくま学芸文庫、二〇一二年）

一九一七年五月に和辻は、奈良の古社寺を精力的に見て回る。「ホテルの食堂」「浄瑠璃寺への道」「疲労」「博物館特別展覧」「月夜の東大寺南大門」という目次の見出しは、実際の見聞に基づいて執筆したことを語っている。「改版序」によると、和辻はその後、本書の改訂を試みるが断念した。紀行書的な性格のため、部分的な変更が難しく、若い日の「自由な想像力の飛翔」を大切にする方がいいと判断したのである。

近代観光都市・奈良は、古代への入口として機能している。ただし和辻は奈良の古社寺や文化財を、日本という枠組みの中だけで見ていない。中国・インド・ペルシア・ギリシアという世界史的な視野で、古代文化を相対化しようとした。それはアーネスト・フェノロサが三五年ほど前に、岡倉天心らと行った文化財調査を想起させる。夢殿の救世観音についてのフェノロサの見解を、和辻は否定するが、その遺伝子は引き継いでいる。

法隆寺金堂の柱の膨らみを、和辻は「エンタシス」と説明した。これは古代ギリシア神殿の円柱の形状を指す言葉で、建築史が専門の伊東忠太の説の反映である。膨らみが「ギリシア美術東漸」の証であるという考え方は、今日では否定されている。しかし本書に刺激されて古都を訪れ、シルクロードを夢見た人は少なくなかっただろう。研究書とは異なる情熱的な語り口が、大正教養主義を代表する一冊に、本書を押し上げている。

『風土——人間学的考察』

（岩波文庫、一九七九年）

和辻の『風土』を成立させたのは欧州航路である。一九二七年二月に和辻は文部省在外研究員として、日本郵船の白山丸でヨーロッパに旅立った。美学者の大西克礼が同行している。日本郵船の『渡欧案内』（一九二八年）によれば、上海・香港・シンガポール・ピナン・コロンボ・アデン・スエズ・ポートサイドに寄港して、船はマルセイユに到着した。日本とは異なる風土や気候を目の当たりにする、約四〇日間の旅である。

本書は五章構成で、「風土の基礎理論」の提示後に、「三つの類型」としてモンスーン・沙漠・牧場を設定し、モンスーン的風土として中国と日本を取り上げている。さらに「芸術の風土的性格」を論じ、「風土学の歴史的考察」を行った。「モンスーン域の人間」「南洋的人間」「アラビア的人間」の存在様式に、風土や気候の側からアプローチしている。ただ寄港地の碇泊時間は長くて一日。フィールドワークと呼ぶには短すぎる。

パリで出迎えたのは哲学者の出隆《いで》。「出隆自伝」（『出隆著作集』第七巻、勁草書房、一九六三年）によると、モンスーンや東西文化比較の話を聞かされて、「一事」から「普遍的な結論」を導く和辻の思考に、出は「単刀直入性」を感じた。留学先のベルリンでは同時期に、ハイデッガーが『存在と時間』を発表する。それを読んだ和辻は、人間存在の構造を時間性ではなく空間性として捉えたいと考え、『風土』を執筆した。

（和田博文）

Ⅲ　モダニズム・マルクス主義・ファシズム

一九二三（大正一二）年〜一九四四（昭和一九）年

時代と思想❸　モダニズム・マルクス主義・ファシズム

一九二三（大正一二）年九月一日、東京や横浜を中心にマグニチュード七・九の大地震が起きた。建物の倒壊と津波、火災の発生と強風による延焼は、大きな被害をもたらす。死者・行方不明者は約一〇万五〇〇〇人、全焼は約三八万一〇〇〇世帯、全壊は約八万四〇〇〇世帯で、浅草や銀座は一面の焼け野原になった。この震災は自然災害だけではない。朝鮮人や社会主義者が暴動を起こすというデマが流れ、正確な数は不明だが、自警団などにより多くの朝鮮人や中国人が殺された。プロレタリア演劇の劇作家・平沢計七を含む一〇人の労働者が、軍隊によって虐殺される亀戸事件も起きる。またアナーキストの大杉栄・伊藤野枝夫妻は、甘粕正彦憲兵大尉によって殺害されている。

震災から六年半後の一九三〇年三月、東京では帝都復興祭が催された。道路は拡幅されて立派になり、ビルディングが急増する。六年半の間に都市のモダン化は進んだ。ラジオの本放送開始は二五年七月である。ダイヤル式自動電話制の導入は二六年一月。地下鉄は二七年一二月に開通する。二八年八月には東西定期航空会の旅客貨物空中輸送が始まる。復興は震災以前の都市の再現ではない。時空間の距離をスピードが縮め、都市生活はリニューアルされた。今和次郎編纂代表『新版大東京案内』（一九二九年）は、モダン都市のガイドブックである。文化も大きく変容する。一九二〇年代のアヴァンギャルドは旧来の芸術形式を破壊し、三〇年代のモダニズムは新たな構築に向かった。辻潤が編集する高橋新吉『ダダイスト新吉の詩』（一九二三年）のダダイズムは、前者の一流派である。

関東大震災後に女性文化も変わっていく。事務員やタイピスト、百貨店店員や電話交換手、外食産業の急速な伸張が要請する女給など、男女平等にはほど遠いが、女性の社会進出が目立つようになった。男性中心社会で揶揄や批判の対象になるが、銀座を中心に洋装・断髪の女性が登場して、モダンガールと呼ばれている。高群逸枝はこの時代に突出した、女性の知識人の一人である。詩人として頭角を現した高群は、アナーキズムに接近して、平塚らいてう等と婦人運動を行った。その関心の延長線上で、『母系制の研究』（一九三八年）がまとめられている。

プロレタリア運動は一九二〇年代後半から三〇年代初頭に盛んになる。治安維持法が公布され、共産党員やシンパの一斉検挙が続いた。運動内部の路線闘争も激しさを増す。独仏留学から帰国した福本和夫は、山川均を「折衷主義」と批判した。福本イズムと呼ばれる思想は、二〇年代半ばの共産主義運動をリードする。しかし福本は二七年テーゼで失脚し、その翌年に検挙された。二六年にソ連から帰国する蔵原惟人は、ナップ（全日本無産者芸術連盟）からコップ（日本プロレタリア文化連盟）への再編を指導するが、三二年に検挙されている。二五年に独仏留学から帰国した哲学者の三木清は、『プロレタリア科学』編集委員長を務めていた。しかし三〇年に検挙され拘置中に、プロレタリア科学研究所から非マルクス主義的という理由で除名されている。

一九三一年九月に満洲事変が勃発し、日本は敗戦まで続く十五年戦争に突入する。翌年三月には「満洲国」の建国が宣言され、中国大陸への侵略が深まっていった。ナショナリズムの高まりと並行して、テロリズムも横行する。三一年には軍部クーデターの計画が発覚する三月事件と一〇月事件が起きて、海軍青年将校らが犬養毅首相を射殺する翌年の五・一五事件につながっていった。国家主義者の大川周明はそのいずれにも関与し、五・一五事件後に検挙されている。三六年になると皇道派青年将校が部隊を率いて、永田町付近を占拠する二・二六事件が起きる。ファシズムの指導者で『日本改造法案大綱』を書いた北一輝は、この事件に連座して死刑になっている。

ドイツでは一九三二年の総選挙でナチス党が第一党となり、翌年にアドルフ・ヒトラーが首相に就任する。ファシズムの擡頭は、学問の自由を脅かした。三三年五月に京都大学が文部省の圧力で、『刑法読本』の著者・滝川幸辰教授を休職処分とし、京大法学部の全教官が辞表を提出する滝川事件が起きる。京都学派の美学者で、『美・批評』の同人だった中井正一は、反ファシズム運動の拠点として、三五年二月に『世界文化』を創刊した。久野収・新村猛・武谷三男は同誌の同人である。同じ二月には貴族院で、美濃部達吉の天皇機関説が非難された。美濃部は二カ月後に不敬罪で告発され、三冊の著書は発禁になる。保田與重郎や亀井勝一郎が『日本浪曼派』を創刊するのは、その間の三五年三月である。

ただ日本国内が戦争色に染まるのは、一九三七年七月の日中戦争開始以降だろう。翌月には国民精神総動員実施要綱が決定された。この思想強化運動は、全国市長会・在郷軍人会・日本労働組合会議など七四団体を組織して、戦意の高揚を図り、挙国一致の意識を高めていく。金融・貿易や物資の戦時統制も始まる。街中には「愛国行進曲」のメロディが流れ、慰問袋や千人針が盛んに作られた。中井正一ら『世界文化』のグループは、治安維持法違反で検挙される。山川均らの労農派も一斉に検挙された。弱者の権利の保護を主張した矢内原忠雄「国家の理想」（『中央公論』三七年九月）は全文削除となり、矢内原は一二月に東大教授の辞任を余儀なくされる。

一九三八年四月に国家総動員法が公布される。この戦時統制法により、政府は総力戦体制を組むことが可能になった。三九年七月の国民徴用令は、戦時下の要請に基づき、強制的に国民を徴用して、軍需産業などの労働力を確保する途を開く。四一年四月の生活必需物資統制令により、米・塩・繊維製品は、次々と配給統制下におかれていった。言論統制も強まっていく。四〇年二月には津田左右吉『古事記及日本書紀の研究』などが発禁となり、著者の津田と出版者の岩波茂雄は、翌月に出版法違反で起訴された。

一九四一年一二月に日本は「大東亜戦争」に踏み切る。アジアへの侵攻を正当化するために、欧米の植民地支配からアジアを解放して、大東亜共栄圏を建設するというイデオロギーが全面化する。戦争の名称はその反映である。四二年九〜一〇月の『文学界』に掲載された「近代の超克」は、戦争下の知識人の姿を端的に示している。京都学派の西谷啓治や下村寅太郎も参加した。田辺元と高村光太郎は敗戦後に、戦争に協力した自身を省みて、地方で隠棲生活を送ることになる。九鬼周造は開戦の七カ月前に亡くなるが、『人間と実存』（三九年九月）は戦後の実存主義につながる書物だった。

（和田博文）

大川周明《おおかわしゅうめい》　思想家　一八八六〜一九五七

一八八六年、山形県に生まれる。一九一一年に東京帝国大学を卒業。在学中はインド哲学を専攻する。しかし卒業後、偶然手に取ったヘンリー・コットン『新インド』に衝撃を受け、植民地支配下にあるインドをはじめとしたアジア諸国の独立運動に関心を抱く。更にアジア諸国の連帯を訴え、それを実現できる日本を目指して国内改革の必要性を訴えるようになる。一九年からは満鉄東亜経済調査局に勤める。また同年に猶存社を結成し、北一輝を迎えて国家改造を模索する。猶存社解散後の二五年には行地社を結成し、国家改造についての啓蒙活動を全国的に展開、その過程で、軍部との関わりを強める。二九年、東亜経済調査局が満鉄から独立する際に理事長となる。三一年、軍部によるクーデターを企てるが未遂に終わる。三二年、五・一五事件に資金などを提供し逮捕、三四年に禁錮七年の判決を受ける。太平洋戦争の間は、「大東亜戦争」の意義を訴えるイデオローグとして活躍。四五年、東京裁判に民間人では唯一のA級戦犯として出廷。裁判中に精神障害を発症し、裁判から除外される。戦後はイスラム教の聖典「コーラン」の研究に没頭。五七年、死去。

〈全集等〉『大川周明全集』全七巻（大川周明全集刊行会、一九六一〜七四年）
〈水先案内〉大塚健洋『大川周明――ある復古革新主義者の思想』（講談社学術文庫、二〇〇九年）

『回教概論』

（ちくま学芸文庫、二〇〇八年）

一九四二年に出版されたこの本は、イスラム教について解説した本である。アラビア半島の地理的条件、教祖のマホメット、そしてイスラム教の信仰、儀礼、教団、イスラム法学について、順を追って説明されている。内容についての評価も高く、戦後、中国文学研究者の竹内好が「イスラムの概説書でこの本の右に出るものは、当時もそれ以後もなかったのではないかと思います」（「大川周明のアジア研究」『竹内好全集』第八巻）と評したこともあるほどだ。

本書の根底にあるのは、当時の日本のイスラム教理解に対する大川の問題意識だ。キリスト教の影響力が強い西欧諸国を通して見る限り、イスラム教は「悪魔の宗教」である。だが、そのレンズを外してみれば、イスラム教にはイスラム教の論理があり、倫理がある。それを研究者的知見に基づいて示し、新しい知識、そして世界観を伝えた点にこの本の意義はあるだろう。

だが、大川のイスラム教への関心が研究者的関心にとどまるものでなかった点には注意が必要だ。東京帝大で専攻したインド哲学ではなくイスラム教に関心を抱いたのは、それが現実社会と隔絶しておらず、宗教と政治を分かちがたいものとしていたからだと大川は言う。革命の論理として、大東亜共栄圏を支える知識として、イスラム教を学ぶ有用性を訴える本書が、単なる「概説書」以上の意味を持ち得た背景は念頭に置く必要がある。

『復興亜細亜の諸問題・新亜細亜小論』

（中公文庫、二〇一六年）

一九二二年に出版された『復興亜細亜の諸問題』は、西欧列強の支配下にあるアジア諸国の概況を記した本である。この時代、アジアの国の多くは西欧帝国主義の支配下にあった。そしてまた、その支配を脱して自由や独立を獲得しようとする運動が各地で起こっていた。だが同じアジアに位置する日本はこの動きに無関心だと大川は指摘する。特に、中国以外のアジアの国々の現状について日本人が目を向けようとしないことを、大川は問題視していた。

拓殖大学での講義をまとめたこの本は、大川の研究者としての知見に基づいて書かれている。歴史的背景や地理的・文化的条件に触れながら、複雑に錯綜するアジアの同時代史を語る本文を読めば、大川がただ激情に駆られるだけの革命家ではなかったことが分かるだろう。

一方で、この本の「序」からは革命家としての大川もうかがい知れる。アジアの現状に憤りを感じる大川は、アジア諸国と日本が連携し、西欧列強に対抗することを訴えていた。ただし、今の日本ではその任に当たれないため、国内の改革が必要だと大川は主張する。この主張が出発点にあることで、本書は単なる学術書ではなく革命の指南書としての意味も持ち得た。四四年に出版された『新亜細亜小論』はこの延長線上にあると捉えられる一方で、「大東亜戦争」肯定に力点を置くなどの変化も見られる。あわせて読むことで、大川のアジア観の意義と限界を考えることができるだろう。

（佐藤美奈子）

岡潔《おかきよし》 数学者 一九〇一〜一九七八

一九〇一（明治三四）年に生まれ、父の郷里・和歌山県紀見村（現在、橋本市柱本）で育つ。京都帝国大学を卒業後、同大学理学部講師となり、二九年から三二年までパリに留学。帰国後は広島文理科大学助教授に就任。三〇年代後半を境に突如として世間との交渉を断ち、故郷の紀見村に籠もり、すべてを数学研究に捧げる日々が始まる。三五歳の時に発表した第一論文を皮切りに、生涯に一〇編の論文を著す。多変数解析関数論における先駆的な研究の業績により、数学史に深くその名を刻んだ。

一九六〇年に文化勲章を受章した後は、執筆や講演などの形で、社会に向けた発信の機会が増えた。『毎日新聞』紙面上での連載をベースとした最初のエッセイ集『春宵十話』が六三年に出版されるとたちまちベストセラーとなり、その後、六九年に生前最後の著作『神々の花園』が刊行されるまで、旺盛な執筆活動が続く。六九年からは京都産業大学にて教養科目の講義を担当し、「新しい宇宙像と人間像の建設」というヴィジョンのもと、最晩年まで学生に向けた情熱的なレクチャーを続けた。

〈全集等〉『岡潔集』全五巻（学研、一九六九年）

〈水先案内〉高瀬正仁『岡潔——数学の詩人』（岩波新書、二〇〇八年）

『春宵十話』

（光文社文庫、二〇〇六年）

現代の数学は、明治時代に欧米から外来の学問として伝わってきた。かつて、アラビア世界から伝わった数学をヨーロッパ世界が血肉化していくのに何百年もの歳月を要したことを思えば、異質な文化のもとで育った数学を消化・吸収していくことがいかに困難なことであるかがわかる。岡はあくまで日本の文化の伝統のなかで、数学することを追求した稀有な数学者である。実際、彼は道元や芭蕉などの思想を手がかりとして、当時の数学の主潮流とは距離を取り、みずからのスタイルで数学研究を深めていった。

最初のエッセイ集である本書では、仏教や文学の先人の歩みを頼りとしながら、前人未踏の数学の領野を淡々と歩み続けた彼の、真に迫る思考に触れることができる。数学を研究するにあたって岡が常に関心を持ち続けたのは、数学的発見に至る「心」の変容過程だった。数学的発見を支える心の世界の広がりを捉えるために、彼は「情緒」という言葉を中心に据え、そこから独自の数学論を展開していく。本書のはしがきは「人の中心は情緒である」という宣言から始まる。数式や難解な数学そのものは出てこないが、数学研究を通して岡が見た、人間の心が持つ大きな広がりと可能性が、確信に満ちた言葉で語られていく。発表から半世紀以上が経つが、古びることのない言葉と思想に、本書から新たなインスピレーションを得る読者は少なくないはずだ。

『数学する人生』

（新潮文庫、二〇一九年）

自他を超えて「通い合う心」にこそ、生きる喜びが宿ると確信していた岡潔にとって、自我意識が肥大化し、物質的欲望に溺れていく社会の傾向は、何としても修正されなければならない時代の錯誤であった。本書の第一章には、こうした強い思いを、彼が京都産業大学の学生たちに向けて語り続けた最晩年の「最終講義」が収められている。

岡は学生たちと接触するなかで、誰もが口々に「生き甲斐が感じられない」と嘆いているように感じた。そこで「人は一日一日をどう暮らせばよいか」という問いを冒頭にかかげ、生きることが素直に嬉しいと思えるような、「新しい宇宙像と人間像の建設」をテーマに、自身の最新の思考を学生たちの前で発表し続けた。

第二章には岡の留学時代にまつわるエッセイが、第三章には「情緒」を正面から主題として扱う一群の文章が集められている。また、第四章には、岡の人柄が伝わる雑誌記事が収録されている。

一九六五年に岡潔と京都で対談した小林秀雄は、「岡さんのお考えは、理論とは言えない、一つのヴィジョンですね」としみじみと語った（『人間の建設』新潮文庫）。人間の生命と心の可能性を信じて、岡が建設しようとした「新しい宇宙像と人間像」を、さらに精緻なヴィジョンに磨き上げていくことは、現代の私たちに残された課題である。

（森田真生）

折口信夫《おりくちしのぶ》

国文学者

一八八七～一九五三

一八八七（明治二〇）年、大阪に生まれる。大阪府第五尋常中学校を卒業後、國學院大學に入学、国文学を学ぶ。なおこの頃、浄土真宗の若き僧侶で、仏教とキリスト教との融合を説く藤無染と同居、深い影響を受けたという。大学を卒業した後、中学校教員をつとめるかたわら、『万葉集』等の研究を進める。一九一五年、柳田國男の知遇を得、深く私淑し民俗学にも傾倒する。翌年、『口訳万葉集』（文会堂書店）を刊行、その後は國學院大學と慶應義塾大学にて教鞭を執り、以降、国文学、日本芸能史、民俗学、宗教学等、様々な領域を横断しながら、折口学とも呼ばれる独自の学問世界を構築していく。

一方で、生涯歌人としても活躍した。歌人としての名は、釈迢空。少年期から短歌の創作を始め、中学卒業後は根岸短歌会にも出席。一九一七年に、島木赤彦らの同人「アララギ」に参加するが、やがて離れ、北原白秋らと歌誌『日光』を創刊した。

一九四八年に、『古代感愛集』（青磁社、一九四七年）で日本芸術院賞を受賞、同年、第一回日本学術会議会員に選ばれる。没後の五七年、日本芸術院恩賜賞を受賞。

〈全集等〉『折口信夫全集 新版』全三七巻・別巻三（中央公論社、一九九五～二〇〇二年）

〈水先案内〉安藤礼二『神々の闘争――折口信夫論』（講談社、二〇〇四年）

『死者の書』（角川ソフィア文庫、二〇一七年）

一九三九年一月から三月まで雑誌『日本評論』に連載、四三年に増補等を経て、青磁社より単行本として刊行された『死者の書』は、日本近代文学史上至高の作品と評する声も少なくない。当麻寺で尼となり、一夜のうちに蓮糸で当麻曼荼羅を織り上げたという、いわゆる中将姫伝説や、謀反の疑いをかけられ、若くして死を賜った大津皇子の史実などを下敷きにしているが、単なる歴史小説の範疇には到底とどまらない、圧倒的な宗教性・幻想性を帯びている。言葉遣いも独特で、例えば物語冒頭、静かに目を覚ます死者が耳にする、水の垂れる音を表す「した　した　した」という擬音語からして印象的。

主人公は藤原仲麻呂（恵美押勝）の孫娘、南家の郎女《いらつめ》。千部写経を発願するも、九百部を過ぎて筆が止まってしまった彼女は、二上山の峰の間「入り方の光り輝く雲の上」に、仏を幻視する。角川ソフィア文庫の表紙見返しにも挙げられている通り、いわゆる「山越阿弥陀図」、さらにはその宗教的な背景としての、日本古来の日想観が物語を貫いている。のみならず、そこで幻視される仏の姿が「日本《やまと》の国の人とは思われぬ」長い金髪と白肌をしているのは、人物紹介の項でも言及したような、仏教とキリスト教との融合という発想への接触、さらには折口が第二次世界大戦後に主張した、神道の宗教化（一神教化・世界宗教化）ともつながるものであろう。

『折口信夫芸能論集』

（講談社文芸文庫、二〇一二年）

一九二〇年に柳田國男が沖縄を訪問したことをうけ、折口も翌年、沖縄を訪れる。二年後の一九二三年にも再び訪れ、那覇をはじめ首里、普天間、さらには石垣島などを歴訪、各地の民族文化をフィールドワークする。この二度の訪沖の中で、折口は沖縄ら日本列島南方の島々の習俗の中に、日本古代の信仰の原型を発見していく。とりわけ重要なのは、後年「国文学の発生〈第三稿〉」（『古代研究』所収）の中で言及され、折口学の根幹を形成することとなった、「マレビト」に関わる考察であろう。

本書は、近年の折口研究を領導する文芸評論家安藤礼二の編集により、折口の独創的な芸能論二一篇を五章に分け収載したものである（ただし編者の方針により、前掲の代表作『古代研究』からの収録はない）。遠方より来訪する異形の存在マレビトを、「鬼」にまつわる風俗の中に見出す第Ⅰ章「春の鬼」や、沖縄の宗教行事、中でも神の復活に関わる女たちの役割を詳述した第Ⅱ章「南島の水」など、マレビト論の諸相をうかがうことができる。特に第Ⅱ章中に収められた「常世浪」では、『丹後国風土記逸文』に見える浦島の物語から筆をはじめ、海の彼方に想定された常世とそこから浪に乗って訪れるマレビトについて言及した上で、ために古来の風習の中に残る水への信仰を論じており、短さ（文庫本で一〇頁）を微塵も感じさせず、圧巻というよりない。

（中野貴文）

唐木順三《からきじゅんぞう》

文芸評論家　一九〇四〜一九八〇

一九〇四（明治三七）年、長野県上伊那郡に生まれる。旧制松本中学校、旧制松本高等学校を経て、二七年に京都帝国大学哲学科を卒業。同大では西田幾多郎、田辺元らに学び、影響を受けた。卒業後は長野県諏訪青年学校、満州教育専門学校などで教鞭を執る一方、『現代日本文学序説』（春陽堂、一九三二年）を上梓、評論家としても活動する。

一九四〇年、同郷の古田晁、臼井吉見とともに筑摩書房を設立、戦後は明治大学文学部教授をつとめるかたわら、同社より雑誌『展望』を発刊、その編集等に携わりながら旺盛な評論活動を続けた。中世文学を中心に日本古典文学の中に固有の心性を見出し、『中世の文学』（筑摩書房、一九五四年）、『無常』（筑摩書房、一九六四年）など優れた文芸評論を次々と発表し、評論家としての名声を高めた。

一九五六年には『中世の文学』で読売文芸賞・文芸評論賞を受賞、七一年に日本芸術院賞を受賞、八〇年死去、絶筆は核兵器開発に関わる科学者の道義的責任を問うた「「科学者の社会的責任」についての覚え書」であった。

〈全集等〉『唐木順三全集 増補版』全一九巻（筑摩書房、一九八一〜八二年）

〈水先案内〉澤村修治『唐木順三——あめつちとともに』（ミネルヴァ書房、二〇一七年）

『日本人の心の歴史』上・下

（ちくま学芸文庫、一九九三年）

唐木順三は明治大学文学部で「日本文芸思想史」の講義を担当していた。一九六六年四月からの講義題目は「日本人の季節感――その歴史的変遷」であったが、折しも学生紛争の盛期で講義は途中で中断を余儀なくされ、唐木はそのまま明治大学を辞職する。その後、この講義内容を土台に加筆する形で上梓したのが、本書である。ために、「季節美感の変遷を中心に」という副題の射程は主に芭蕉までを論じた上巻に留まり、西鶴以降近代までを論じた下巻は扱うテーマがやや拡散している感もある。

上巻では『万葉集』をはじめ『源氏物語』や『古今和歌集』等数多くの王朝古典文学をひもときながら、中でも春と秋との優劣論を中心に、季節を巡る感覚が日本人の感性をいかに構築・洗練させてきたかを論じる。とりわけ『万葉集』以来、四季の中で歌に詠まれることの最も少なかった「冬」の美が、（無論、先蹤として冬の夜の月を光源氏が賛美したことに触れつつ）中世以降、道元や世阿弥らによって発見されことを論じた九章から一一章は、同書の白眉といえよう。循環する春夏秋冬の「冬」を、生老病死の「死」と重ね、冬枯れの寂滅にかえって生を見た中世人たちの心性を闡明《せんめい》する。

一方、下巻の最終章は「現代文明化の自然・季節」と題され、近時の環境破壊やそれに伴う人心の崩壊を「美の終焉」と捉え、科学・合理主義への批判へと筆を及ぼしている。

『唐木順三ライブラリーⅢ　中世の文学・無常』

（中公選書、二〇一三年）

中世文学、とりわけその美的心性と史的展開を論じた唐木の代表的著作である『中世の文学』と『無常』を収めたもの。『中世の文学』では鴨長明の「すき」、兼好の「すさび」を経て、世阿弥の「さび」、さらにそこから芭蕉へと至る道筋が示される。長明の人生について定家との比較から筆を起こすのは、蓮田善明などにも見えるものだが、蓮田が長明に後鳥羽院との黙約を見たのとは対照的に、唐木は長明に「己の心」への狂おしいまでの固執を見る。長明の出家遁世の際の心理を、「恥かしくて死にそうだ」と太宰風に表現してみせる洒脱さなど、読む者を惹きつけずにおかない。

続く兼好においては、長明のような「すき」への熱狂は影を潜め、対象と距離を置き、むしろ「つれづれ」の無為の中にこそ価値を見出しているとする。唐木の兼好への認識は、戦後の中世文学研究を牽引した一人である西尾実の研究成果に負うところが大きい。後に『無常』の中で、『徒然草』における「詠嘆的無常観から自覚的無常観」への変化の重要性を論じているところなどに、西尾の影響の大きさが看取される。いったい、『新古今』から兼好、そして世阿弥の能へという流れに中世的美の展開を見ようとする発想自体、西尾の中世文学論を受けてのものであろう。如上、唐木の評論の面白さは、国文学研究の成果を巧みに取り入れ、さらに大きな見通しを示した点に認められるのではないか。

（中野貴文）

北一輝《きたいっき》　思想家　一八八三〜一九三七

一八八三年、佐渡に生まれる。旧制佐渡中学を中退した後、早稲田大学の聴講生などをしながら、ほぼ独学で大著『国体論及び純正社会主義』を執筆。一九〇六年、これを出版して思想家として世に出ようとするが、国体論批判を展開した箇所が原因となり三日で発禁処分となる。しかし、この本がきっかけで宮崎滔天と知り合い、彼の主宰する革命評論社を通して中国人革命家との関わりを持つようになる。一一年に辛亥革命が起こると中国に渡り、宋教仁などの中国人革命家と共に行動。その体験をもとに『支那革命外史』を執筆する。一五年と一六年の二度に分け、これを意見書として発表し、日本の対中政策に異議を唱える（二一年に公刊）。その後、再び中国に渡るが反日の機運が高まる中で活躍の場を見いだせず、大川周明に「日本が革命になる」と伝えられたことで、日本へ関心を向けるようになる。一九年に『国家改造案原理大綱』を執筆。これを二三年に『日本改造法案大綱』と改題し、公刊。急進派の陸軍青年将校などに大きな影響を与えたことから二・二六事件の思想的指導者とみなされ、三七年に銃殺刑に処される。

〈全集等〉『北一輝著作集』全三巻（みすず書房、一九五九〜七二年）
〈水先案内〉松本健一『評伝 北一輝』全五巻（中公文庫、二〇一四年）

『日本改造法案大綱』

（中公文庫、二〇一四年）

北一輝の著作の中で、もっともよく知られる本。それは、この本が急進派の青年将校に広く読まれ、一九三六年に起こった二・二六事件の引き金になったと言われているからだ。

一九二三年に出版されたこの本の中で、北は天皇が大権を発動して戒厳令を三年間布き、その間に国家改造を進めるというシナリオを描いた。その背景にあるのは、政治家、軍閥、財閥など特権を持つ一部の人々が日本を支配することへの怒りである。だからこそ、天皇の圧倒的権威の下で私有財産を制限するなどして権力者の特権を奪い、男子普通選挙の実施などを通してすべての国民の平等を担保することを北は目指したのだった。

経済的・社会的格差が開いていく当時の社会で、北の訴えは一部の人々に理想的なものとして受け入れられる。ただ北の論には、「有害」な言論や投票結果を権力は無視できると明言するような危うさもあった。「改造」を行う側が何が有害であり正義であるかの決定権を握った時、独善的な暴力の暴走を止める者はいない。その危険性に、北は無頓着だった。

二・二六事件では一部の青年将校が兵を率いて首相官邸・警視庁などを襲い、要人を殺害した。北がこの事件にどの程度関与していたかは不明である。しかし、北の論に秘められた危うさや暴力性が、この事件とどこかで呼応することは確かだろう。理想的な社会とは何か、それをどう実現するかという問いが時に危うさを伴うことを、この本は示している。

『国体論及び純正社会主義（抄）』

（中公クラシックス、二〇〇八年）

北一輝は旧制中学を中退して以降、正規の学生として教育機関に戻ることはなかった。その北が一九〇六年、二三歳の時にほぼ独学で書き上げたのが『国体論及び純正社会主義』である。経済、哲学、倫理、政治など多岐にわたって論じるこの大著は、明治期の一般的な教育課程からはみ出した者が作り上げた独自の知の集積物とも言える。非論理的、そして独善的に見える箇所が多々ある一方で、常識外れであるからこその革新性をはらむ点が特徴と言えるだろう。

ただ、この本は出版後三日で発売禁止処分を受けたため、同時代的にはほとんど読まれていない。その原因となったのは、国体論を論じた個所である。国体論とは日本神話を根拠として天皇を神格化し、その統治を正当化する論理だ。当時の日本ではこの国体論が大きな影響力を持ちつつあり、それに批判的な意見を言うことは次第に難しくなっていた。だが北は、社会進化論に依拠してこれを正面から批判した。その点を問題視されたのである。

皮肉なことに北のこの国体論批判は、明治期に正面から国体論を批判した稀有な例として、戦後になって注目されるようになった。ただ残念なことに、抄録である中公クラシックス版では、国体論批判が展開される第四編の目次しか読めない。他にも未掲載の箇所が多いため、『北一輝著作集』に掲載された版も参照し、全体像に触れて欲しい。

（佐藤美奈子）

九鬼周造《くきしゅうぞう》

哲学者

一八八八〜一九四一

文部官僚・男爵九鬼隆一の四男として東京に生まれる。父の友人岡倉覚三（天心）と母との間には少なからぬ因縁もあった。第一高等学校から東京帝国大学に進み、ケーベルに師事。同級生のうち、特に後のカント学者天野貞祐とカトリック司祭岩下壮一とは生涯にわたる親友となり、自身も在学中にカトリックの洗礼を受けた（後に事実上棄教か）。一九二一年よりヨーロッパに留学。リッケルトを家庭教師に雇って学んだ後、ハイデッガーのゼミナールに出席。フッサールやベルクソンとも交わった。二八年、パリで *Propos sur le temps*（『時間論』）を発表。二九年に帰国し、京都帝国大学に赴任。主にフランス哲学を講じた。

一九三〇年に『「いき」の構造』、三五年に『偶然性の問題』、三九年に『人間と実存』を刊行。並行して、「日本詩の押韻」などの文芸論や「岡倉覚三氏の思出」などの随筆も多く著した。四一年五月、五三歳で急逝。死の直前まで校正を続けた『文藝論』が同年九月に刊行。その後、随筆集、詩集、講義ノートなどが、天野貞祐や教え子の澤瀉久敬《おもだかひさゆき》によって編まれた。蔵書や書簡は現在、甲南大学九鬼周造文庫に保管されているが、未整理である。

〈全集等〉『九鬼周造全集』全一一巻・別巻一（岩波書店、一九八一〜八二年）

〈水先案内〉小浜善信『九鬼周造の哲学——漂泊の魂』（昭和堂、二〇〇六年）

『「いき」の構造 他二篇』（岩波文庫、一九七九年）

「いき（粋）」という江戸の庶民文化に特有の美意識を、当時最先端であった現象学の方法を用いて哲学的に分析するという、きわめてユニークな主題の作品である。この異彩を放つ哲学書は、刊行当時から読書階級の注目を集め、哲学徒に限らない広い読者を得た。

九鬼はなぜこのような異例の哲学書を著したのか。一つの理由は、同時代の知識人たちと同様、自らが日本人であることのアイデンティティを求めて日本文化に関心が向かったことである。本書の草案が書かれたのは、彼が祖国日本について「私の魂は全面的にそれに負っており、心のひだのすべてをこの国に負っている」とまで書いた、西洋留学中のことであった。しかし、ではなぜ、「わび」や「さび」ではなく、あえて「いき」だったのか。

そこには、彼の母への思いがあった。九鬼の母・波津（波津子、初子）は、彼がまだ少年の頃、岡倉覚三との恋が発端となって重篤な精神疾患に陥った。「いき」の体現者として語られる江戸吉原の芸者に母の姿を重ねることで、彼は母が負った「悲惨な運命」を、ひいては「苦界」に生きるすべての人々の生を、美的・倫理的に肯定しようとしたのである。

この点で、本書は九鬼の個人的動機が多分に反映された作品であるが、実にそれこそが本書の最大の魅力でもある。読者はここに、「胸に暗黒なものを有《も》って、暗黒のために悩まなければ哲学らしい哲学は生れて来ない」と語った哲学者の姿を垣間見るはずである。

『人間と実存』（岩波文庫、二〇一六年）

一九三九年に刊行された九鬼の哲学論文集であり、三〇年から三九年にかけて発表された主要論文が収録されている。主題も、時間論、偶然論、日本文化論と多岐にわたり、文芸論を除く彼の主要な哲学的関心が覆われている（一連の文芸論は、彼の死後、一九四一年に『文藝論』にまとめられた）。この点で、九鬼哲学への格好の入門書となっている。

強いて二つの論文を取り上げておきたい。一つは、「八　ハイデッガーの哲学」である。きわめて厳密で正確なハイデッガー哲学の解説であり、今日でもこれ以上のものがあるかどうか。今日広く使用されている「実存」「投企」「被投性」といった訳語は九鬼が考案したものであるが、本論文ではその次第も論じられている。さらに、ハイデッガーにあっては将来の可能性に重点が置かれるあまり、現在の偶然性の意義が視野から逸してしまっているのではないかという、九鬼哲学の根幹に関わるきわめて重要な批評も述べられている。

もう一つは、「九　日本的性格」である。文部省が日本精神発揚のために実施を要請した「日本文化講義」がもとになった論文であり、九鬼の作品のなかでは時局の影響を最も強く受けている。批判は容易いが、このなかで敢然と「外国文化に対して或る度の度量を示すことを怠ったならば日本的性格は単なる固陋《ころう》の犠牲となって退嬰と萎縮との運命を見るであろう」と言い放ったところに、彼の「いき（意気）」を見ることができる。

（古川雄嗣）

蔵原惟人《くらはらこれひと》　評論家　一九〇二〜一九九一

　東京、麻布の生まれ。父・惟郭《これひろ》は熊本バンドに名を連ねたキリスト者で、後年、自由主義政治家として知られた人物。母・終子は北里柴三郎の妹だった。東京府立一中から東京外国語学校（現東京外国語大学）露語科に進み、一九二三年、卒業。在学中、講師の馬場哲哉らと『ロシア文学』（第三次）を創刊、翻訳と評論、研究活動を開始した。二五年、『都新聞』特派員の名目でソビエト連邦に留学。帰国後はプロレタリア文学運動に邁進し、日本プロレタリア芸術連盟等を経て二八年の全日本無産者芸術連盟（ナップ）、三一年の日本プロレタリア文化連盟（コップ）の結成に尽力、左翼芸術運動の統一戦線結成を呼びかける代表的理論家として運動の高揚期を支えた。この間、二九年に日本共産党に入党。三二年四月治安維持法違反で検挙され、非転向のまま四〇年一〇月出獄した。敗戦後の一九四五年一二月、中野重治・宮本百合子らとともに新日本文学会を創立。翌年には日本共産党中央委員となった。以後、党文化部長等の役職を歴任し、日本共産党の文化面の指導者として活動した。その傍ら、戦後は渡辺崋山研究も手掛けた。

〈全集等〉『蔵原惟人評論集』全一〇巻（新日本出版社、一九六六〜七九年）

〈水先案内〉立本紘之『転形期芸術運動の道標――戦後日本共産党の源流としての戦前期プロレタリア文化運動』（晃洋書房、二〇二〇年）

『芸術方法としてのレアリズム』

（新日本文庫、一九七八年）

八本の論文からなる本書は、著者に八年余の獄中生活を強いた戦時期をはさみ、Ⅰ（一九二八～三一年）、Ⅱ（一九四五～六七年）の二部で構成されている。

分裂を繰り返すプロレタリア文学運動の中で、日本プロレタリア芸術連盟から労農芸術家連盟、さらに前衛芸術家同盟へと自身も短期間に所属団体を移しながら統一勢力の形成を模索した蔵原惟人は、一九二八年、三・一五事件後の困難の中でナップの結成にこぎつけた。ナップの機関誌『戦旗』創刊号（一九二八年五月）に掲載されたのが、本書の第一論文「プロレタリア・レアリズムへの道」である。プロレタリア文学の目的は「明確なる階級的観点」、すなわち「プロレタリア前衛の「眼をもって」世界を見」、「厳正なるレアリストの態度をもってそれを描くこと」にある。小林多喜二・徳永直らに影響を与えたこの提言によって、二〇代の蔵原は、一躍、代表的理論家の地位を獲得した。しかし、芸術に対する政治の優位を説くその主張は、政治弾圧の渦中に自らを投じる要因ともなった。

戦後、合法政党化もつかの間、日本共産党は再び激しい内部対立を繰り広げる。その中にあって、蔵原は「大衆的基盤」の獲得のため、人民大衆の実感に訴求し得る表現のあり方を模索し続けた。連続する闘争の中で練り上げられた蔵原の「芸術方法」は、思想・理念と人民大衆の感情とを媒介し、結集軸を打ち立てるための戦略論としての意味をもった。

『日本革命と文化』

（新日本文庫、一九七五年）

二〇代で頭角を現して以来、蔵原惟人はプロレタリア文学運動、さらには日本共産党の文化政策の中心にあって、理論的影響力を発揮し続けた。本書には、その蔵原が一九三一年、四七年、五七年、六七年と、ほぼ一〇年間隔で執筆した四本の論文が収められている。この間、弾圧の対象だった日本共産党は合法政党となり、国際的な共産主義勢力の中ではソ連・中国と対立、いわゆる自主独立路線を選択するに至る。その過程では党の分裂も経験した。

第一論文、「プロレタリアートと文化の問題」で、蔵原は文化に対する「生産力」の規定性をいい、原始段階から資本主義段階に至る発展段階を踏まえた上で、「プロレタリアートのみが、人類の文化をその矛盾と退廃とから救いうる」と、将来的展望を示している。

それでは、いかにしてプロレタリア文化を建設するのか。蔵原は、過去の文化的遺産を批判的に摂取する必要性を説き、したがって、日本の文化運動は、ソビエトとも中国とも異なる文化的特徴をもつ「日本的現実」から出発しなければならないとした。

かように、実践的課題を提示する局面で、蔵原の文化運動論は、彼の置かれた時代状況を映し出すことになる。宗教に対するスタンス、いわゆる五〇年問題での失脚と「六全協」での復権、文化大革命勃発直後の中国との対立等、その内容には、蔵原を文化面での指導者とした〝日本〟共産党の自意識が表現されているとみることもできよう。

（廣木 尚）

今和次郎《こんわじろう》

民俗学研究者

一八八八〜一九七三

弘前市の医師の家に生まれる。東京美術学校図案科でデザインを学び、一九一二年、卒業とともに早稲田大学理工科建築学科助手に就任。同大教授の建築家・佐藤功一に師事する。一五年、同大助教授、二〇年同教授に就任。

新渡戸稲造宅で行われていた郷土会で柳田國男、小田内通敏らの知遇を得る。一九一七年には佐藤、柳田が設立した白茅会に参加、各地での古民家調査に従事した。農商務省の農村調査にも携わり、二二年、その成果を『日本の民家』（鈴木書店）にまとめる。同じ年、朝鮮総督府の委嘱で朝鮮半島の集落・民具・住宅・風俗の調査を実施した。

関東大震災発生後、吉田謙吉ら美術学校出身の仲間とバラック装飾社を設立。焼け野原に立ち並ぶバラックの美化を請け負った。復興が進む中で東京の風俗調査をはじめ、この活動を「考現学」と称した。一九三〇年、吉田と共編で『モデルノロジオ 考現学』（春陽堂）を刊行。

戦時期から戦後にかけて、政府機関と連携した生活改善運動や復興活動等に尽力。各種の学協会の要職も歴任した。長年の研究と啓発活動をもとに「生活学」を提唱した。

〈全集等〉『今和次郎集』全九巻（ドメス出版、一九七一〜七二年）

〈水先案内〉畑中章宏・森かおる編『今和次郎 採集講義』（青幻舎、二〇一一年）

『新版大東京案内』上・下

（ちくま学芸文庫、二〇〇一年）

一九二五年、今和次郎が同志とともに開始した考現学調査は、七年をかけて東京中をカバーした。その前半、四年間の成果をまとめたのが本書である。

東京の来し方を辿り、将来を展望する「大東京序曲」にはじまり、東京を形づくる多様な地域や施設、風景が、「東京の顔」「動く東京」「盛り場」「享楽の東京」「遊覧の東京」「東京の郊外」「特殊街」「花柳街」「東京の旅館」「生活の東京」「細民の東京」「学芸の東京」「市政と事業」の各項目で記述される。急速に変化する震災後の東京を、そこに生きる人々の生態を踏まえ、動態的に捉える視点がこの構成に示されている。

例えば、「動く東京」の冒頭では、動かないはずの「官衙」の激変が記される。「俸給生活者」をはじめとする人々の「生活百態」、華やかなカフェーやダンスホール、都市の成長の陰で暗躍する各種のブローカー。視点を変え、射程を動かしながら、描写される東京の「今」。

真新しさだけが著者の関心事ではない。男性客と踊る女性ダンサーたちの「一種悲痛な陽気さ」、盛り場にたむろする「不良少年少女」たちの背景、貧困層から搾取する悪徳な家主の存在。「花柳街」に分け入り、「私娼」たちを「無間地獄」に落とし込んだ構造を剔抉して、「これは誰の罪か?何の罪か?」と問う。東京が生み出した矛盾をみつめるそのまなざしの先に、やがて人々の生活改善へと乗り出す今の姿が浮かびあがる。

今和次郎

『考現学入門』

（ちくま文庫、一九八七年）

関東大震災後の復興著しい東京。その街頭で、行き交う人々や街並みを記録することから今和次郎たちの考現学は生まれた。本書では、主に今が一九二〇年代に記した論考を収録し、考現学を支える思考と実践の軌跡を辿っている。

冒頭、震災直前に記された「ブリキ屋の仕事」で、今は、とある田舎で出会ったブリキ屋の仕事ぶりに、隆盛する表現派に劣らぬ芸術性を見出す。震災後、バラックの美化に乗り出す発想のありかが示される。それに続いて、本書の大部分を占める調査記録がはじまる。地方都市や農村に赴き民具や民俗を記録した「路傍採集」、銀座を皮切りに、本所・深川の「貧民窟」、高円寺・阿佐ヶ谷・井の頭公園など「郊外」へと続く東京での調査。

多くのスケッチや図表を織り交ぜながら、今の視線は住居や街並み、通行人の構成、服装や歩き方、装身具に髪型、携行品、食事、机面、茶碗の欠け方に至るまで、まさしくありとあらゆるものに注がれているかにみえる。

しかし、それは決して無秩序に行われたものではない。手探りながらも、「単に観念のうえだけでなく、できるだけ数字的に」、「社会学の補助学」たるべく実践されたのが考現学のプロジェクトだった。その成果は、現に関東大震災後の「現代人の生活ぶり」を伝える貴重な資料となっている。

（廣木 尚）

高群逸枝《たかむれいつえ》

女性史研究者

一八九四〜一九六四

熊本県豊川村に生まれる。熊本師範学校女子部で退学処分となる。熊本女学校を四年まで終了。女工・小学校の代用教員などをしながら文芸活動を続ける。他校の代用教員であった橋本憲三への思慕と苦悩から四国遍路に出て、「娘巡礼記」を発表。一九二二年に橋本と入籍するまでに詩集二冊を刊行した。

平塚らいてうの「娘」と自称するほど、らいてうから影響を受けた。一九二六年には『恋愛創生』（万生閣）を刊行し、新女性主義の主張を展開する。三〇年には雑誌『婦人戦線』を創刊し、アナキズム評論を発表した。三一年に橋本の勧めのもと、世田ヶ谷の自宅（通称「森の家」）に蟄居し、世俗との交渉を断ち、女性解放への学問的な寄与を目指して女性史研究に打ち込んだ。その成果は『母系制の研究』（『大日本女性史』第一巻、厚生閣、一九三八年）として刊行された。「森の家」における女性史研究は生涯を通して続けられ、戦後には『招婿婚の研究』（講談社、一九五三年）、『女性の歴史』（印刷局、一九四八年）を刊行する。六四年に死去。

〈全集等〉『高群逸枝全集』全一〇巻（理論社、一九六六〜六七年）

〈水先案内〉鹿野政直・堀場清子『高群逸枝』（朝日選書、一九七七年）

『娘巡礼記』

（岩波文庫、二〇〇四年）

一九一八年六月から一二月にかけて、二四歳だった高群は四国遍路に出た。当時、高群は熊本県の払川尋常小学校で教鞭をとっていた。のちに夫となる橋本憲三とは、恋愛関係にあったものの、高群に思いを寄せるH青年との板挟みになり、高群は苦悶の末にすべてを投げ出すように旅に出たのである。『九州日日新聞』から資金を出してもらい、代わりに全一〇五回にわたる連載記事「娘巡礼記」を同紙に書いた。若い女性の一人旅とあって、この連載は大きな関心を集めた。本書はそれを一冊にまとめたものである。

巻末には、高群の巡礼箇所を記した四国・九州の地図が掲載されている。高群に関する二冊の共著を持つ堀場清子の「解説」によれば、「娘巡礼記」が高群の人生の出発点であり、かつ全生涯を照らし出す作品だという。高群は四国遍路と同様に突然何もかもを捨て去る（あるいは、断ち切る）ことを繰り返す。例えば、橋本憲三と同居を始めたあとの家出もそうだ。高群が家事負担を一身に背負い、自らを表現できないことに対する行き詰まりから、突然の家出を試みた。世俗を断ち切り、世田ヶ谷に建てた「森の家」にて、一切の交際と家事労働をせず、日本女性史の研究と執筆活動に専念したこともその一つに挙げられようか。突然の断ち切りを繰り返し、高群は自らの人生の核心に近づいた。そうした最初の断ち切りの記録がこの『娘巡礼記』である。

『女性の歴史』上・下

（講談社文庫、一九七二年）

高群は一九三一年から世田ヶ谷の「森の家」に籠もり、「面会謝絶」の貼り紙を出して、一日一〇時間の研究を続けた。官学アカデミアでは捨て置かれていた女性史の研究が女性解放に不可欠だと考えたからである。『母系制の研究』『招婿婚の研究』と並び、本書はそうした高群の研鑽によって生み出された成果である。巻末には、夫である橋本憲三による「あとがき」と高群の年譜が付されている。

本書は全二巻・八章からなり、原始・古代から戦後までの日本女性史が描かれている。上巻では、母系制の時代における性交・出産のあり方や、政治・社会・文化が女性中心であったことが記されている。その後、私有財産ができ、氏族制が壊れ、国家ができるにつれ、男性中心の文化に移り変わったとする。さらに近世になると、岡場所・遊廓ができ、性の商品化が進む。「女性屈辱の時代」と位置づけられている。下巻は、黒船来航から始まる。日本の開国を列強諸国による「強姦的開国」とし、明治政府が家父長制を基軸とする民法を定めたことを記す。そうした女性への抑圧を描きながらも、高群は下巻の各章に「女性はいま立ち上がりつつある」との題を付している。近代日本の抑圧に抗して、西洋的な自由恋愛を求めた女性の動き、さらには戦前の女性による労働・政治運動を描き、女性の抱える固有の問題について自らの見解を述べていく叙述スタイルに、本書の特徴がある。

（藤野裕子）

田辺元《たなべはじめ》

哲学者　一八八五〜一九六二

一八八五年、東京神田に生まれる。東京帝国大学の数学科に入学するも、後に哲学科に転科する。一九一三年に、東北帝国大学理科大学の講師に就任。一九年、西田幾多郎からの招きに応じるかたちで、京都帝国大学文学部の助教授に。二二年からヨーロッパに留学し、フッサールやハイデガーと交流する。二七年、教授に昇格。三〇年「西田先生の教を仰ぐ」において、西田哲学を批判。この頃より、西田・田辺を中心としたグループが「京都学派」と呼ばれるようになる。三四年発表の「社会存在の論理」において「種の論理」を提唱。終戦直前に提唱された「懺悔道」という立場によって思想的転回を遂げ、それを立脚点として戦後においても旺盛な執筆活動がなされていく。代表作としては、『懺悔道としての哲学』（一九四六年）、『キリスト教の弁証』（一九四八年）、『数理の歴史主義展開』（一九五四年）などがある。退官（一九四四年）後は群馬県の北軽井沢の山荘に住み、戦時中の自己の立場への反省から自らに下山することを禁じた。最晩年は「死の哲学」を提唱。また、文学者野上弥生子と親密な交流があったことが今日知られている。

〈全集等〉『田辺元全集』全一五巻（筑摩書房、一九六三〜六四年）
〈水先案内〉杉村靖彦・田口茂・竹花洋佑編『渦動する象徴——田辺哲学のダイナミズム』（晃洋書房、二〇二一年）

『種の論理――田辺元哲学選Ⅰ』（岩波文庫、二〇一〇年）

一般に「種の論理」と呼ばれるのは、田辺が一九三〇年代中頃から戦後にかけて発表した論文・著作の集合体である。論文が発表される度に、田辺は「種の論理」に新たな要素を盛り込んでいくが、基本的に種は、私たちが生きていく上で引き受けざるをえない負荷性を指す。種は私たちを産み育んだ基底的存在であり、身体や地域社会あるいは慣習がそうであるように、私たちを縛りつける暗い生命の働きである。

田辺はこのような種を理論的に明確にすることは、政治的共同体のあり方を考える上でも、哲学上の議論においても、極めて重要であると考えた。種という要素を無視して、諸個人間の理想的共同性を語ることは夢想である。このように民主主義の政治観の一面性が批判される。しかし、いわゆる「血と土」に結びついた共同体そのものを国家と同一化することも許されない。そのような共同社会はあくまでも〈種＝特殊〉的なものであって、〈類＝普遍〉的なものではありえない。その意味で、民族主義的国家観も厳しく退けられる。「種」の重みを引き受けつつ、それを個の自由が発揮される基盤へと転化すること、そこに国家の理念を見る田辺の「社会存在論」は、種が個と類とをつなぐものであることによって、媒介という発想をその哲学概念の中心へと押し上げる。そこから、西田幾多郎の絶対無も無媒介であるとして、全てのものが相互に媒介関係を持つ「絶対媒介の論理」が提唱される。

『懺悔道としての哲学――田辺元哲学選Ⅱ』（岩波文庫、二〇一〇年）

この書には常に誤解がつきまとっている。出版は終戦直後のため「一億総懺悔」の機運に乗じたものと取られがちだが、終戦以前にすでに「懺悔」は言及されている。また、ときに『懺悔道の哲学』とされるが、田辺の意図は哲学を「懺悔道」的に語り直すことであった。「懺悔」とは自己の在り方の根本的変容の経験である。そこにおいて各人は己の無力さ、卑小さに直面させられ、徹底的に否定される。にもかかわらず、己はなおも生かされて在ることを自覚する。この転換をもたらしたものは非力な自己の圏外にある他力の働きによるものと考える以外に理解されえない。このようにして田辺の哲学は親鸞に接近する。

自覚の他力的由来という事態は、理性的自律性に依拠した哲学の在り方の根底的否定を介した哲学の再建である。その意味で「懺悔道」の立場は「哲学ならぬ哲学」とされる。批判する理性は自らの批判可能性そのものをも問わなければならない。このような「絶対批判」の場に、ヘーゲルやハイデガーなどの哲学者の諸説が引き出されることになる。

有限は他の有限を傍に持つことによってはじめて有限たりうるとされ、「懺悔」による救済の伝播性が説かれることになる。先達にならうかたちで「懺悔」は経験され、それが同時に後進のモデルになっていく。救われた者は絶えず現実に「還相」することを本質とするのである。このように「懺悔道」は社会的・共同的構造を持つのである。

（竹花洋佑）

谷川徹三《たにかわてつぞう》　哲学者　一八九五〜一九八九

愛知県で生まれ育ち、第一高等学校に在学中に西田幾多郎や和辻哲郎の著作を読み影響を受け、一九一八年に京都帝国大学文学部哲学科へと進学した。三木清や林達夫らと親交を結び、卒業後すぐ同志社大学予科の講師となり、広く読まれることになる『感傷と反省』（岩波書店、一九二五年）を発表した。二八年には法政大学文学部哲学科教授となり、長らくそこで教鞭をとった。六三年には法政大学総長ともなった。

思想だけでなく文芸から美術、映画、政治など幅広く評論を行った。民藝運動への関わりや宮沢賢治の研究など、様々な方面で活躍をみせただけでなく、戦前の『思想』をはじめ、戦後の『世界』『心』『婦人公論』など複数の雑誌の編集や創立に関わることで、論壇に大きな影響力をもった。終戦後は帝室博物館の次長を務め、国立博物館への移管にも携わった。政治的には、象徴天皇制を擁護するなど保守の姿勢を貫いたことで知られている。晩年の『自伝抄』（中央公論社、一九八九年）は昭和文化史の貴重な資料である。

詩人の谷川俊太郎は長男であり、晩年には彼についても多く書き残している。

〈全集等〉『谷川徹三選集』全三巻（日本図書センター、一九九七年）
〈水先案内〉「谷川徹三を勉強する会」によって参考資料が数点、刊行されている。

『自伝抄』

（中公文庫、一九九二年）

最晩年の作品となる本書は、谷川が『日本経済新聞』に連載した「私の履歴書」（一九六七年）と、『読売新聞』に連載した「敗戦前後」（一九七九年）を中心として、後年『世界』に連載した「九十自叙」によって補充した、豊富な内容の自伝となっている。「私の履歴書」は前半生の自伝である。一高での青春時代の様子や、京都で学んだ時代の三木清や林達夫などとの交流などが語られるが、哲学徒であったとはいえ哲学の内容や西田幾多郎など哲学者の思い出はほとんど出てこない。代わりに、有島武郎や志賀直哉などの文人との思い出が多く語られている。また、京都から東京へ戻って以降の評論家および編集者としての文壇での活躍の様子や、法政大学での哲学教師としての生活について、さらには戦時中の海軍との関わりについてなど、興味深い記録が多くみられる。「敗戦前後」はそれに続く内容となっている。敗戦前の様子から説き起こし、終戦および日本再建へ向けてどのような動きがあったかを回想している。谷川の周辺の人々を中心に戦後結成された同心会の様子や、もとはその機関誌として企画された雑誌『世界』の刊行についてなど、戦後日本の言論空間が形成されていった経緯を知ることができる。

本書にはその他に、アーノルド・トインビーをめぐる論考や、長男俊太郎をめぐる回想も収められている。谷川の生涯を通じて現代日本文化史の一側面をみることができる。

『日本人のこころ』

（講談社学術文庫、一九七六年）

谷川の四〇代前半に書いた文章を収める本書は、一九三八年に初版が刊行されたが、戦後にも版を重ねて読み続けられた。現代日本の文化に対する考察を展開した評論を中心に編まれており、なかでも表題となった講演録は、日本に住む西洋人に対して日本人との文化的齟齬について説明する内容となっている。表面的な日本理解を掘り崩そうという谷川の意図が強く感じられ、日本文化に対するするどい批判も含んでいる。

執筆時の社会状況をよく示しているのは「文学と哲学」という一文である。抽象的な言論に長けた「哲学畑の人たちの執筆がめだつ」ようになったのは、「具体的にものの言えなくなっている」からだと指摘した上で、それでもなお、日本の哲学者は現実の生きた問題を十分に論じることができていないと谷川は指摘する。そして、「文化の諸分野の間の融通性」の少なさや「専門過重の風」を批判し、「一般文化水準を高める」必要性を説いている。

内容的には、当時の日本主義に対する批判が目を引く。特に「思想統制と風俗統制」という一文には、政治的圧力に屈しない谷川の抵抗精神がよく表れている。他にも、和語による豊富な語彙が職人の言葉に残されていることを述べる「刀剣用語」など、文化論として興味深い文章が多く収められている。すべて戦前に書かれた文章であるが、谷川による戦後の評論と比べても、今日の読者の心により響くものとなっている。

（朝倉友海）

辻潤《つじじゅん》 ダダイスト 一八八四〜一九四四

一八九五（明治二八）年に東京府開成尋常中学校に入学するが、生家の没落のため中退。労働の傍ら国民英学会、自由英学舎などで学ぶ。この時内村鑑三や幸徳秋水・北村透谷の著作に触れる。一九〇九年上野高等女学校の英語教師となり、翻訳なども手掛けるが、教え子の伊藤野枝との恋愛のために一二年に退職する。辻と伊藤は結婚し、長男をもうける（詩人・画家の辻まこと）。一四年にチェーザレ・ロンブローソの『天才論』を翻訳刊行。一六年に伊藤は辻と息子を残して大杉栄のもとへ出奔する。この伊藤の出奔と、後に大杉と伊藤らが殺害された甘粕事件（一九二三年）は、辻を放浪生活へ向かわせる一因となった。二一年にはマックス・シュティルナーの『唯一者とその所有』を完訳した『自我経』を刊行し、その後ダダイズムに接近。武林無想庵・谷崎潤一郎・高橋新吉らと交流する。二八年に読売新聞社第一回パリ文芸特置員としてパリに約一年間滞在した。その時の経験は『絶望の書』（万里閣書房、一九三〇年）にも収録されている。各地を放浪した末、四四年にアパートで餓死しているところを発見された。

〈全集等〉『辻潤全集』全八巻・別巻一（五月書房、一九八二年）
〈水先案内〉玉川信明『放浪のダダイスト辻潤』（社会評論社、二〇〇五年）

『絶望の書・ですぺら』（講談社文芸文庫、一九九九年）

人のために文章を書いた経験が殆どない、同時に自分が感じないことや考えないことを書いたこともない、と辻は「ものろぎや・そりてえる」で述べている。自分の「勝手気儘なこと」しか書けないというのだ。武田信明は「解説　めらんじゅ」において、辻の特性を、旺盛な読書に裏打ちされた文学的知識と柔軟な頭脳を持ちながら、生産効率の悪い物書きであったと述べている。そのため、辻のエッセイは、種々雑多な寄せ集めとなっていよう。

同書は、著作集『ですぺら』（新作社、一九二四年）『絶望の書』（万里閣書房、一九三〇年）を中心に、辻の第一作目の随想集『浮浪漫語』（下出書店、一九二二年）から餓死する直前に発表された「続水島流吉の覚書」まで二五編を含む。

「ダダの話」では、日本でダダイストという名乗りをあげたのが辻であること、ダダ芸術の見本としてイギリスのローレンス・スターン『トリストラム・シャンディ』や、ダダ派の詩人高橋新吉の詩を紹介する。ダダイスト、翻訳者としての手腕がみえる文章である。「ふもれすく」では辻が元妻の伊藤野枝のことを初めて記した。伊藤野枝との思い出を主軸に平塚らいてう『青鞜』や「新しい女」、大杉栄との出会いや甘粕事件を知った際の状況が記される。原稿の依頼は、伊藤野枝との「おもいで」という題であったが、「あまり書けなかった」ということ。その理由は、やはり、書く興味が起こらなかった、気が乗らなかったと記している。

『辻潤　孤独な旅人』

（五月書房、一九九六年）

本書は、玉川信明の編集により、三部に分類した辻潤の文章のほか、巻頭に「今、辻潤を読むこと」、巻末に「辻潤の本」「辻潤をモデルとした主な小説」「略年譜」「徹底個の自由人辻潤略伝」のリファレンスを置いた構成からなる。辻潤の概要について知ることのできる書となっている。玉川によれば、辻潤の文章は「各自が己れのなかの己れ自身の発見において社会をつくり変える要」があることを示すもので、辻を、人間心理の一切を自己凝視することによって虚無の状態に至ることを勧めたインドの宗教哲学者であるクリシュナムーティに喩える。ただ辻の場合は、その生涯を自我の虚妄であることを知ることに費やしてしまったのだという。

第一部「人生怠惰に過ごそう」に収録された「自分だけの世界」では、辻はスティルナーによって自分以外の一切の価値を認めないこと、自己の存在だけを肯定する態度が決まったと述べ、スティルナーの多大な影響がみえる。「天狗になった頃の話」は、辻が天狗になったと言って二階から飛び降りて入院し、退院後一カ月半を経た際の文章である。発病してから自分の見たヴィジョンが素晴らしかったと述べる。第二部「現実は妄想に過ぎない」に収録された「西洋から帰って」は、読売新聞特置員で洋行しても、自分は依然として「ダダイスト」と述べている。

（米村みゆき）

津田左右吉《つだそうきち》　歴史学者　一八七三〜一九六一

岐阜県の旧尾張藩士族の生まれ。講義録購読をきっかけに、一八九〇年、東京専門学校（のちの早稲田大学）邦語政治科に編入。在学中、国木田独歩らと文学雑誌を発行する。同校を優秀な成績で卒業したものの、職に恵まれず、地方の中学教員を転々とした。同僚や生徒とたびたび衝突し、最初の結婚にも失敗。煩悶を抱えながら学問の道に救いを求めた。一八九五年、白鳥庫吉と出会い、本格的に歴史研究を志す。満鉄の満鮮歴史地理調査部研究員を経て、一九一八年早大講師、二〇年同教授。この間、〇六年に教え子の高橋常子と再婚した。一三年、初の著書『神代史の新しい研究』（二松堂）を発刊。以後、『文学に現はれたる我が国民思想の研究』全四巻（洛陽堂、一九一六〜二一年）をはじめ、数多くの研究業績を発表した。

戦時期、津田の記紀研究は右翼の攻撃に遭い、一九四〇年、早大を辞職に追い込まれる。同年、出版法違反で起訴（四四年免訴）。戦後は名声を回復し、歴史学研究会会長や早大総長に選出されたが固辞した。研究に没頭するかたわら、天皇制擁護の論陣を張り、進歩派を批判した。四九年文化勲章受章、六一年朝日賞を受賞。

〈全集等〉『津田左右吉全集』全二八巻、別巻五、補巻二（岩波書店、一九六三〜八九年）

〈水先案内〉 今井修「解説」（『津田左右吉歴史論集』岩波文庫、二〇〇六年）

『津田左右吉歴史論集』

（岩波文庫、二〇〇六年）

津田左右吉の業績の中から、歴史（学）論、研究方法論、同時代思潮批判等に関する代表的論説を抜粋した論集。冒頭に回顧録「学究生活五十年」を収録し、以下、時代順に四章構成で津田史学の思想的背景と展開過程を追っている。

津田のライフワークといえば「国民思想」の史的研究であり、名高い記紀研究もその一環に位置づけられる。一九一〇年代半ばに記された芸術をテーマとするいくつかの論説には、「国民性」の動態的把握、それを作品の中に読み取る方法といった、「国民思想」史を支える着想がわかりやすく語られている。

一九三〇年代、津田の研究は充実期を迎えるが、独善的な「日本精神」論を批判しつつも、日本史とヨーロッパ史の共通性、「支那思想」への否定的評価、「東洋史」の不可能性といった、今日まで議論を呼び続ける主張が、顕著に打ち出されてくるのもこの時期である。

戦後、津田は学問弾圧の犠牲者としてのイメージを裏切るかのように、皇室擁護の論陣を張る。この津田の姿勢は一部で転向とも評されたが、本書の関連論稿を読めば、その主張は、戦前、テクスト分析に徹し、「上代史そのもの」に踏み込むことを禁欲していた津田が、「科学的」方法に則りつつ、初めて表明した天皇制に対する歴史的評価だったことがわかる。今日まで積み残された津田史学をめぐる問題の核心が、本書を通じて浮かび上がる。

『古事記及び日本書紀の研究 完全版』

（毎日ワンズ、二〇二〇年）

本書の底本は、一九二四年、『古事記及日本書紀の新研究』（一九一九年）の改訂版として発刊されたもの。その後、さらに著者自身の補訂と改編を加え『全集』第一巻に収録された。『全集』では『日本古典の研究』として再編されたことからもわかるように、本書の主たる目的は日本古代史研究の前提となるべき、テクストクリティーク、すなわち、記紀の記述が何を伝えているかを見極め、その資料的価値を確定することにあった。

厳密な分析を経て津田がたどり着いた結論は、記紀から導き出せるのは、民族の起源や由来についての歴史的事実ではなく、記紀編纂当時の支配層の政治観や国家観、「そういう人々の思想に存在している国家形態の精神」だということである。本書が取り上げる記紀の記述は「歴史ではなくして物語である」と津田はいう。しかし、その「物語」には、記紀を編纂した人々の「思想史上の事実、もしくは心理上の事実」が表現されているのであり、そこに記紀の「無上の価値」があるともいう。

本書で津田は記紀神話の存在や天皇制について、否定的な価値判断を下したわけではない。しかし、戦時期の情勢は記紀神話に学問のメスを入れること自体を認めなかった。一九四〇年、民間右翼の扇動に端を発した出版法違反事件により、津田は早大を辞任に追い込まれ、日本の敗戦に至るまで、事実上、社会的生命を失うことになったのである。

（廣木 尚）

中井正一《なかいまさかず》
美学者｜一九〇〇～一九五二

大阪に生まれ、広島で育つ。第三高等学校から京都帝国大学文学部哲学科へと進み、美学を志して、深田康算《やすかず》・九鬼周造らのもとで学んだ。大学院では、滝川事件の処分に反対する活動にもかかわった。一九三五年には京都帝国大学文学部講師となり、翌年には、広く知られることになる論文「委員会の論理」を発表した。

美術雑誌『美・批評』（後に『世界文化』となる）や隔週刊新聞『土曜日』の中心メンバーとして、芸術論を中心としつつも、国際的な反ファシズム文化運動の紹介など左翼的文化活動を展開した。そのため、一九三七年には治安維持法違反の疑いで検挙されることとなった。有罪判決を受け、保護観察のもとに長らく自宅蟄居の生活を強いられた。

一九四五年には疎開先の尾道で市立図書館の館長となり、地方からの民衆文化の再生を志すこととなった。四七年には広島県知事選に立候補したが、落選する。翌年には国立国会図書館の副館長に就任して、図書館を通じた文化復興に尽力した。その早すぎる死の前年に、代表作の一つとなった『美学入門』（河出書房、一九五一年）を刊行した。

〈全集等〉『中井正一全集』全四巻（美術出版社、一九六四年）

〈水先案内〉木下長宏『中井正一――新しい「美学」の試み』（平凡社ライブラリー、二〇〇二年）

『日本の美』　（中公文庫、二〇一九年）

本書は最晩年にラジオ放送された「日本の美」と、初期の論考からなる「近代美の研究」によって構成されている。前半の「日本の美」は、西洋に対する東洋の美の中でも、まずは中国と日本の違いから説き起こしている。中国の美には北方と南方の違いがあり、南方には「自由へのもがきの芸術」が見られる。後者こそが日本の美に近いと、東洋文化をめぐる広い視野によって中井は指摘している。続けて文学・美術・音楽・舞台芸術のそれぞれについて、日本文化の特徴を考察している。燦爛の美と同時に渋味の美を探究することと、清らかさと「軽み」に美しさを見出すことが、その特徴であると中井は論じている。

後半の「近代美の研究」は、主に一九三〇年代前半に書かれた芸術論を収録している。中心となるのは「現代における美の諸性格」という少々生硬な文体の論文である。現代の美の性格とその推移を、社会や文化の変化との関係において論じるもので、深田康算や九鬼周造のほか、ハイデガー哲学やマルクス主義の影響が顕著に見られる。続く「機械美の構造」「スポーツ気分の構造」では、近代的な思潮の関数的概念への進展が美にもたらした変化として機械美があることや、個人的なるものより集団的なるものへの推移がスポーツ文化に反映されていることなどが考察されている。ここで論じられていることの多くは、後の『美学入門』での独自の美学史にも色濃く反映されている。

『美学入門』

（中公文庫、二〇一〇年）

中井の最晩年の著作である本書は、美について様々な角度から論じる特異な入門書となっている。第一部「美学とは」は、美とは何か、芸術とは何か、といった美学の基礎となる問いについての、平易な文体による論考となっている。基本にあるのは、芸術とは真に生きること、本当の自分に出会うことである、という考え方である。

真に生きるには自らによる訓練が必要であるだけでなく、生きる環境のあり方とも関係している。驚くべき世の愚劣さに驚嘆し嘆くとき、論理の通らない圧力による苦しみの中にあるとき、私たちは本当の自分を見出す。愚劣なる自分自身に出会うときもまた、驚きの中で芸術は出現する。こうした考察には、戦時中の切実な体験が映し出されている。

第二部「美学の歴史」は、右のような美の理解に立って、古代から現代にいたるまでの芸術観の変遷について論じている。古代的な模倣としての芸術観から近代的な表現としての芸術観への移行がもつ意味や、知情意の三分説がどのように社会的変化に裏付けられているかなど、美学の範囲を超えた独自の思想史・哲学史となっている。

社会的変化に着目した分析の中でも特に目を引くのは、アメリカの哲学がもつ先進性の指摘である。また、現代の芸術の典型として映画をめぐる考察を展開しているのも本書の特徴である。中井は映画による表象に現代を読み解く鍵を見ていた。

（朝倉友海）

林達夫《はやしたつお》　編集者・歴史家　一八九六〜一九八四

戦前・戦後を生きた孤高の思想家である。外交官の長男として東京府に生まれる。父とともに一八九八年から一九〇二年までアメリカ・シアトルに暮らす。帰国後、福井師範学校付属小学校と京都市立錦林小学校、京都府立第一中学校を経て、第一高等学校に進学するも中退。一九年京都帝国大学文学部哲学科（選科）に入学し、宗教学波多野精一、美学深田康算に学ぶ。二二年大学修了直前に高瀬三郎の五女芳と結婚し、和辻哲郎とは義兄弟となる。二七年から和辻を中心に、大学時代の親友谷川徹三や三木清と、岩波書店の雑誌『思想』の編集委員を務める。また「岩波講座世界思潮」や「日本資本主義発達史講座」などの編集にも関与。
さらに「ソヴェートの友の会」出版部長に就き、東方社理事となり陸軍の宣伝誌『FRONT』を編集。戦後は角川書店、中央公論社、平凡社に招聘され、雑誌『表現』や『児童百科事典』『世界大百科事典』などの編集に携わる。留学せずしてキリスト教文化史を研究し、碩学の「洋学派」と目された。言論人としては寡筆と自由主義を貫き、ひとたび筆を執れば修辞を駆使して、世の大勢たる「正論」に異論を提示した。一九七三年度朝日賞を受賞。

〈全集等〉『林達夫著作集』全六巻・別巻一（平凡社、一九七一〜八七年）
〈水先案内〉久野収編『回想の林達夫』（日本エディタースクール出版部、一九九二年）

『思想のドラマトゥルギー』

（久野収との共著、平凡社ライブラリー、一九九三年）

自らの思想的遍歴を語った対談である。『林達夫著作集』刊行を機に、編集委員を務めた久野を相手に、自由かつ率直に、生い立ちから一九七〇年代初めまでを語り、大幅に筆を加えた。五回、二〇時間に及ぶ対談は、林が接したり読んだりした六〇〇〇人と、書物や作品五〇〇点に触れる。まさしく「饗宴」を繰り広げるが、「知」ばかりではなく「痴」にも「稚」にもわたる好奇心が羽ばたく。そこには、目くるめくほどの絢爛たる「知の世界」が拡がる。

しかし、見逃してならないことは、ひっそりと置かれる「聖フランチェスコ周辺」の一章だろう。関東大震災で被災し、しばらく炭置小屋で暮らしたとき、林は毎晩のようにサバティエの『アッシジの聖フランチェスコ』を読み、かつ癒される。その半世紀後に留学経験をもたない林が七〇歳を超えて初めてヨーロッパに行き、アッシジを訪れ興奮の余り眠れぬ夜を過ごし「僕の感情旅行《センチメンタルジャーニー》だ」と表現した。この二つのことは「聖」なるものに惹かれる林の心性を物語る。それゆえに林は、戦中ひそかに切支丹《キリシタン》研究に勤しみ、人格高潔な野呂栄太郎を敬し、「共産主義的人間」ではボス型政治家よりも聖者型政治家への共感を語った。

つとに「書かない人」で知られる林が生涯に著した文章は四〇〇〇枚に満たず、「私事は語らない」ことを護りぬき、かつ林の研究書は少ない。対談といえども本書は林を知るには必要不可欠な入門書である。生来の多弁を抑えて、聞き役に徹した久野の姿勢も称賛に値する。

『歴史の暮方』

（中公文庫、一九七六年）

雑誌『思想』の編集委員を務めたとき、寄せられる原稿のあまりの硬さに閉口して、林は「思想の文学的形態」を主張した。そういう林は書名の付け方も巧みである。いわく『思想の運命』（岩波書店、一九三九年）、いわく『歴史の暮方《くれかた》』（筑摩書房、一九四六年）。太平洋戦争を挟んでその前後に刊行された二書は、林の代表作といってよい。その一書『歴史の暮方』初版本には二五本の論考が収められるが、そのほとんどは一九三九年から四一年にかけて書かれたものである。四一年から四五年までは「拉芬陀《ラベンダ》」一篇しか公にしなかった。

「絶望の唄を歌ふのはまだ早い、と人は云ふかも知れない。しかし、私はもう三年も五年も前から何の明るい前途の曙光さへ認めることができない」でいた林は、近隣の人《ひと》と「鶏を飼ふ」ことで帝国の作り出した食料不足に抵抗し、「幾坪かの畑に蔬菜を作ると共に、庭前の一本《もと》の薔薇の木にせめて少しばかりの花を咲かせたい自由を確保しよう」と努めた。世には「新体制」の掛け声が喧しく「観念的兇器をふりかざして大道を濶歩する思想的テロリストや、そのあとに随ひて廻る得体の知れぬ「護符」の押売り屋」が横行していた。そういう時代に林は、修辞を用いて「声低く語った」。敗戦後「新しい時代の夜明け」が声高に唱えられるなか、迫りくる黄昏に飛ぶ「ミネルヴァの梟《ふくろう》」を自著の表紙にあしらった。今読めば本書は「なかなか伝説どころの話ではないのだ」（A・ランボー「歴史の暮方」）と実感させられる。（鷲巣力）

三木清《みききよし》　哲学者　一八九七～一九四五

一八九七年、兵庫県生まれ。一高在学時に西田幾多郎の『善の研究』に感銘を受け、京大に進学することを決心する。一九一七年、京都帝国大学文学部哲学科に入学。岩波茂雄の援助により、二二年からドイツに留学。マールブルクで出会ったハイデガーからの強い影響の下に『パンセ』の研究に打ち込む。二五年に帰国。京大でポストを得ることは叶わず、二七年法政大学に赴任。この頃より、人間学を基礎とした独自のマルクス解釈を展開し始め、大きな反響を得る。『唯物史観と現代の意識』を二八年に刊行。三〇年に日本共産党への資金援助の嫌疑で検挙・拘留される。法政大学での職を辞し、以後在野の哲学者として精力的に活動する。三〇年代以降の代表的著作としては、『歴史哲学』（一九三二年）、『構想力の論理第一』（一九三九年）、『人生論ノート』（一九四一年）がある。三六年に結成された近衛文麿の政策集団「昭和研究会」に参加。四二年一月陸軍に徴用され、マニラに赴任（同年一二月に帰国）。四五年六月一二日、治安維持法の容疑者をかくまった容疑により逮捕される。同年九月二六日、豊多摩拘置所で疥癬の悪化により獄死。

〈全集等〉『三木清全集』全一九巻（岩波書店、一九六六～六八年）

〈水先案内〉田中久文・藤田正勝・室井美千博編『再考　三木清――現代への問いとして』（昭和堂、二〇一九年）

『パスカルに於ける人間の研究』（岩波文庫、一九八〇年）

三木がこの書で目指したのは、パスカルの人間学《アントロポロジー》を捉えることであった。それは、人間の「存在の仕方」を理解する学であり、その意味で『パンセ』は「生の存在論」として読まれることになる。

人間存在の本質的規定は「中間者」であると三木は言う。パスカルが、人間を無限に対しては虚無であり、虚無に対しては全体であると述べたのをふまえてのことである。しかし、中間的とは均衡的ということではない。むしろ、人間的生は絶えざる「動性」のうちにある。「不安定さ」、それを覆い隠すものとしての「慰戯」、そしてそれによる世界への堕落を断ち切るものとしての「自覚的意識」、これら三つが人間の「動性」の規定である。

この三つ目の契機はパスカルの有名な人間の「悲惨さ」と「偉大さ」の議論に関係している。自らの「悲惨さ」をそれとして知る人間の自覚の働きは、人間が単なる自然的・身体的存在を超えた、精神的存在であることを証拠立てる。そこに人間の「偉大さ」がある。しかし、その「偉大さ」は人間に己の「悲惨さ」を容赦なく突きつける。その意味で、人間の本質的規定は矛盾的存在であると三木は述べる。この矛盾の解決の方途は、身体と精神をも超えた第三の秩序たる「慈悲」、すなわち宗教において見出される。その意味で、生の内在的自己解釈は超越と関係することではじめて完成されると三木は考える。

『人生論ノート 他二編』

（角川ソフィア文庫、二〇一七年）

西田幾多郎の『善の研究』（一九一一年）と並んで、戦前・戦後を通して最もよく読まれた近代日本哲学の一冊であろう。『人生論ノート』は、基本的に雑誌『文学界』に一九三八年六月以降掲載されたエッセーをまとめたもので、初版は四一年六月である。

『善の研究』のタイトルの由来を「人生の問題が中心であり、終結である」からと説明したのが、三木が敬愛する西田であった。その「人生」を表題に据えた、愛弟子・三木は、師以上に「人生」について細やかな眼差しを備えている。死や懐疑といった伝統的問題だけではなく、虚栄、嫉妬、成功、噂、健康など、人間の日常的生に密着したテーマが取り上げられている。しかも、一文一文が含蓄に富んでいる。曰く、「幸福についてほんとに考えることを知らない近代人は娯楽について考える」、「孤独は山になく、街にある」。

しかし、三木が披瀝するのは、断片的な格言ではない。エッセーという性格上議論に飛躍はあるものの、いずれも三木の思想に裏打ちされた言葉である。虚無を人間の条件と考える立場は『パスカル』以来の三木の人間観であるし、人間を小説的《フィクショナル》動物と定義する発想は、当時三木が取り組んでいた構想力（想像力）の問題と密接に関わっている。同時に、伝統の問題を死者の生命の問題として捉え、倫理学における幸福の復権を唱えるところに、現在の死者論や徳倫理学とも響き合う三木の洞察の現代性が窺える。

（竹花洋佑）

南方熊楠《みなかたくまぐす》　博物学者　一八六七〜一九四一

和歌山生まれ。実家は熊楠の幼少時、金融や酒造業で財を成した。少年期から『和漢三才図会』を筆写するなどして百科全書的な知識を積む。上京して大学予備門に入るも、授業そっちのけで図書館通いや考古遺物・動植鉱物の採集に熱中し退学。一八八六年に渡米した。在米中は拠点を頻繁に変えながらフロリダ、キューバ等で生物採集を行い、九二年に渡英すると、今度は大英博物館を中心に文献の筆写・研究に打ち込んだ。科学誌『ネイチャー』等の常連寄稿者となり、亡命中の孫文とも親交を結んだ。その後、喧嘩沙汰を起こし大英博物館から追放。一九〇〇年に帰国した。

帰国後は特定の研究機関や学会に属さず、故郷和歌山を拠点に生物調査や民俗研究に没頭。その過程で近代科学思想を乗り越える壮大な思想体系を打ち立てた。政府が進める神社合祀政策に「エコロジー」の観点から激しく反対。逮捕拘留も経験する。この頃、柳田國男と知り合い、学問的交流をもった。二九年には、和歌山を訪れた昭和天皇に進講、粘菌標本を進献している。博覧強記でありながら内気で大酒飲み。その人柄から多くの逸話を残した。

〈全集等〉『南方熊楠全集』全一〇巻、別巻二（平凡社、一九七一〜七五年）

〈水先案内〉 唐澤太輔『南方熊楠——日本人の可能性の極限』（中公新書、二〇一五年）

『十二支考』上・下　（岩波文庫、一九九四年）

イギリスから帰国後、定職につくことのなかった南方熊楠にとって、実家を継いだ弟・常楠からの仕送りと、不定期の原稿料が主な収入源だった。一九一四年、熊楠は博文館発行の大手総合誌『太陽』に「虎に関する史話と伝説民俗」を掲載する。『太陽』の原稿料は他誌に比べかなりの高額で、貴重な収入源となった。以後、二三年まで、熊楠は毎年の干支に因んだ論稿を数回ずつ連載した。その集成が本書である。

取り上げられている動物は十二支だけではない。猫や鹿、ライオン、狼等々、熊楠は古今東西の文献をもとに、名前の由来から伝説や史話、民俗や生態に至るまで、様々な事例に目配りしながら、独自の思考を展開してみせた。

中国の伝説を引き、柳田國男の説を紹介したかと思えば、突然、「プリニウス言う」などときて、読者は熊楠の型破りの知性を見せつけられることになる。その書きぶりは良くいえば自由、悪くいえば一貫性に欠けるが、テーマに具体性がある分、読みやすい。

連載は「猪」まで進んだところで関東大震災が発生し、『太陽』が編集方針を変えたため、「鼠」の話は他誌に掲載された。「牛」の話は結局書かれなかった。とはいえ、その博覧強記ぶりがいかんなく発揮された本書は、内容の親しみやすさもあいまって、未完ながら熊楠の代表作となった。

『南方マンダラ』

（河出文庫、二〇一五年）

　南方熊楠が筆書きした曲線と直線が幾重にも交差する奇怪な図形を、「南方曼荼羅」と名付けたのは仏教学者・中村元である。一八九三年、滞英中の熊楠は、福澤諭吉門下の真言僧侶・土宜《どき》法龍と出会う。自己の思想を語るべき相手をみいだした熊楠は、以後、長大な書簡を認《したた》めては土宜に送り、その交流の中で先の図に結実する思想を鍛え上げていった。本書に収められているのは、二〇代後半から三〇代後半の熊楠が、ロンドンから熊野の山中へと拠点を移しながら土宜に宛てた思考の軌跡である。

　熊楠は、仏教の思想を借りながら、存在世界を「大日如来の大不思議」を根源とし、「理不思議」「事不思議」「心不思議」「物不思議」という諸不思議がおりなす重層構造として捉えた。「大日如来の大不思議」はまさしく人智を超えた領域であり、人間は到達できないのだが、可知の領域からこの構造を遡ることで、そこに近づくことはできる。

　ただし、諸不思議は相互に絡み合いながら全体運動を続けており、「物」や「心」だけを切り取る科学的方法では把握できない。熊楠は、この運動を捉えるには「物」と「心」が交わって「事」が生じる「萃点」を捉え、そこから思考を進めるのが肝要だとした。「南方曼荼羅」は、この認識方法の要点を説明したものである。顕界と幽界が交錯する熊野の山中で研ぎ澄まされた、熊楠の思考の到達点がここに記されている。

（廣木 尚）

美濃部達吉《みのべたつきち》 法学者 一八七三〜一九四八

一八七三年、兵庫県に生まれる。九七年、東京帝国大学法科大学卒業。内務省勤務を経てヨーロッパに留学。帰国した一九〇二年に東京帝大の教授となる。初めは比較法制史、後に行政法を担当。一二年に『憲法講話』出版。それと前後して、東京帝大憲法講座の担当であった上杉慎吉と「天皇機関説論争」と呼ばれる議論を交わす。その結果、美濃部の論は学界や知識人の間で広く支持されるようになった。二〇年、東京帝大で憲法第二講座も担当するようになる。法制審議会委員などに加わり、立法にも関与。政治評論なども積極的に発表する。三二年からは貴族院勅選議員を務め、三四年に東京帝大を退官。三五年、貴族院で議員の菊池武夫が美濃部の天皇機関説を批判。美濃部は反論を行うが、「国体明徴」を唱える右翼団体などを巻きこんで機関説批判は社会問題化。美濃部の著書三冊は発禁処分となり、自身も議員を辞任することとなった。また、この「天皇機関説事件」が起こった翌年には狙撃され、重傷を負う。四五年、第二次世界大戦が終戦を迎えると、憲法問題調査委員会顧問、枢密顧問官として憲法改正の審議に加わる。四八年、死去。

〈全集等〉『美濃部達吉論文集』全四巻（日本評論社、一九三四〜三五年）
〈水先案内〉家永三郎『美濃部達吉の思想史的研究』（岩波書店、一九六四年）

『憲法講話』

（岩波文庫、二〇一八年）

一九一一年の夏、美濃部は師範学校や中学校の教員向けに憲法についての講義を行うよう文部省から依頼を受けた。これを受けて行われた一〇回の講義を一冊にまとめ、一二年に出版したのが、『憲法講話』である。平易な語り口で分かりやすすく憲法を解説するこの本は、今であれば「入門書」と位置付けられそうな親しみやすさがある。しかしざっくばらんさの中に美濃部の率直な考えが表れている箇所も多く、美濃部の思想を知る手がかりを得るには最適の一冊と言えるだろう。

本書はまた、美濃部が体系的に憲法を論じた初の著作であるという点でも注目に値する。約二〇年後の天皇機関説事件で批判を浴びる天皇機関説も、既に本書で明晰に論じられている。統治権の主体は国家にあるとする国家主権説の立場に、美濃部は立つ。その上で、天皇を国家の最高機関と位置付けていた。これは当時、東京帝大で憲法の講座を担当していた穂積八束・上杉慎吉の唱える天皇主権説（統治権の主体は天皇にあるとする論）と対立するものである。そのため、この本の出版と前後して、美濃部と上杉の間で激しい論争が起こった。結果として、支持を集めた美濃部の論が学界で広く受け入れられることとなったのである。

この本では他に政党内閣や普通選挙の重要性についても論じられている。これは大正デモクラシーの中で美濃部が果たした積極的役割を考える際にも、重要な手がかりとなるだろう。

『憲法撮要』

（有斐閣、一九二三年）

一九二〇年、東京帝大法科の講座増設により、美濃部は憲法第二講座を担当することとなった。このため授業で使う教科書が必要となり、執筆されたのが『憲法撮要』である。この本は二三年に出版された後も改訂を加えながら、幾度も版を重ねた。美濃部の著作の中では最も広く読まれたとも言われ、代表作として名があげられることも多い。

法科の大学生が読者として想定されている本書は、『憲法講話』よりも広範かつ専門的な内容を扱っている。しかし注目されることが多いのは、やはり天皇の役割について論じた箇所だろう。天皇は他とは異なる大権を有するが、それは無制限に行使され得るものではない。また、帝国議会は天皇の機関ではなく、国家の機関である。このように述べることで、美濃部は統治権の主体を天皇にあるとする天皇主権論を、様々な方向から牽制しようとしていた。

美濃部のこの論が注目されるのは、天皇機関説事件と呼ばれる問題が後に起こったためである。一九三五年、天皇を機関とみなすことが天皇への不敬にあたるという批判が貴族院でなされ、社会問題化した。結果、『憲法撮要』を含む美濃部の著作三冊は発売禁止となり、貴族院議員辞任を余儀なくされる。学界で広く支持されていた論が、政治的な圧力によって抹殺されたこの事件は、日本の歴史にとっても重要な転換点となった。そして皮肉なことに、美濃部の名もこの事件と共に歴史に刻まれることになったのである。

（佐藤美奈子）

諸橋轍次《もろはしてつじ》

漢字研究者　一八八三〜一九八二

一八八三（明治一六）年、現在の新潟県三条市に生まれる。一九〇八年、東京高等師範学校を卒業後は、漢学の教員として同校に着任。その後も國學院大學文学部教授、都留文科短期大学学長（在任中に四年制大学への移行がなされ、その初代学長）などを歴任、漢学・儒学の研究と教育に邁進する。また、現上皇陛下の皇太子時代には六年間、東宮職御用掛として漢学を進講した。

一九二五年、大修館書店創業者の鈴木一平より漢和辞典制作の構想を持ちかけられる。以降、多くの弟子たちとともに編纂に着手、空襲で活字原版の全てを焼失する、過労で右目を失明するなどの苦難を乗り越えて、六〇年、『大漢和辞典』全一三巻を完成させる。見出し字五万余、熟語五三万余を収載した『大漢和辞典』は、その後も修訂を重ね、刊行され続けた。

これまでの功績を称えられ、一九六五年に文化勲章、さらに七六年には勲一等瑞宝章を受章した。

〈全集等〉『諸橋轍次著作集』全一〇巻（大修館書店、一九七五〜七七年）

〈水先案内〉原田種成『漢文のすすめ』（新潮選書、一九九二年）

『荘子物語』（講談社学術文庫、一九八八年）

人物紹介の項でも触れたように、諸橋轍次は秀でた研究者であると同時に、多数の弟子たちを育成し、また世に漢学の重要性を説き続けた、優れた啓蒙家・教育者でもあった。およそ、諸橋の一般向けの著作には、ジャーゴンを駆使し難解な問題を咀嚼せずに論じてしまう、凡庸な専門家が陥りがちな筆致は見当たらない。漢学という、膨大な古典籍と先行研究とを有する大海のような学問分野を、穏やかな語り口で優しく教え導いてくれる。

この『荘子物語』は、もともと二年以上にわたって仏教雑誌『大法輪』に連載されていた文章を、まとめたものである。寓言を巧みに操り深遠な思想で読む者を幻惑する『荘子』を極めて丁寧に解説したもので、老荘思想に明るくない初学者でも、抵抗なく読み進めることができる。

形而上学的な展開を極力避け、例えば「こういうことは実際あることでありまして、私自身も経験したのであります」のように、私的な見解を随筆的に織り交ぜながら、です・ます調で語っていく。したがって、標題の「物語」というのは荘周伝の一代記ということではなく、『荘子』に関する広範な内容を、肩肘張らず雑多にまとめたのだというニュアンスを伝えるものであり、そして何より諸橋によって話芸の如き平易な語り口で書かれたことを示すものといえよう。

『孔子・老子・釈迦「三聖会談」』

（講談社学術文庫、一九八二年）

タイトルが示す通り、東洋が生んだ三人の聖人が集まって会談するという架空の設定で書かれた、儒仏道三教の解説書。諸橋自身（尚由子）が司会を務め、第一章では尚由子と弟子たちによる会場の選定の様子が描かれるなど、遊び心に富んだ戯曲的な著作であり、『荘子物語』と同様、一般の人々にも東洋の伝統的思想をわかりやすく学んでもらおうという、諸橋の思惑が看取される。

戯曲的な構成によって上記三教の教えを説こうとする意匠は、空海の『三教指帰』にも見られるが、序文を読む限り、諸橋はこの着想のヒントを画僧如拙の筆になる「三教図」より得たという。そのためか、会談の過程で論難・論破がなされ、特定の思想（仏教）の優越が謳われる『三教指帰』のような展開にはなっていない。司会者が質問し、個々の聖人がそれに答えるという型が基本で、三聖人同士が互いに激しく議論し合う場面は予想以上に少なく、あくまで個々の思想の長所・特徴を引き出すことに重きが置かれている。

最終章では孔子の「仁」、老子の「慈」、釈尊の「慈悲」というそれぞれの教えについて、「仁」に種子の意が、「慈」には繁茂の意があることに触れ、三教の思想の根幹に、育っていく草木の観察があった可能性に言及する。さらに対照的に、近代西洋の進化論が動物の観察から生まれたと述べ、三教の東洋思想としての共通性を強調する発想が興味深い。（中野貴文）

保田與重郎《やすだよじゅうろう》

文芸評論家　一九一〇〜一九八一

大和王権と深いかかわりをもち、三輪山など『万葉集』の古歌にも多くその名を残す、奈良の桜井に生まれ育つ。一九二八（昭和三）年、大阪高等学校文科乙類に入学、学芸部の発行する『校友会雑誌』に「世阿弥の芸術思想」「室生寺の弥勒菩薩像」等を発表する。三一年、東京帝国大学文学部美学美術史学科に入学、翌年には大阪高校の同窓生らと文芸同人誌『コギト』を創刊。三四年帝大を卒業、卒業論文はドイツロマン派の「ヘルダーリン論」であった。翌年三月、亀井勝一郎らと『日本浪曼派』を発刊、「イロニー」をうたい、近代知批判と日本古典称揚を軸とした同誌の存在は、三年後の廃刊まで文学界に大きな影響を与えるとともに、民族主義的ナショナリズムを刺激することになる。

以降、『日本の橋』（芝書店、一九三六年）、『戴冠詩人の御一人者』（東京堂、一九三八年）等を次々と刊行、日本武尊や大津皇子といった敗者たちを俎上に載せ、さらに後鳥羽院から隠遁詩人へと至る流れの中に日本文学史の根幹を見出していく。敗戦後の一九四八年、戦争責任を問われ公職追放となるも、翌年には『祖国』を創刊するなど、亡くなる直前まで執筆活動を続けた。

〈全集等〉『保田與重郎全集』全四〇巻（講談社、一九八五〜八九年）

〈水先案内〉前田雅之『保田與重郎――近代・古典・日本』（勉誠出版、二〇一七年）

『保田與重郎文芸論集』（講談社文芸文庫、一九九九年）

編者であるドイツ文学者川村二郎が、『日本の橋』『戴冠詩人の御一人者』、『後鳥羽院』（思潮社、一九三九年）の中から保田の評論八篇を選び取ったもの。「誰ヶ袖屏風」は『日本の橋』の巻頭に据えられた一篇、桃山から元禄にかけての美術におおらかな豪奢、素直なまでの贅沢を認め、その達成として、脱ぎ捨てられた女装の華やかさを描いた屛風を賛美する。

一方『日本の橋』の掉尾を飾る卓論「木曾冠者」は、木曾義仲を後鳥羽院らと同様に、悲劇的で偉大な敗北者と位置づけ、彼を軸に『平家物語』の文学的特質を闡明《せんめい》しようとする。保田にとって『平家物語』は時代の不安を形象したものであり、「虚ろな諦観を、底知れぬ不安の中に描い」た作品であるという。それは後に橋川文三の『日本浪曼派批判序説』（未來社、一九六〇年）において、絶望的な諦観に貫かれているとも評された保田自身の作風と、相通ずるものでもあったろう。

また「木曾冠者」では、『平家物語』中にはほとんど登場しないにもかかわらず、幾度か後鳥羽院の名があげられている。この院を、古代の詩的精神を集約しさらに後代へとつなげた、日本文学史上最も重要な存在と見る保田の文学史観が、ここでも明確に提示されている。なお大戦後、保田は義仲を供養した義仲寺の再建に尽力した。没後は分骨され、彼の魂は今も同寺に眠っている。

『日本の橋』

（講談社学術文庫、一九九〇年）

一九三六年に『文学界』一〇月号に掲載された「日本の橋」は、保田の論考の中でも、最も知られたものの一つであろう。この論をはじめとする幾つかによって、保田は翌年、第一回池谷信三郎賞を受賞、萩原朔太郎は同論を称賛し、「保田君のやうな人が現はれたのは、日本文壇の一奇蹟である」とまで述べた。

「日本の橋」は、西洋の橋に人工的・征服的な性格を認める一方、日本の橋に見た目は貧弱であっても、あえかな「自然なものの延長」といった性格を見出そうする。これだけなら、ステレオタイプな東西文明比較論にも見えるが、保田はさらに日本語の「はし」が「橋」でもあり「端」でもあり、また「箸」や「梯」でもあることを指摘した上で、そこから日本の古典文学を縦横無尽に繋いでみせるのみならず、今の世にある橋にも日本古来の自然観の発露を指摘していく。如上、古典と今の世とを軽々と、まさに「架橋」してしまうことこそ、保田の文体の不思議な魅力であり、同時に危険性でもあったと言えよう。

同論は最後、名古屋は熱田を流れる精進川にかつて架けられていたという、裁断橋の擬宝珠の銘文について触れて筆が措かれる。なお同橋については、大阪高等学校の在籍時にも「裁断橋擬宝珠銘のこと」という題で小論をものしており、保田の偏愛ぶりがうかがわれる。

（中野貴文）

矢内原忠雄《やないはらただお》

経済学者

一八九三〜一九六一

一九一〇（明治四三）年旧制第一高等学校法科に入学。同校の校長でもあった内村鑑三の聖書研究集会への入門が矢内原の無教会主義キリスト者としての出発点となった。東京帝国大学法科大学政治学科を卒業後、住友総本店・別子鉱業所での勤務を経て二〇（大正九）年東京帝国大学経済学部助教授に、欧米留学を経た二三年には同学教授に就任する。

在学中から進めた植民地政策研究の分野では一九二六年の『植民及植民政策』（有斐閣）、二九（昭和四）年の『帝国主義下の台湾』（岩波書店）などの著作を通し社会的・経済的活動に着目した新たな植民・植民地政策観を創出した。しかしその後非常時を迎える中、矢内原の思想や講義も批判され、三七年に東京帝大を辞職することとなる（矢内原事件）が、個人雑誌『嘉信』などを通しキリスト教講義を続け戦時下に自己の信仰を貫く。

敗戦後はキリスト教と聖書の知識と真理を日本に広めるべく、一九四八年の『イエス伝――マルコ伝による』（角川書店）、五二年の『キリスト教入門』（同）などの著作を執筆。さらに戦後東大に復職し、五一年から退官までの六年間は同学の総長も務めた。

〈全集等〉『矢内原忠雄全集』全二九巻（岩波書店、一九六三〜六五年）
〈水先案内〉古賀敬太『矢内原忠雄とその時代――信仰と政治のはざまで』（風行社、二〇二一年）

『イエス伝――マルコ伝による』（中公文庫、二〇一九年）

一九三七年「矢内原事件」で東大を辞した後、逼塞状態にありながらも自宅で聖書講義を続けてきた矢内原ではあったが、その中でも新約聖書「マルコ伝」に関する講義をまとめ、戦時下の四〇年六月に『イエス伝講話』として自費出版（嘉信文庫）で刊行している。同書を角川書店の求めに応じて戦後に再刊したものが本書となっている。

同書「序」で矢内原は「日本を戦争と敗戦に導いた大きい原因の一つ」として、明治維新以来「政府と国民がキリスト教に対して取った無理解・傲慢の態度」があると述べている。そして戦後の日本国民が「真に民主主義的な、平和愛好国民」となって、混迷の時勢の中で「自由と希望の「生きる道」」を見出すためには、キリスト教の知識と信仰が必要だと説く。同書はその「知識と信仰」の基盤となる真理を記した聖書を、「日本人の書」となすことを願う立場から執筆したものであると、矢内原は同書の再刊にあたって語っている。

中公文庫版本書には「キリスト教早わかり」が付属している。同文は一九四六年に非売品として発行（嘉信社）され、四九年に『キリストの生涯　附キリスト教早わかり』として再刊（日東出版社）された。同文の「あとがき」でも矢内原は「文化国民」の教養として、また「世界の平和・人類の福祉」へと寄与する上でもキリスト教の知識が日本人に必要だと述べている。言わば本書は矢内原の一貫したキリスト教観を体現する一冊であろう。

『キリスト教入門』

（中公文庫、二〇一二年）

本書は、矢内原が戦後に角川書店の求めに応じて新たに書き下ろした「キリスト教入門」の第三章以下と書籍はしがきとなる文「門をたたけ」に加え、矢内原の個人雑誌『嘉信』に寄稿した文章数編を合わせる形で刊行された、文字通りのキリスト教入門書である。

はしがき文「門をたたけ」が、複数の学生と「先生」の問答を経てキリスト教講話に導く形式となっているが、初版が刊行された一九五二年は武装闘争路線下の日本共産党の影響を受けた学生運動高揚期であり、当時東大総長だった矢内原もまた二月の「東大ポポロ事件」（学内の演劇公演への私服警官侵入に端を発する事件）の対応に奔走する状況にあった。こうした状況下で刊行された本書は、迷い悩む若者・学生層をメインターゲットとして「科学の進歩した世」において宗教の持つ意義、キリスト教を選ぶ意味と学び方、キリスト教の歴史と人間観・救済観などを平易かつ丁寧に説き明かす形の一冊となっている。

本書の角川選書版（一九六八年）と同版を底本とする中公文庫版には、「イエスの生涯」が付属している。同文は『イエス伝——マルコ伝による』の項で記した「キリスト教早わかり」（一九五二年版から本書へ収録）と共に一冊の書籍として刊行もされた文章となる。イエスの福音とそれによる平和の実現を祈念し続けた矢内原の説くキリスト教・聖書の世界に加え、矢内原の信仰観を現代に伝える一冊としても本書は意義深いものと言える。

（立本紘之）

Ⅳ 敗戦から六〇年安保闘争まで

一九四五（昭和二〇）年〜一九六〇（昭和三五）年

時代と思想④　敗戦から六〇年安保闘争まで

一九四五（昭和二〇）年八月、広島と長崎に原子爆弾が投下され、日本はポツダム宣言を受諾して敗戦を迎えた。日清戦争に勝利してから、近代日本が海外に獲得してきた植民地はすべて失われ、帝国主義は終わりを告げる。天皇の人間宣言が行われ、明治・大正・昭和にまたがる天皇制国家は終焉した。戦没者数は三一〇万人を超える。焼け跡の闇市から、人々の戦後の生活が始まった。日本国憲法は四六年一一月に公布される。活字に飢えていた人々は、復刊した『改造』『中央公論』や、創刊された『世界』『展望』を手に取った。アジアに目を向けると、四〇年代後半にはパキスタン・インド・ビルマ・セイロンが独立し、大韓民国・ベトナム・中華人民共和国が成立している。

敗戦後の混迷が続く一九四六年五月、武田清子・武谷三男・都留重人・鶴見和子・鶴見俊輔・丸山眞男・渡辺慧の七人は、月刊誌『思想の科学』を創刊した。発行元を変えながら半世紀にわたって継続するこの雑誌は、戦後思想の特徴を示している。武谷と渡辺は理論物理学者で、戦前から海外との交流を重ね、武谷は素粒子、渡辺は量子力学を研究していた。武谷が戦前、反ファシズムの『世界文化』グループの一員として検挙されたように、リベラリズムの傾向が強い。ただ中間子研究をしていた湯川秀樹と同じく、武谷も敗戦直前に原爆の開発に関与していた。軌跡や考え方はそれぞれ異なるが、戦前の記憶の反芻が、武谷や湯川の戦後の平和運動につながっていく。

戦前の体験が、戦後の行程に関わるのは、日本政治思想史の研究者になる丸山眞男も同じである。丸山の場合、戦前の大きな体験は、検挙と軍隊と被爆だった。プロレタリア小説家の小林多喜二が虐殺され、共産党指導者の佐野学と鍋山貞親が獄中で転向を声明して、日本がファシズムに雪崩れていくのは一九三三年である。この年の四月に唯物論研究会の講演会に参加した一高生の丸山は、逮捕され特高の取り調べを受けた。大学助教授時代の四四年には召集されて陸軍二等兵になる。広島に原爆が投下されたときは、宇品の司令部に勤務していて被爆した。丸山が戦後民主主義の言説空間で、重要な役割を果たす原点は、このような戦前の体験である。

残りの四人は、戦前にアメリカで学んだことが共通している。武田清子は思想史、都留重人は経済学、鶴見和子は国際関係論、鶴見俊輔は哲学が専門である。しかし著書のタイトルには、様々な言葉が散見される。武田の本には「キリスト教」「デモクラシー」「天皇」「婦人解放」が、都留の本には「安保」「科学」「公害」「政治」が使われた。和子の本には「生活記録運動」「パール・バック」「南方熊楠」「柳田國男」が、俊輔の本には「限界芸術」「大衆芸術」「日本映画」「漫画」などの言葉が見られる。彼らは戦後現実と向き合い、幅広い領域に関心を示していった。特定の研究領域に閉じ籠るのではなく、領域を横断して「知」の課題を模索する姿勢が、七人を結び付けている。

戦前にマルクス主義者として大学を追われた経済学者も、戦後の言論界に大きな影響を与えた。ドイツ留学体験をもつ向坂逸郎は、一九二八年に九州帝大教授の辞任を余儀なくされ、三七年の第一次人民戦線事件で投獄される。しかし敗戦後に九州大学経済学部教授に復帰する。山川均らと社会主義協会を結成した向坂は、政治活動や労働争議にもコミットしている。同じくドイツ留学を経て、東北帝大助教授になった宇野弘蔵は、三八年の第二次人民戦線事件で逮捕され大学を辞職する。戦後に東京帝大教授に就任する宇野は、『資本論』を基礎とする経済学研究で宇野学派と呼ばれ、新左翼にも影響を及ぼした。マルクス経済学者の大内兵衛は、二〇年の森戸事件で起訴され、第二次人民戦線事件で東京帝大教授を辞職する。戦後は東大に復職し、法政大学総長を務め、社会主義協会で活動した。

戦後日本の歴史の転換点の一つになるのは、一九五〇年六月に起きる朝鮮戦争である。中国が支援する北朝鮮と、米軍主体の国連軍が支援する韓国は、五三年七月まで戦闘を続けた。国連軍の軍需物資と役務サービスを提供する、補給基地としての役割を日本は果たしている。その結果日本は、経済復興の道をたどっていった。その間の五一年九月にはサンフランシスコで、アメリカ・イギリスなど四八カ国と講和条約を結び、日米安全保障条約の調印を行っている。

戦前のマルクス主義者やプロレタリア文学者の復権に伴い、戦時下の知識人の戦争責任を問う声が、一九五〇年代に大きくなる。その代表的な書物は、五六年に出版された吉本隆明・武井昭夫『文学者の戦争責任』である。戦後民主主義文学陣営を批判するこの本と、それに続く吉本の「転向論」により、知識人と大衆、革命と転向、ファシズムと戦争という問題系は、新しい光を照射された。戦前に北京に留学し、大陸で敗戦を迎える中国文学者の竹内好は、五九年に「近代の超克」を発表する。戦時下の京都学派や『文学界』グループによる、同題のシンポジウムを対象にしたこの論文は、日中戦争下で抵抗意識を保持していた知識人が、「大東亜戦争」で一斉に戦争協力に向かう理由を明らかにしている。

日米安全保障条約締結から一〇年、一九六〇年一月に新安保条約が調印される。日米共同防衛義務・在日米軍配置をめぐり、戦争に巻き込まれるではないかと、大きな反対が起きるが、国会では強行採決が行われた。抗議のデモ隊が国会を取り巻き、六月一五日には東大生の樺美智子が圧死する。後に経済学者で保守思想家になる西部邁は、共産主義者同盟（ブント）のメンバーとして全学連を率いていた。戦前のマルクス主義から切れていると、全学連を評価した吉本は、この日に国会構内で演説して逮捕される。社会学者の日高六郎は、進歩的文化人の一人として、民主主義擁護を掲げて活動していた。社会学者の清水幾太郎は、反安保から民主主義擁護に転じた人々に、批判的な距離を取っている。安保闘争の結果、岸信介内閣は倒れ、その後の池田勇人内閣は所得倍増計画を打ち出していく。

一九五九年から六〇年にかけて、福岡県では三池争議が起きていた。三井鉱山三池鉱業所で企業側の指名解雇に対して、組合は無期限のストライキに入る。両者は激しく衝突するが、最終的には組合が敗北した。この争議には詩人の谷川雁が関わっている。五八年に『サークル村』を創刊して、石牟礼道子・上野英信・森崎和江らと活動した谷川は、大正炭鉱で大正行動隊を組織する。思想は、大学の研究室からしか生まれないのではない。在野の人々の生活の場に、思想は息づき生成を続けている。

（和田博文）

今西錦司《いまにしきんじ》　生態学者・人類学者　一九〇二〜一九九二

京都生まれ。京都大学・岡山大学教授、岐阜大学学長をつとめた。生物社会の構造に注目し、ダーウィンの進化論とは異なる「棲み分け理論」を提唱したことで知られる。カゲロウなどの水生昆虫に関する生態学から始まった今西錦司の研究は、ニホンザル、チンパンジー、ゴリラに及び、日本の霊長類研究に寄与した。

今西の学問スタイルは、一九四一年の『生物の世界』（弘文堂）、四九年の『生物社会の論理』（毎日新聞社）、五一年の『人間以前の社会』（岩波書店）で跡づけることができる。その功績が認められ、七九年に文化勲章、九二年に勲一等瑞宝章を受章した。

登山家としても知られ、一九七三年から七七年まで日本山岳会の会長をつとめた。日本国内では一五〇〇以上の山に登り、国外でも大興安嶺《こうあんれい》をはじめ、ヒマラヤ、キリマンジャロにも登った。山への情熱は、山岳生態学、生物地理学、さらには共同体学、社会学へと彼の研究を推し進める役割を果たした。直接自然から学ぶフィールドワークを重視した行動力は梅棹忠夫、川喜田二郎らにも影響を与えた。

〈全集等〉『今西錦司全集増補版』全一三巻（講談社、一九九三〜九四年）
〈水先案内〉斎藤清明『今西錦司伝――「すみわけ」から自然学へ』（ミネルヴァ書房、二〇一四年）

『生物社会の論理』（平凡社ライブラリー、一九九四年）

本書はまず一九四九年に毎日新聞社から刊行され、五八年に陸水社より刊行され、八八年に復刻版として思索社から刊行され、現在平凡社から刊行されている。今西は表題を「生物社会論」や「生物社会理論」とせず、「生物社会の論理」とした理由を書いている。「生物学者は生物を通じて、もっと積極的に、かれの自然観・世界観を展開すべきでなかろうか」（「序」）というのである。その言葉のとおり、本書には今西の自然観・世界観の道筋、すなわち生物的自然観の論理づけが示されている。

彼の関心は、分類学、生物地理学、共同体学と移り、さらには社会学へと発展した。本書がカゲロウ幼虫の生活形から、動物における階級、自然秩序の裏づけまで論じていることがその表れである。対象地域も、日本北アルプスから内蒙古、ポナペ島（ミクロネシアのポンペイ島）まで多岐にわたる。

その二〇年に及ぶ探究のキーワードは「棲み分け」であった。これが当初は学界からあまり認められなかったことについて今西は、自分の論が「形式ばった学術論文」とは異なり、自分の行動が「無法者的行動」であったことに原因の一端があると見ている。しかし本書が彼のフィールドワークによる探索の結晶であったこと、また後世に残る思索の書であり続けることは間違いない。

『イワナとヤマメ』

（平凡社ライブラリー、一九九六年）

本書は副題が「渓魚の生態と釣り」となっており、『うろくず集――今西錦司　サケ科魚類の研究と随想』（淡水魚保護協会、一九八六年）に、「中国地方のイワナ探検」（『釣の友』一九六〇年七月）、「イワナ探検その後」（『釣の友』一九六一年一〇月）、「関西に於ける山の魚の方言」（『山小屋』一九三二年六月）、「佐伯宗作」（『山と探検』岡書院、一九五〇年）の四篇を加えたものである。『うろくず集』の「うろくず」というのは「鱗くず」と記し、「うろこ」転じて「魚」を意味する言葉らしい。かつてこの書名を読者にもわかりやすく変更することを求めた淡水魚保護協会の木村英造氏は、今西から雷を落とされたという。書名がとうとう「イワナとヤマメ」になってしまったことを、今は亡き今西はもはや苦笑いで認めているのではないだろうか。

本書は、生物学者・分類学者である今西が、サケ科魚類の分類に関する問題点を独自の方法で解決した論考が主になっている。フィールドワークに重点を置く彼は、山に登り、渓流の水温を測り、釣り師たちの取った魚の数を数えて「棲み分け理論」を検証した。その功績は大きい。しかしそれだけではなく、山登りと釣りをこよなく愛する今西の人生哲学も本書で味わうことができる。学者らしからぬ味わいのある文章は、魚類に知識のない読者をも引き込む魅力を持っている。

（和田桂子）

宇野弘蔵《うのこうぞう》

経済学者　一八九七〜一九七七

一九二一（大正一〇）年に東京帝国大学経済学部を向坂逸郎と共に卒業、同年に大原社会問題研究所へ入所。ドイツ留学の後、二四年東北帝国大学法文学部助教授に就任。同学在職中の三八（昭和一三）年「人民戦線事件」に連座、三年後に東北帝大を辞職した後は民間の経済研究所を経て、敗戦後、四七年に東京帝国大学社会科学研究所教授に就任した。

東大社研着任後、一九五〇〜五二年の『経済原論』（岩波書店）、五六年の『経済学』（角川書店）などの著作を通し宇野は、原理論・段階論・現状分析の「三段階論」に基づく経済学方法論を確立していく。宇野の理論はその後、六七年の『経済学を語る』（東京大学出版会）、七五年の『資本論に学ぶ』（同）などの講座・講演・対話記録が刊行されることで世に広まり、「宇野経済学」と呼ばれる一大学派に発展する。だが同時にマルクス経済学とマルクス主義イデオロギーを明確に分離させる考え方を基調とした宇野の理論は、宇野の『資本論』読解のあり方も含めて多くの思想家・経済学者を巻き込む論争を生んだ。

宇野の死後旧蔵書・原稿などは筑波大学附属図書館へ寄贈され「宇野文庫」として公開。

〈全集等〉『宇野弘蔵著作集』全一〇巻、別巻一（岩波書店、一九七三〜七四年）

〈水先案内〉宇野弘蔵『資本論五十年』上・下　改装版（法政大学出版局、二〇一七年）

『資本論に学ぶ』

（ちくま学芸文庫、二〇一五年）

本書は、一九六〇年代中盤に行われた大学での宇野の講演・講座三編及び、新聞・雑誌に掲載されたインタビュー・対談五編をまとめる形で刊行された書籍である。

表題ともなった「資本論に学ぶ」（一九六五年一一月）を始めとする講演録の中で宇野は、自身が『資本論』と出会い、学びながら同時代的問題点への気づきを経て同著の理論体系を「訂正」したこととの意義を柔らかめな言葉で述べている。『資本論』著者であるマルクスに「最大の敬意」を表するがマルクスを「神様のように」はとらえず、マルクスが求めていたのは何か、もしマルクスが生きていたら現状をどう「科学的に」分析したか、といった観点でマルクス主義を考えるという宇野の一貫した考えが本書からは読み取れるだろう。

本書後半のインタビュー・対談においても『資本論』の想定を超えた社会変容・諸問題を踏まえての経済学論稿の分析や社会科学の方法論解説、そして宇野の理論の持つ意味・課題などが丁寧に述べられている。また仏文学者河盛好蔵との対談録「小説を必要とする人間」（『知性』一九五六年三月）が本書の最後に収録されており、この対談において宇野は「自分の居場所が気になる」＝人間の生活がどういう所でどのようになされているかの把握が可能となる所に小説を読むことの意義があると述べている。宇野のこうした社会・生活に対するまなざしこそ上記マルクス観にも通じる「宇野理論」の根本をなすものと言えようか。

『経済学』上・下

（角川ソフィア文庫、二〇一九年）

本書は、「大学の教養課程」における経済学入門書となることを目標として宇野が全体の編者を務め、大島清・玉野井芳郎・大内力との共著の形で刊行された書籍である。

第一部「資本主義の発達と構造」（宇野・大島）では、イギリスを主たる分析・追跡の対象としてまず同国の封建社会構造を述べ、その崩壊と資本主義発生・確立、そして金融資本・独占資本といった後期資本主義の諸要素の成立までの流れを追う経済史的叙述がなされる。ついで第二部「経済学説の発展」（玉野井）では、一七世紀重商主義思想から一八世紀以降の古典経済学の確立・解体を経て、マルクスとマルクス経済学の登場から現代の経済学諸派へと至る流れを追う経済学説史的叙述がなされる。最後の第三部「日本資本主義の諸問題」（大内）では、徳川時代～「帝国主義」期までの「日本資本主義発達史」の流れに触れた後、戦後現代（執筆当時）にまで続く労働者・農業・企業などにまつわる、日本資本主義の構造の特質と問題を述べる、歴史・経済双方にまたがった形の叙述がなされる。

全体構成としては、ある意味で原理―段階―現状分析という「宇野理論」に即した展開を踏襲した一冊となっている。この点は「序論」でも「不十分なるをまぬかれない」と断りを入れた上で示されており、角川ソフィア文庫版の本書解説（佐藤優）でも述べられている。「宇野理論」体系と経済学概説双方を知る上で本著は有意義な一冊であろう。

（立本紘之）

大塚久雄《おおつかひさお》　経済史学者　一九〇七〜一九九六

一九三〇（昭和五）年に東京帝国大学経済学部を卒業、法政大学・東京帝国大学で助教授・教授を務める。「日本資本主義論争」の影響を強く受けつつ経済史の研究を続け、五五年の『共同体の基礎理論』（岩波書店）、五六年の『欧州経済史』（弘文堂）等の著作執筆を通して、後に「大塚史学」と呼ばれる西洋経済史学の一大学説体系を構築した。

大塚史学の根本にマルクス主義とマックス・ウェーバー社会学の双方が存在していたことは、一九六六年の『社会科学の方法――ヴェーバーとマルクス』（岩波書店）で社会科学の方法論として両者の対比・補完を説いた点などからもよく知られている。そして資本主義の発生・確立に関する大塚の学問体系は、戦後日本の学問・思想領域で変革の理論として受容される一方でマルクス主義の影響下にある研究者から「近代主義」と批判された他、学問上の実証性も時に問題視されるなど、その評価をめぐり後々まで議論を呼ぶこととなる。

一九七七年勲二等旭日重光章、九二（平成四）年文化勲章を受章。大塚の死後旧蔵の図書・雑誌・資料などは福島大学附属図書館に寄贈され「大塚久雄文庫」として公開。

〈全集等〉『大塚久雄著作集』全一三巻（岩波書店、一九六九〜八六年）

〈水先案内〉梅津順一・小野塚知二編著『大塚久雄から資本主義と共同体を考える――コモンウィール・結社・ネーション』（日本経済評論社、二〇一八年）

『共同体の基礎理論』

（岩波現代文庫、二〇〇〇年）

本書は、大塚が一九五二、五三年度に行った「経済史総論」の講義（東京大学大学院社会科学研究科経済史専門課程）の草稿に加筆を行う形で刊行された書籍である。

資本主義分析においてその解体・崩壊の問題が重要となる、いわゆる「封建的共同体」とはそもそもいかなる本質を持つものか、という観点から論を始めて、大塚の理論的根本ともなっているマルクス、エンゲルスやマックス・ウェーバーの論などに依拠しながら、共同体の物質的な基盤である「土地」及び、その占有形態（アジア的・古典古代的・ゲルマン的）等についての詳細な分析・整理を行いつつ、世界史上における「共同体」の成立と解体の過程を総体としてとらえることを目指した一試論的な著作が本書である。

本書で大塚は、頻出する「基礎的諸概念や理論」を「史実の森」へと分け入るための携行地図に譬え、絶えず訂正・補充されねばならぬものだとの観点を示している。理論の対比と補完による学説の展開は大塚がマルクスやウェーバーらに対して行ってきたものでもあり、その意味において本書は、大塚の学問の姿勢をもうかがわせる一冊だと言えよう。

なお本書に関しては、その現代的意義を問い直す著作である小野塚知二・沼尻晃伸編著『大塚久雄『共同体の基礎理論』を読み直す』（日本経済評論社、二〇〇七年）も後年刊行されている。今後本書を読む際は、是非同書も参考にされることをお勧めしたい。

『欧州経済史』

（岩波現代文庫、二〇〇一年）

本書は表題の通り「欧州経済史の入門的な概説書」として刊行された書籍である。

本書ではまず近代史、とりわけヨーロッパ近代史を特徴付ける「資本主義」の説明及び、その成立過程の大まかな流れについて述べた後、資本主義発達の基軸となる経営体である「産業資本」がどのように形成されたかへと論を移す。そして最後に封建制から資本主義への移行についての「要旨」を記して、元々の本書は締めくくられる形となっている。

岩波現代文庫版の本書「解説」（隅谷三喜男）では、「要旨」掲載となった第三章の事情も含めた本書構成に関して説明がなされている。加えて同版では第三章が「ほぼ同じ構想」となることが予定されていた、と大塚自身が後年述べている弘文堂編集部編『社会科学講座』第四・六巻（弘文堂、一九五一年）に掲載された論文「資本主義社会の形成」も巻末に新たに収録されており、その意味でも同版本書は価値あるものであると言える。

岩波現代文庫版の「解説」でも述べられているように、本書は「経済史と経済学の統一」による「経済史学」の構築、という大塚の学問体系の形成にも大きく寄与した著作である。加えて大塚にとっての欧州経済史は、一九三八年の『欧州経済史序説』（時潮社）、四四年の『近代欧州経済史序説』（同）などにも代表される前半生のライフワークの一つでもあった。本書はまさに大塚の前半生の集大成と言える意義深い一冊であろう。

（立本紘之）

桑原武夫《くわばらたけお》

フランス文学者　一九〇四〜一九八八

一九二八（昭和三）年京都帝国大学文学部フランス文学科卒業。三三年に生島遼一とともにスタンダール『赤と黒』（岩波書店）を翻訳。同年にアラン『散文論』（作品社）の翻訳を手掛ける。スタンダールとアランの研究・翻訳をとおしてフランス文学や評論を日本に紹介した。四六年一一月に「第二芸術——現代俳句について」（『世界』）で、現代俳句を遊戯的な「第二芸術」と批判し、論壇に大きな影響を与えた。その後も文化全般に関する批評活動を行い、『文学入門』（岩波新書、一九五〇年）ほか、入門的な新書も多く手掛けた。四八年に京都大学人文科学研究所の教授に就任、先駆的な共同研究システムを推進。その成果の一つとして『ルソー研究』（岩波書店、一九五一年）があげられる。学生時代から登山を行っており、五八年にはパキスタン領チョゴリザ山への遠征隊長を務めたほか、『登山の文化史』（岡書院、一九五〇年）など登山に関する本も執筆している。五九年から六三年まで人文科学研究所の所長を務める。七四年朝日賞受賞。七七年から日本芸術院会員。七九年文化功労者。八七年文化勲章受章。

〈全集等〉『桑原武夫集』全一〇巻（岩波書店、一九八〇〜八一年）

〈水先案内〉杉本秀太郎編『桑原武夫　その文学と未来構想』（淡交社、一九九六年）

『登山の文化史』（平凡社ライブラリー、一九九七年）

桑原は、フランス文学者、評論家としてのみならず、登山家としての経歴を持つ。三高山岳部、京大旅行部のメンバーとして同期の今西錦司とともに学生時代から登山を行っていた。一九五八年にはパキスタン領チョゴリザ登頂隊の遠征隊長を務め、成功に導いた。同書の「解説」を記す文化人類学者の谷泰は、同書が「戦中を通じた、開かれた精神をもった知識人集団の存在証言」のみならず「文明史的視点からみた登山論」として、さらに「初登頂の対象を失った時代における登山者への指針」として現在も示唆的だと指摘する。

同書の元になった書物『回想の山々』（七丈書院）は一九四四年四月に刊行され「山岳紀行文について」「戦時下の登山」は執筆時における情勢論となっている。「戦時下の登山」では、登山は「非生産的」であり「軍事的」なものではないが、統制に対して卑下する必要はないと明言する。同書は戦後の五〇年の再刊の際、改題しているが、表題作である「登山の文化史」は、四二年六月に毎日新聞社と日本山岳会関西支部との主催で開催された山岳講座の講演内容に増補および修正が加えられたものである。そこでは、登山とは文明人のみがなす文化的行為であること、文献に残る最古の登山、山を「生きた神」と考えた中国の事例、近代自然科学が近代アルピニズムの起源となったこと、登山の流行には市民社会の地盤があることなどを述べる。

『日本の名著――近代の思想』

（中公新書、一九六二年）

明治維新から九五年間にわたる名著を「哲学、政治・経済・社会、歴史、文学論、科学」に限定し、解説したものである。河野健二ほか五名で五〇冊を選び出し、さらに一〇名を加えた一五名で分担執筆している。同書は福澤諭吉『学問のすゝめ』から丸山眞男『日本政治思想史研究』まで掲載するが、選択の基準は「独創的な作品」であった。

桑原は巻頭で収録された五〇の本を読む必要性について説く。一つは、「伝統主義」という言葉が危険な保守主義に陥りがち、過去が美的鑑賞の対象となりやすく、現実的行為の基盤になりにくいことである。そのため「過去は現在に近いほど大切だとする歴史観が必要」であること。もう一つは、祖父母たちが西洋に追いつこうとしたとき「眼に見える物質的生産」に捉われ、「眼に見えぬ思想的生産」には無関心であった反省を述べる。日本人の思想的苦闘のあと、「近代の思想的遺産」の活用を求めている。

このような意図をふまえるとき、本書で田口卯吉『日本開化小史』は日本における「人間精神進歩の歴史」にほかならず、山路愛山『明治文学史』が明治の思想をリードする主要人物を論評している点が注目される。志賀重昂『日本風景論』が中産階級に対欧米コンプレクスから解放する役割を果たしつつも、貧民に「自ら貧を忘」れさせることに関与した点、和辻哲郎『風土』が自然決定論と称される所以など欠点も記している

（米村みゆき）

向坂逸郎《さきさかいつろう》　経済学者　一八九七〜一九八五

一九二一（大正一〇）年東京帝国大学経済学部を宇野弘蔵と共に卒業。ドイツ留学を経て、二五年九州大学法学部助教授に就任、翌年教授昇格を果たすも、「三・一五事件」の余波で二八（昭和三）年に辞職を余儀なくされる。辞職後は『マルクス・エンゲルス全集』（改造社、一九二八〜三五年）刊行などに携わる一方、雑誌『労農』同人として「労農派」の論客ともなる。三七年末「人民戦線事件」で有罪判決を受け、戦時下を逼塞状態で過ごす。

敗戦後一九四五年に九大へ復職。『資本論』邦訳（岩波文庫、一九四七〜五四年他）に尽力しながら、五一年には大内兵衛・山川均らと社会主義協会を結成するなど、労農派マルクス主義の流れを引き継ぐ理論・実践活動を行う。その過程で六四年の『流れに抗して――ある社会主義者の自画像』（講談社現代新書）、六七年の『資本論入門』（岩波新書）等の著作執筆や、三井三池争議の原動力の一つとなった九州での労働者教育など多彩な活躍を見せた。

向坂逸郎の死後に、日本屈指の質と量を誇るマルクス主義関係文献を含む蔵書・資料類の大半は法政大学大原社会問題研究所に寄贈され「向坂逸郎文庫」として公開。

〈全集等〉未刊行
〈水先案内〉石河康国『向坂逸郎評伝』上・下（社会評論社、二〇一八年）

『資本論入門』

（岩波新書、一九六七年）

本書は、マルクス『資本論』の刊行からちょうど一〇〇年となる一九六七年に刊行された、『資本論』への入門的な解説を目的とする書籍として位置付けられる一冊である。

本書「あとがき」で向坂は本書刊行の目的を、経済学を学んだことのない人に『資本論』に対し「親近感」を持ってもらうことだと述べ、自身の三池労組での勉強会参加者が日々の諸問題について「なんとなしに分る」ようになったという体験に触れながら、本書を読んで「なんとなしに」理解した上で『資本論』本体へ向かって欲しいと希望を語っている。

本書の内容自体も、小説・物語（ロビンソン・クルーソーや谷崎潤一郎作品など）、あるいは向坂自身の体験エピソードなどを話の入り口としながら、そこに表れる様々な問題点から『資本論』自体の記述へ読者を導くという手法を取るなど、まさに「入門」の名に違わないものとなっている。また本書刊行の一九六七年がロシア革命五〇周年という状況だったことと、向坂自身のソ連への意識が強まる時期であったことなどもあり、文中の所々でソ連共産党の綱領や党大会報告を引用するなど、時代の空気を感じさせる記述も散見される。

今なお色あせない著作という評価が適切とは言い得ない部分も存在するが、一九六七年の向坂、そしてマルクス主義研究者・実践者を取り巻いていた時代の空気や、彼らが祈念して止まなかったものを本書から感じ取るのも大いに意味があると言えるだろう。

『流れに抗して――ある社会主義者の自画像』（講談社現代新書、一九六四年）

　本書は、向坂の自伝的著作として刊行された書籍であり、小中学生時代から始まって敗戦直後九州大学に復職する頃までの向坂の前半生を振り返りながら、同時代の出来事、交友を持った人々のエピソードなども随所に数多く盛り込まれた一冊となっている。

　とはいえ、向坂のエピソードとして現在知られているものの中で、本書に記載のないもの（例：「三・一五事件」後の『マルクス・エンゲルス全集』刊行への関与）も存在するなど完全な自伝と言い切れない一冊ではある。その一方でロシア革命については、高校時代の「歴史の激動の時期」の一コマとしての記述に留まり、レーニン理論の確からしさは是認するがソ連に関する具体的記述は見られないなど、三年後の『資本論入門』ともまた異なるスタンスがうかがえる面白さもある。総じて本書に表れる向坂の姿はあくまで「日本で正しいマルクス主義の社会主義運動を展開」せんと試み、検挙されながらもファシズムの「流れに抗して」時代を生きた労農派「社会主義者」としての前半生の姿のみとなっている。

　なお本書はこの後、向坂が主導した「社会主義協会」の出版局から一九七八年に復刊され、向坂自身の「歩みを示す写真」を新たに掲載するなどの変更が加えられた。同年はくしくも社会主義協会の活動の転換点（政治活動を制限、理論集団へ）に当たる年であり、協会自体が「流れに抗して」闘う意思を示す意味での復刊と考えることもできようか。（立本紘之）

清水幾太郎《しみずいくたろう》

社会学者　一九〇七〜一九八八

東京に生まれる。一九二八年、東京高等学校から東京帝国大学文学部社会学科入学。在学中から学術誌に文献紹介を寄稿する。三一年に同科卒業、同大学社会学研究室副手。オーギュスト・コントを扱った卒業論文が谷川徹三のすすめで『思想』誌に掲載され、高等学校時代から傾倒していた三木清に評価される。アカデミックな社会学への批判を次第に強め、副手解職後はフリージャーナリストへ転身。三八年、昭和研究会文化委員会委員。読売新聞社論説委員などを経て、徴用ビルマ派遣。帰国後、海軍技術研究所嘱託。

一九四六年に財団法人二十世紀研究所所長。四九年、平和問題談話会声明を起草。戦後の論壇メディアで大きな影響力をもつ。砂川の在日米軍基地拡張や安保改定をめぐる反対運動にも参加。晩年まで政治的発言を続けた。四九年から六九年まで学習院大学教授。著書に『流言蜚語』（日本評論社、一九三七年）、『社会学講義』（白日書院、一九四八年）、『愛国心』（岩波書店、一九五〇年）、『現代思想』上・下（同、一九六六年）、『倫理学ノート』（同、一九七二年）、『オーギュスト・コント』（同、一九七八年）など。

〈全集等〉『清水幾太郎著作集』全一九巻（講談社、一九九二〜九三年）

〈水先案内〉庄司武史『清水幾太郎——経験、この人間的なるもの』（ミネルヴァ書房、二〇二〇年）

『愛国心』

（ちくま学芸文庫、二〇一三年）

「好んで愛国心の暗い側面だけを取り上げるつもりはなかった」――本書の終わりにこんな弁明がある。終戦から五年足らずの占領下、愛国心はふつうの言葉として流通していた。清水はそこに、「戦争前および戦争中の愛国心が頬かぶりして戦後の諸問題の処理に利用される危険」を感じ、日本の愛国心を批判的に論じる書を世に問うた。

それでも、清水のトーンは断罪調からはほど遠い。清水によれば、西洋近代は愛国心を民主主義により「合理化」し、個人と世界の発見によってその原始的傾向を抑え込むことで、愛国心と寛容の精神との両立を可能にした。これに対し日本では、愛国心が民主主義との結合を欠いていたため、極端な対外的、対内的不寛容が生まれてしまった。清水は同胞に、自然な関心と愛情の向く身の回りの世界を見直すよう提案する。多様性が直接ぶつかり合う日常世界に働く諸力を見つめ、小さくとも切実な問題の平和解決を重ねて各自が自分自身を鍛えてこそ、戦後社会にふさわしい形を愛国心に与えられるのではないか。生まれ変わった愛国心は、民主主義とともに再生の道を歩む社会の支えになる、と。

「知識人」の問題意識が「戦後革命」への期待と挫折を経て民族解放や反帝国主義へと移りゆくなか、本書は書かれた。変化する時代状況に鋭敏に応じながら、自らの社会に語りかける回路を探り続けた清水の姿勢をよく伝える書物である。

『倫理学ノート』

（講談社学術文庫、二〇〇〇年）

戦後の経済成長が民主主義や自由の理念にリアリティを与えてきた反面、かつて人間の重要な本質と考えられた「意志」の影は薄まり、意志の上に成り立つ道徳の地位も曖昧になってしまった。著者はここに社会生活上の危機を見出し、新たな道徳のありかの探求に乗り出す。本書は、「人間に関する諸問題を有意味に論じる場所」（「余白」）をしっかりと位置づけられる学問の姿を追い求めた「読書および思索の放浪記」（「序文」）である。

二〇世紀倫理学の幕を開けたジョージ・ムアの『倫理学原理』は、価値の世界を人間的世界から切り離すことで純粋化しようとした。清水の旅はムアに対する強い憤りから始まる。ジェレミー・ベンサムの功利主義に立ち戻り、そこに認識と価値との連続性に対する寛容を確認した清水は、その後の厚生経済学や分析哲学の展開のなかに、科学的思考の名のもとに人間的価値へのまなざしが空洞化していくさまを辿る。他方で彼を励ましたのは、ルートヴィヒ・ヴィトゲンシュタインの「分析から生命への転換」であり、ジャンバッティスタ・ヴィーコのデカルト批判であり、オーギュスト・コントの「人間という弱く曖昧なものが一切を包み込む」諸科学統一の構想だった。旅は、ロイ・ハロッドとともに「新しい時代の功利主義」という課題を手にして終わる。清水の『倫理学』本編はついに書き残されなかったが、本書に記された旅の足跡は私たちを多くの問いへと誘う。

（金野美奈子）

竹内好《たけうちよしみ》　中国文学者・評論家　一九一〇～一九七七

長野県南佐久郡の生まれ。一九三一（昭和六）年東京帝国大学文学部支那文学科に入学。翌年私費で北京に留学した頃から、現代中国と中国文学への関心を深める。三四年三月、武田泰淳らと中国文学研究会を結成。翌年二月には機関誌『中国文学月報』を創刊、以後執筆や編集に尽力する。中国へはその後留学や調査で再び赴いた。四三年末、それまで執筆を進めていた『魯迅』の原稿を日本評論社へ渡すと応召、中国で任に就いた（『魯迅』は四四年に刊行され、日本における本格的な魯迅研究の扉を開くことになる）。

一九四六年六月に復員、戦後は評論家としての活動を開始する。アジアの近代及び戦争とナショナリズムをめぐる評論は『日本とアジア』（『竹内好評論集』第三巻、筑摩書房、一九六六年）に集められている。また魯迅の紹介・翻訳にも努め、『魯迅入門』（東洋書館、一九五三年）や『魯迅文集』全六巻（筑摩書房、一九七六～七八年）などがある。思想の科学研究会への参加や岸信介内閣の安保条約強行採決に抗議しての都立大学教授辞職、また部落解放運動とも積極的に関わるなど、時代の中で行動し考える思想家でもあった。

〈全集等〉『竹内好全集』全一七巻（筑摩書房、一九八〇～八二年）

〈水先案内〉黒川みどり・山田智『評伝　竹内好』（有志舎、二〇二〇年）

『日本とアジア』

（ちくま学芸文庫、一九九三年）

戦後すぐから一九六〇年代前半までのアジア論・日本論を集めたもの。三部構成で、Ⅰは「中国の近代と日本の近代」や「日本人のアジア観」など、近代日本のアジア観と行動を検証しつつ「ナショナリズム」の問題に触れる。Ⅱは「近代の超克」から「日本のアジア主義」まで、戦争責任論や思想・文化の問題としての「アジア主義」を論じる。Ⅲは人物論・個別研究集の趣で、孫文・タゴール・岡倉天心らの思想と行動及びその意義を語る。

代表的評論とされる「中国の近代と日本の近代」（一九四八年）は、魯迅を手掛かりに「抵抗」という要点に到り、これを欠く日本文化を「転向文化」、対照的に中国文化を「回心文化」と整理したことで知られる。Ⅱの「近代の超克」（一九五九年）は、言説に即し「京都学派」『文学界』同人」「日本ロマン派」を分析した、文学研究者の流儀による入魂の評論。日本における「思想・精神」の空虚さを明らかにしていく部分は、戦争責任論としても知識人論及び日本文化論としても今なお鋭さを失わない。Ⅲ末尾の講演記録「方法としてのアジア」（一九六一年）では、竹内自身の経験と文学観が率直に語られ、戦争責任の問題やデューイ・タゴールの話を含みつつ、「アジア」を主体的に考えることの意義が説かれる。

本書は、日本とアジアの「近代」に向き合い、次代に対する責任も果たそうとし続けた稀有な思想家のエッセンスが味わえる一冊となっている。

『魯迅入門』

（講談社文芸文庫、一九九六年）

魯迅を求める青年読者向けに竹内がまとめた『魯迅入門』（一九五三年）は、『世界文学はんどぶっく・魯迅』（世界評論社、一九四八年）を改訂・改題したもので、「Ⅰ伝記」「Ⅱ歴史的環境」「Ⅲ作品の展開」「Ⅳ魯迅精神について」からなる。Ⅰは魯迅の文学観（「無用の用」）や彼にとっての「絶望」の意味（竹内はこれを極めて重視する）を論じる。いわゆる伝記とは趣が異なるが、本書の核をなす部分である。中国近現代文学史を論じるⅡは、「小品文」を「左連」と相互補完的なものとみるなど、やや専門的だが興味深い指摘を含む。

魯迅に初めて触れる人はまずⅢを読んでその作品に向かうのもよい。個々の作品についての論述は、最晩年まで魯迅の翻訳に打ち込む著者のものだけに深みがある。例えば「阿Q正伝」についても、魯迅が古典（『西遊記』や『儒林外史』）に人物・性格描写を学びつつ、一方で暗示の手法なども盛り込み、新しい中国小説を生み出していたことをまず指摘する。そして彼にとって阿Qを描くことが持った意味について、迫っていく。Ⅳは、評論「中国の近代と日本の近代」（副題「魯迅を手がかりとして」）と重なる日本批評でもある。

日本における魯迅研究は、この本の後も大きく進展した。その豊かな成果の多くは、「竹内魯迅」と向き合い乗り越えようとすることから生まれた、ということができる。その「原点」にあたるのが、戦前の『魯迅』及びこの『魯迅入門』である。

（大橋義武）

都留重人《つるしげと》

経済学者

一九一二〜二〇〇六

東京に生まれ、第八高等学校在学中に左翼運動で検挙され高校を除名された後、アメリカのローレンスカレッジに進学する。その後ハーバード大学に進みシュンペーターの指導を受け、サミュエルソンら後に著名となる経済学者、さらにノーマンや鶴見俊輔らと親交を結ぶ。太平洋戦争開戦後、一九四二年に日米交換船で帰国し、外務省に勤務するとともに木戸幸一内大臣（妻の伯父）の相談相手となる。終戦直後に外務省特別調査委員会で大来佐武郎、有沢広巳、山田盛太郎、宇野弘蔵、中山伊知郎らとともに報告書『日本経済再建の基本問題』を作成して日本経済の復興のための提言を行った。さらに経済安定本部総合調整委員会副委員長（実質的なトップ）となり、日本経済の置かれた厳しい現状を国民に訴えるために四七年に『経済実相報告書』（第一回『経済白書』）を執筆する。四八年から東京商科大学（翌年から一橋大学）教授となる（七二〜七五年学長）。日本経済の成長可能性をめぐり、懐疑的な立場から肯定的な下村治と論争を繰り広げた。高度経済成長後は公害問題に取り組む。その後、朝日新聞社顧問や明治学院大学教授も務めた。

〈全集等〉『都留重人著作集』全一三巻（講談社、一九七五〜七六年）

〈水先案内〉尾高煌之助・西沢保編『回想の都留重人――資本主義、社会主義、そして環境』（勁草書房、二〇一〇年）

『経済学はむずかしくない　第二版』（講談社現代新書、一九七四年）

本書の第一版が講談社現代新書の第一弾として刊行されたのは一九六四年のことであり、日本は都留の悲観的な予想を裏切る形で高度経済成長に突入していた。「国民所得」という言葉が身近なものになる一方、物価の急激な上昇などの問題点も生じるようになっていた。本書は「経済のことほど、わたしたちの生活と深く関係している側面はないにもかかわらず、それが、記事となり、書物となると、一般の人々から見向きもされない」という問題意識から都留が執筆した経済学入門書である。内容は現在でいうミクロ経済学とマクロ経済学の基礎の解説であり、当時、一般人向けにこのような手頃でかつ「深い」解説書が刊行されたのは画期的であった（経済学の標準的な教科書として広く読まれたサミュエルソンの『経済学』の日本語版が都留によって訳され刊行されたのはその二年後のことである）。

時代的な制約（資本主義か社会主義かという体制選択など）は当然あるものの、本書の理論的な部分は現在の経済学から見ても古びたものとはなっておらず、国民所得を経済的福祉の指標として用いることへの警鐘（交通事故の増加や環境破壊の深刻化に対し、それらを防ぐための事業を行えば国民所得は増加するが、それは福祉の向上といえるのか）、「経済のしくみというのは、一度それが定着すると、永久に変化しないというようなものではない」ことの指摘などは現在でも傾聴に値する。

『近代経済学の群像』

（岩波現代文庫、二〇〇六年）

本書は日経新書の第一弾として一九六四年に刊行された。本書の題名は「近代」経済学の群像であると同時に「近代経済学」の群像とも解釈できる。つまりアダム・スミス、リカード、マルサスら「古典（派）経済学」以降の「近代の」経済学者であると同時に、戦後の日本において「非マルクス経済学」という意味でつかわれた「近代経済学」（ミクロ経済学、マクロ経済学の総称）の源流でもある六人の経済学者（メンガー、ワルラス、ウィックセル、フィッシャー、ケインズ、シュンペーター）を取り上げ、その一生と理論を時代背景を踏まえて解説している。さらにエピローグとして、都留がその一員として体験した一九三〇年代後半のハーバード大学大学院の経済学の黄金時代の様子が生き生きと描かれ、近代経済学の群像の掉尾を飾るシュンペーターにハーバードで学んだ経済学者たちが「現代」の経済学を作り上げていることが印象付けられている。

岩波現代文庫版の伊東光晴による解説でも述べられているように、本書には都留が直接学んだシュンペーターの視点と、都留が渡米前に学んだマルクス経済学の影響が見られ、それが各経済学者を相対的に——欠点も持つ一人の人間として——見る記述につながっている。逆にそのために本書は、無味乾燥に見える経済学が実際には社会と格闘する人間の思考の中から生み出されてきたものであることを教えてくれる。

（牧野邦昭）

鶴見俊輔《つるみしゅんすけ》　哲学者　一九二二〜二〇一五

高名な政治家の長男として東京に生まれ育つ。不良少年として退学を繰り返し、父親の手助けもあり一五歳でアメリカへ渡った。そこで都留重人の面識を得て影響を受け、三九年よりハーバード大学で哲学を専攻した。しかし、日米開戦後しばらくして収容所に送られ、ほどなくして帰国した後は、海軍軍属として翻訳業務に従事した。

敗戦後、丸山眞男らと雑誌『思想の科学』を創刊し、積極的に社会評論を開始する。哲学・思想だけでなく、マンガやテレビなどの大衆文化を含めた広範な文化批評を展開していった。この方面での代表作が『限界芸術論』（勁草書房、一九六七年）である。

その間、一九四九年には京都大学人文科学研究所助教授に就任し、東京工業大学助教授を経て、同志社大学教授を務めた。七〇年には大学紛争への対応に抗議して退職した。

反戦運動・政治運動を通じて、積極的に社会的発言を続けたことで知られる。一九六〇年には日米安全保障条約改定に反対する活動を行い、六五年には作家の小田実らとともに「ベトナムに平和を！市民連合（べ平連）」を結成した。

〈全集等〉『鶴見俊輔集』全一二巻・続巻五巻（筑摩書房、一九九一〜二〇〇一年）
〈水先案内〉村瀬学『鶴見俊輔』（言視舍、二〇一六年）

『限界芸術論』

（ちくま学芸文庫、一九九九年）

鶴見の代表的な評論を収めた本書は、同名の単行本とはいささか異なっており、他の文章を組み入れた『鶴見俊輔集』収録の版である。内容的には、「芸術の発展」「大衆芸術論」「黒岩涙香」を中心として、関連する評論を収めたものとなっている。

表題は「芸術の発展」という一文と関係している。鶴見は、芸術全体を純粋芸術と大衆芸術、そして限界芸術へと三つに分ける。そして、芸術と生活との境界線上にあるこの第三のものに焦点をあてて考察を進める。まず、柳田國男の学問に着目し、特に民謡を中心として、芸術全体の根底をなす限界芸術のあり方を示す。つぎに、柳宗悦の仕事に着目することで、限界芸術が目立たぬ様式の芸術として他の活動様式に属しているさまを考察する。さらに限界芸術の創作をめぐって、宮沢賢治の作品を通して考察をしている。

つぎに「大衆芸術論」では、カルタや漫才、落書き、ラジオ、広告などがどのように生活に根差した形で私たちの文化を規定しているかを論じている。また、『万朝報』の創刊者の人生をたどる「黒岩涙香」という伝記では、彼が伊藤博文と鮮やかな対照をなすような仕方で近代日本文化の形成に携わっていく様子を分析している。

他に、大衆文化形成における三遊亭円朝の役割についての考察や、野坂昭如・五木寛之・井上ひさしの共通性を論じる「冗談音楽の流れ」など、興味深い論考が収められている。

『戦時期日本の精神史――１９３１～１９４５年』（岩波現代文庫、二〇〇一年）

カナダのマッギル大学で一九七九年に行われた講義をもとにした本書は、日本の一連の戦争は満州事変に始まる一五年間にわたるものだったという理解のもとに、思想的なテーマに即して戦時中の日本を、左右のどちらにも偏ることなく太い線で描いている。

鶴見自らが「転向論的方法」というように、転向をめぐる考察が本書の中心をなしている。転向についての章では、東大新人会のメンバーがいかに転向していったかを辿り、政府の圧力のもと個人が自主的に方針転換するというこの現象が近代日本の精神史の鍵となると主張する。転向について本書は繰り返し立ち返っており、非転向の形について述べた章では、隠れキリシタンの伝統と結びつけて信仰形態の一種として論じている。

「国体」と題された章では、普遍主義と特殊主義のせめぎあいを論じ、神道がキリスト教の代替物として一神教的に仕立て上げられること、それが明治以来のある種の「神政政治」的な側面と結びついていることを分析している。なお、アジア主義をめぐって鶴見は尾崎秀実を「一人の独立した共産主義者」として肯定的な仕方で描いている。

表題の通り戦争期を扱っているものの、沖縄問題や学生運動など戦後の話題にも触れており、必ずしも一時の歴史を考察するものではない。むしろ、日本の思想文化の特徴を全体的に捉えようとする鶴見の意志が如実に表れた講義となっている。

（朝倉友海）

朝永《ともなが》振一郎《しんいちろう》

物理学者｜一九〇六～一九七九

一九〇六年に、哲学者の父朝永三十郎、母ひでの長男として東京で生まれた。父が京都帝国大学に転勤になった際に一家は京都に移った。第三高等学校を経て、二九年に京都帝国大学理学部を湯川秀樹とともに卒業した。暫く副手として京大で研究を行ったのち、三二年に理化学研究所仁科研究室に入った。仁科芳雄博士の影響の下、主として量子電気力学の研究を始めた。三七年にドイツ・ライプチッヒ大学のハイゼンベルク博士のもとに留学、二年間ドイツで研究生活を送った。独英戦争勃発とともに帰国、四一年には東京文理科大学の教授に就任した。四三年に超多時間理論を発表、その理論形式に基づいた「くりこみ理論」を四七年から翌年にかけて発展させた。米国プリンストン高等研究所のオッペンハイマー博士の招きに応じて、同研究所に四九年から一年間滞在した。帰国後は乗鞍宇宙線観測所や原子核研究所の設置に尽力し、東京教育大学の学長、日本学術会議会長を歴任した。六五年には量子電気力学における業績に対して、ノーベル物理学賞が授与された。パグウォッシュ会議に参加するなど、核兵器廃絶の問題にも熱心に取り組んだ。

〈全集等〉『朝永振一郎著作集』全一二巻・別巻三（みすず書房、二〇〇一～〇二年）

〈水先案内〉松井巻之助編『回想の朝永振一郎』（みすず書房、二〇〇六年）

『物理の歴史』

（ちくま学芸文庫、二〇一〇年）

編集者の朝永は、物理学研究の最前線を突き進んだ研究者であったと同時に、科学史にも造詣が深く、研究者の心理にまで立ち入って、物理学研究の神髄を解説したことで知られる。この本は、物理学の殆ど全分野におよぶ歴史的解説となっているが、実際の執筆は高林武彦、中村誠太郎が行い、それに朝永が加筆したものと思われる。執筆における朝永の関わりの程度は推測するしかないが、例えばコペルニクスの地動説を説く箇所で、「太陽を静止させる立場にいったん移ることによって、地球の運動に繰り込みうる部分が引き去られて全体の運動がすっきりし……」と解説している箇所などは、「くりこみ理論」に心血を注いだ朝永にのみ可能な文章と思われる。後半部分の量子力学の発展史、とりわけ対応原理に導かれて行列力学に到達する過程の記述は、他書には類を見ない深みのあるものである。ハイゼンベルクは量子力学を建設するにあたって、原理的に観測出来ないものを理論から追放するという哲学を掲げたが、この本によれば、それは理論構築の行き詰まりの原因を意識することに意味があるのであって決して「ドグマとはならず発見法的なものとして役だちえた」という。この記述などは、ハイゼンベルクのもとで研究生活を送った、朝永ならではの観察である。この本は、物事をいろいろな角度から多面的に分析する方法が随所で展開されていて、飽きることのない科学史の本となっている。

『鏡の中の物理学』

（講談社学術文庫、一九七六年）

この本は三つの独立な話題から成り立っている。最初の「鏡のなかの物理学」では、物理現象を鏡に映して観察した現象（空間を反転させた現象）もまた、物理法則にかなったものであるかどうか、平易な言葉で論じている。これを発展させ、時間を反転させて観察した現象や、粒子と反粒子を入れ替えて観察した現象が物理法則にかなったものか否かも述べられている。こういう物理学そのものの解説に添えて、物理学が人間の役に立つかどうかといった功利主義的な発想で研究するのではなくて、純粋に知的興味で研究をするという姿勢を強調している。二番目の話題、「素粒子は粒子であるか」においても、純粋な好奇心をもって量子論の面白さを語りかけている。電子とか光子という素粒子が、普通の粒子とどこが違うのか、数えることが出来るという意味では粒子的であるが、素粒子には自己同一性がない。その意味するところを説いている。三番目の「光子の裁判」は、量子論的な摩訶不思議な現象を、物語風に説明したユニークなものである。光が一つまたは二つのスリットを通り抜けてスクリーンに到達するときに起こる現象を、量子力学的にいかに記述するかがテーマである。これを物語風にして、波乃光子という人物が、家宅侵入の罪で被告となった裁判で、弁護人や判事とやり取りをする過程の中で解説したのが「光子の裁判」である。著者のえぐるような洞察力が存分に発揮された、珠玉のように輝く作品である。

（窪田高弘）

中村元《なかむらはじめ》　インド哲学者　一九一二〜一九九九

東京で育ち、第一高等学校から東京帝国大学文学部へ進み、印度哲学梵文学科で宇井伯壽の指導を受けた。一九四三年に博士号を取得、博士論文は「初期ヴェーダーンタ哲学史」。同年、東京大学助教授に就任し、後に教授となり、また東京大学文学部長を務めた。

インド思想史・仏教学で膨大な研究業績を残しただけでなく、多くの後進を育てたことでも知られる。若手研究者の支援を目的の一つとして、財団法人東方研究会を設立した（中村元東方研究所として現在に至る）。一方、『比較思想論』（岩波書店、一九六〇年）を著すなど比較思想の先駆者でもあり、一九七四年には比較思想学会の初代会長となった。

一九七五年には畢生の大作『佛教語大辞典』（東京書籍、全三巻）を刊行し、七七年には文化勲章を受章した。日本学士院の会員となり、海外の多数のアカデミーにも名を連ねるなど、学者として最高位の栄誉を受ける。一方で、仏教を中心として一般書の執筆を積極的に続けた。『慈悲』（平楽寺書店、一九五六年）はそうした著作の一つである。その生涯を通しておびただしい数の著作・翻訳ならびに録音・録画が残された。

〈全集等〉『決定版 中村元選集』全三二巻・別巻八（春秋社、一九八八〜九九年）

〈水先案内〉植木雅俊『仏教学者 中村元――求道のことばと思想』（角川選書、二〇一四年）

『〈仏典をよむ1〉ブッダの生涯』（岩波現代文庫、二〇一七年）

ラジオ連続講義「こころをよむ／仏典」を活字化した全四巻のうちの第一巻である。本書は、原始仏典を読み進めながら、ブッダの教えと生涯について解説している。

全五回の講義からなる本書の、最初の二回「ブッダの生涯」「ブッダのことば」は、『スッタニパータ』の関連する部分を読み進める。それによって、ブッダの生誕から修行時代までの伝記と、慈しみの心や人生の幸福とは何かといった基本的な教えについて、平易な説明をしている。ここで扱われる仏伝は非常に古い形の簡素なものであり、説かれる教えもまたきわめて素朴なものであるだけに、とても力強い内容となっている。

つぎの二回の講義「悪魔の誘惑」「生きる心がまえ」は、『サンユッタ・ニカーヤ』の関連する部分を読み進める。教化活動の起点となる梵天勧請など、ブッダの生涯にかかわるいくつかのエピソードを紹介することで、分かち与える功徳や、他人を害してはならないことなど、様々な実践的な教えについて説明をしている。

最後の「ブッダの最後の旅」は、『大パリニッバーナ経』に即して、ブッダの晩年について解説している。自らに頼れという教えや、この世を去るにあたって哀惜の情を述べるあたり、よく知られた話ではあるが、そこに中村自身の姿が重なっており、感動的である。

巻末に付されている前田専學による解説も充実した内容であり参考になる。

『慈悲』

（講談社学術文庫、二〇一〇年）

　慈愛に類するものは普遍的な徳の一つであるとしても、仏教が特に慈悲の宗教とされるのはどうしてなのかと本書は問う。楽を与える「慈」と苦を抜く「悲」からなる慈悲という語は、「いつくしみ」とも「あわれみ」とも言い換えられる。最初期の仏教においても後代の大乗仏教においても、慈悲は宗教的実践として確かに強調されてきた。釈尊が教えを説き始めたのも、世の人々の迷いを除き、悟りを得させようとする慈悲にもとづいてのことであった。修行者には無量の慈しみを修することが求められ、物を与え身をも犠牲に供するところに慈悲行が完成するとされた。大乗仏教では、一切の生きとし生けるものを救おうとする菩薩の誓願が端的に慈悲を示している。無量寿仏の慈悲を強調する浄土教はもとより、一見すると自利的に見える禅宗でも慈悲は重んじられている。

　なぜ仏教では慈悲が実践倫理の基本原理となるのだろうか。誰でも、自己より愛おしきものはないだろう。まさにそれゆえ、自己と同類たる他の人々もまた愛おしく、さらには生きとし生けるもの一切が愛おしいのだ。であればこそ、かかる愛を妨げる「自我」という軛から逃れねばならない。つまり慈悲は、自利と利他とが、非我説や空観によって一つとなるところに生じるのである。これこそ仏教の特徴をなす「自他不二の倫理」であるという理解のもとに、中村は広く仏教における慈悲のあり方を考察している。

（朝倉友海）

花田清輝《はなだきよてる》

文芸評論家

一九〇九～一九七四

京都帝国大学英文科中退ののち、一九三五（昭和一〇）年から三宅雪嶺・中野正剛が主宰する『我観』及び『東大陸』に時事評論を執筆。三九年に中野秀人らと「文化再出発の会」を発足、機関誌『文化組織』で評論を連載し、巧みなレトリックを駆使した批評スタイルを確立する。四五年以降は芸術運動にも関わり、花田と国本太が中心となって総合芸術運動体「夜の会」を結成し、同年に「アヴァンギャルド芸術研究会」が派生している。また、五七年に岡本太郎、安部公房らと「記録芸術の会」を結成している。

芸術評論『アヴァンギャルド芸術』（未來社、一九五四年）は一九五〇～六〇年代、芸術や文化に大きな影響を与えた。大井広介・平野謙・吉本隆明らと論争を繰り広げ、一九五〇年代から六〇年代にかけての、文学者の戦争責任問題・転向に関する吉本との論争は「花田・吉本論争」として知られている。戯曲と小説の執筆も行っており、戯曲『泥棒論語』（未來社、一九五九年）は第一回週刊読売新劇賞を受賞、小説『鳥獣戯話』（講談社、一九六二年）で第一六回毎日出版文化賞を受賞した。

〈全集等〉『花田清輝全集』全一五巻・別巻二（講談社、一九七七～八〇年）

〈水先案内〉絓秀実『花田清輝　砂のペルソナ』（講談社、一九八二年）

『復興期の精神』

（講談社文芸文庫、二〇〇八年）

マルクス主義に立脚し、レトリックと大胆な弁証法を駆使して転形期の論理を探る、花田の代表的著作。『文化組織』に一九四一〜四三年にかけて発表されたエッセーを中心にルネッサンス期のダンテ、レオナルド、ポー、ゴッホら二二人の軌跡を追求する。

第一章「女の論理——ダンテ」では、花田はロジック（論理）を男にたとえ、ロジックによって抑圧された「女の論理」があるとする。「女の論理」はロジックに対抗するためにレトリックを用いて相手を説得し、信頼（ピスティス）を得ようとする。レトリックとは、抑圧されたものの武器であり、現実を変革する闘争なのであるというのが骨子である。これは花田の闘争宣言でもある。第二〇章「楕円幻想——ヴィヨン」では、一つの中心を持つ円に対し、二つの焦点を持つ楕円を称揚する。花田は完全な円を純粋な心にたとえ、楕円を魂が分裂した状態になぞらえる。楕円が曖昧でみにくい印象を与えるとすれば、それは我々が円の亡霊に取りつかれているだけであり、短径と長径が等しい円はむしろ「楕円のなかのきわめて特殊な場合」に過ぎず、楕円のほうが一般的な存在であるという。すなわち分裂し、矛盾を内包している状態こそ一般的で、人間らしいと説いているのである。本書に通底する企みは、「男」や「円」にたとえられる従来の価値観を、抑圧されてきた論理によって転覆しようとするものである。

『アヴァンギャルド芸術』（講談社文芸文庫、一九九四年）

現在を「転形期」とし、芸術・文化の変革を目指す芸術評論である。本書の巻末の未來社版の「あとがき」によれば、超現実主義と抽象芸術、社会主義リアリズムとアヴァンギャルド芸術の関係に注目し、これらの対立物の闘争から、「二十世紀後半期に形成されるであろう芸術の姿を執拗におもい描こうとつとめた」ものである。花田が想定する「アヴァンギャルド芸術」は、「抽象主義と超現実主義とを、弁証法的に統一したものでなければならない」という。本書で分析の対象となる作品は、文学や絵画をはじめとして、マザー・グースやディズニーのアニメーションなど多岐にわたる。言及する幅の広さも本書の特徴のひとつである。

花田が重視するキーワードは「回帰」である。ここでいう回帰とは、具体的なものを探求し、さらに具体的なものを抽象化して、観念的なものとして把握したのち、観念的なものが再び具体化されて最初の出発点へ帰ってくるという過程をさす。この過程を経て弁証法的に統一した芸術が、花田の理想とする「アヴァンギャルド芸術」なのである。そのため本書では具象的＝非合理的な世界に限定して捉え、非具象的＝合理的な世界を黙殺する、あるいは一方の世界しか見ない芸術家を厳しく批判する。ここでは、対立物を対立したまま統一することを志向する花田の根幹的思想が見て取れよう。

（米村みゆき）

福田恆存《ふくだつねあり》

劇作家

一九一二～一九九四

一九三三（昭和八）年、東京帝国大学英文科を卒業、卒業論文ではD・H・ロレンスに取り組み、その後の思索に大きな影響を与えた。三七年、小学校同窓の高橋義孝に誘われ『行動文学』同人となり、大学院に進学。西尾實の紹介で、四一年に日本語教育振興会で『日本語』の編集に携わる。戦後、評論活動を活発化させ、四七年に初の評論集『作家の態度』（中央公論社）、『近代の宿命』（東西文庫）を刊行し注目をあびる。五〇年以降演劇への関心を強め、文学座で自作を上演し、その後六三年には、現代演劇協会を設立し、劇団「雲」を主宰した。演劇・芸術に関する評論に『芸術とはなにか』（要書房、一九五〇年）や『人間・この劇的なるもの』（新潮社、一九五六年）がある。また、ロレンスを翻訳した縁から、チャタレイ裁判では特別弁護人を務めた。

国語改良問題や憲法問題、文化人論などの話題で、保守派の論客としてジャーナリズムをにぎわせた。一九五五年に『シェイクスピア全集』の翻訳で岸田演劇賞、評論や翻訳等の業績に対して、八〇年に芸術院賞を受賞、八一年芸術院会員。

〈全集等〉『福田恆存全集』全八巻（文藝春秋社、一九八七～八八年）

〈水先案内〉川久保剛『人間は弱い　福田恆存』（ミネルヴァ書房、二〇一二年）

『保守とは何か』

（文春学藝ライブラリー、二〇一三年）

敗戦後に戦後文学の方向を見定めようと、「政治と文学」論争が繰り広げられた。福田は「一匹と九十九匹と――ひとつの反時代的考察」（『思索』一九四六年一一月）で、荒正人ら『近代文学』側とも中野重治ら『新日本文学』側とも異なる立場を明らかにする。政治と文学の分離を説きつつ、同時に近代個人主義における自己喪失の問題をも看取した福田は、その後長く近代社会と個人の対立を命題とすることになる。

本書では、年代ごとに福田の「個人」（エゴイズム）への思考の深化を見ることができる。エゴイズムを超えるものとして、「全体」としての「伝統」を見出していく過程のなかで、「保守主義」はつねに「遅れ」てくるものとされ、「保守的な生き方、考へ方」とは、「見とほし」を持たぬことであると「私の保守主義観」（『読書人』一九五九年六月一九日）で語られる。なぜなら、「保守派」は「過去」の「伝統＝全体」を生きているからである。この生き方にこそ、国語改良運動に対する痛烈な批判活動や伝統技術の保護の提唱、進歩的知識人への批判や戦後日本の「偽善」や「感傷」を批判する精神が生まれた。

「イデオロギーとしての保守」ではなく、「態度としての保守」を称した福田の基本的な論考のなかから、保守のテーマに関わるものを中心にまとめられた入門書として最適な一冊である。

（中公文庫、二〇〇九年）

『芸術とは何か』

　中学時代より演劇に関心を寄せていた福田は、一九五〇年ごろから戯曲の執筆や舞台の演出などを手掛けるようになる。そこで改めて見直されたのが「演戯」であった。

　近代実証科学の移入により、近・現代人は、生命力を失い、危機に瀕していると福田は見る。古代ギリシア演劇に遡れば、英雄は特別な個性を持つ人間がなるものではなく、「演戯」によって「ゼロ状態」の人間一般がなりうるものであった。だからこそ、観客もまたその「演戯」に「カタルシス」を覚え、「ゼロ状態」となりえた。この状態は、人間の持つ可能性であった。だが、人間は実証科学により現実の限界内に閉じ込められ、ありのままの現実を超えて、「演戯」によって自己を創造する力が失われてしまっていると説く。

　同時期に執筆された「キティ颱風」（『人間』一九五〇年一月号）を同年文学座で上演、一九五二年には文学座に加入し、「龍を撫でた男」（『演劇』一九五二年一月号）を上演するなど、舞台における「演戯」の原点回帰をもくろむ活動を続けた。演劇界への後押しをしたのは岸田國士。のちに『道遠からん』（一九五〇年）を共同演出している。同年八月には、新劇界と文学者との交流組織である「雲の会」を立ち上げ、作家が戯曲を執筆する機縁を作った。『芸術とは何か』の続編ともいわれる『人間・この劇的なるもの』（新潮社、一九五六年）と共に、福田の芸術論を代表する一冊である。

（中野綾子）

丸山眞男《まるやままさお》

政治学者

一九一四〜一九九六

政論記者・丸山幹治の子として生まれ、父の友人である長谷川如是閑の影響を受ける。一九三一年、第一高等学校文科乙類に入学。三三年に唯物論研究会の講演会に参加した際に検挙され、以後定期的に特別高等警察の刑事や憲兵の訪問を受ける。三四年に東京帝国大学法学部政治学科に進学し、南原繁の演習に参加。三七年の卒業と同時に同学部助手となる。日本政治思想史を専攻し、特に荻生徂徠と福澤諭吉の研究をライフワークとする。四〇年に東京帝国大学法学部助教授となる（東洋政治思想史講座担当）。四四年に応召し平壌にわたるが、病気のため召集解除。翌年再応召して広島県宇品の船舶司令部に配属され、八月六日に被爆する。敗戦により召集解除。四六年に発表した「超国家主義の論理と心理」が幅広い反響を呼び、六〇年代初頭まで現代政治分析や政治学の分野でも業績を残す。東大紛争ではたびたび批判の対象となり、その渦中で体調を崩して七一年に退官。庶民大学三島教室、青年文化会議、思想の科学研究会、平和問題談話会、憲法問題研究会、六〇年の安保改定反対運動などに参加し、また小規模の勉強会に積極的に出席した。

〈全集等〉『丸山眞男集』全一六巻・別巻一（岩波書店、一九九五〜二〇一五年）

〈水先案内〉苅部直『丸山眞男——リベラリストの肖像』（岩波新書、二〇〇六年）

『丸山眞男セレクション』（平凡社ライブラリー、二〇一〇年）

本書には戦中から一九六一年まで、丸山の活動が最も多彩だった時期に公表された各分野の代表的な作品が収められており、その学問的関心の広がりを知る上で好都合な構成となっている。晩年の丸山はみずからの足跡をふりかえって、日本政治思想史研究を「本店」、それ以外の政治学などの領域における研究を「夜店」と呼んだ。しかし、両者は切り離すことができない関係にある。丸山の学問的関心が、急激に悪化していく時局に多くの人々が引きずられていくさまを目の当たりにした、青年期の経験によって大きく規定されていたことは否定できない。このような事態をもたらした「精神構造」の来歴を明らかにするとともに、それを克服する主体の確立に資する伝統を見出すという課題を、丸山は「本店」の研究に託したのである。他方、人々が大勢に押し流されてしまう現象は日本特有ではなく、二〇世紀の欧米諸国にも多かれ少なかれ見られたものであった。社会における平等化とマスコミュニケーションの発達にともなって人々が孤立し、画一化するという大衆社会状況が生まれ、政治が各領域に浸透する「政治化」も進行する。丸山はこうした「現代」の問題にも同時に取り組む必要に迫られたのであり、ここから「夜店」の領域に踏み込んでいくことになった。したがって、「本店」と「夜店」の作品を合わせ読むことで、はじめて丸山の問題関心の所在とその意義を十分に捉えることができると言えよう。

『忠誠と反逆——転形期日本の精神史的位相』（ちくま学芸文庫、一九九八年）

本書出版の経緯は著者の「あとがき」に述べられているが、筑摩書房の出版物に掲載された論文を集成するところに眼目があり、特定のテーマに即して編まれたものではない。かえってそのために本書は、丸山の日本政治思想史研究のモティーフを示す好個なアンソロジーとなっている。第七論文「歴史意識の「古層」」（一九七二年）は、外来思想が変容されるパターンに一貫性を読みとり、日本思想史の展開を規定してきた要素を対象化しようとする丸山の「原型」論（ないし「古層」「執拗低音」論）を代表する作品である。この議論は、外から取り入れられた新しい思想が急速に広まる一方で、「古いもの」が思い出されたように突然表面化するということが繰り返されてきた日本思想史の特質を、全体として捉えようとする丸山の試みの所産である。その結論は、さまざまな思想を整序するための座標軸の役割を果たす思想的伝統が形成されなかったため、古いものと新しいものとの対決が十分に行われず、受容した外来思想と「原型」が並存しているというものであった。このような形で日本の思想的過去を構造化した上で、丸山は、その中から将来に向けた「伝統」形成の可能性を探り出す仕事に向かっていった。その代表作が本書の第一論文「忠誠と反逆」（一九六〇年）とそれにつづく二篇であり、ここでは「「ネガ」像から「ポジ」像を読みとる」という手法が遺憾なく発揮されている。（山辺春彦）

森有正《もりありまさ》　フランス文学者　一九一一〜一九七六

一九三八（昭和一三）年に東京帝国大学文学部仏文科を卒業。四八年東京大学文学部助教授に就任。初期は『パスカルの方法』（弘文堂、一九四三年）、『デカルト研究』（東大協同組合出版部、一九五〇年）などのフランス思想の研究を行うほか、ドストエフスキーに傾倒し『ドストエーフスキイ覚書』（創元社、一九五〇年）なども執筆している。五〇年にフランス政府給費留学生として渡仏し、以降二六年にわたり滞在。国立東洋語学校やパリ大学で日本語と日本文学を教えた。芥川龍之介作品のフランス語訳も行っている。日本思想に基づく「経験」を重視し、フランス思想と組み合わせることで「経験と思想」と呼ばれる独自の哲学を確立、独特の文体のエッセーとして発表する。『バビロンの流れのほとりにて』（大日本雄弁会講談社、一九五七年）、『遥かなノートル・ダム』（筑摩書房、一九六七年）はその代表作である。六八年に『遥かなノートル・ダム』で芸術選奨文部大臣賞を受賞し、一時日本に帰国している。その後、パリ大学日本館の館長を務める。日本に永住帰国を決めるが、パリで客死する。初代文部大臣を務めた森有礼の孫にあたる。

〈全集等〉『森有正全集』全一四巻・補巻一（筑摩書房、一九七八〜八二年）
〈水先案内〉杉本春生『森有正論』（ちゅうせき叢書、二〇〇四年）

『遥かなノートル・ダム』（講談社文芸文庫、二〇一二年）

同書は、森の「不断の関心」になっている日本文化と外国文化の問題をめぐる随想を九編収めたものである。表題作の「遥かなノートル・ダム」は、一九六六年の日本に一時帰国した滞在中に記されており、帰国前に書かれた「霧の朝」「ひかりとノートル・ダム」を併せた三編は「日本」を問題に据える。「解説」を記す山城むつみは、森の著作がユニークな日本論、日本人論という文脈で消費されるようになったのは、同書のあたりと推測する。さらに森はフランス人の立場からフランスから見える日本について書いたのではなく、フランスからみた日本のなかに同時に日本人として存在していることを痛感していると述べる。

「遥かなノートル・ダム」は、「経験」について哲学的に論じている。森は「経験」と「体験」を厳密に区別し、「体験」は「経験」の根底まで掘り下げられないものであるとする。「経験」の第一歩は「感ずる」ことであり「理解する」こととも根本的な相違をみる。「感ずる」とは、対象が外面的、偶然的なものが剝奪され、湯で捏ねたカタクリ粉がある瞬間から透明になるように、内面に向かって透明になってくること、感覚の一つの状態が自分の中に形成され、それが限りなく深まりうることであるとする。「感ずる」ことは予見することができず、深い内面の「促し」によって人は「冒険」に身を投じてゆく。「思想」に至る唯一の道は「促し」から「冒険」を通して真の「経験」に至ることだと述べている。

『思索と経験をめぐって』

（講談社学術文庫、一九七六年）

本書は、森がパリに渡り二六年を経て、自身の存在の支柱を意識的、無意識的に模索し続けた経過の一端であるという。その期間は、次第に暗がりが明るくなってくる過程でもあり、重い過去の負い目を払う苦闘の日々でもあったと森は告白している（「あとがき」）。森は「思想」とは「思索と行動との支柱であり、単なる命題ではない」という。「その本態は存在を自己において確認し、その周囲に常に新しい展望を拓くものである」と述べる。

本書には、森の代表的なエッセー「霧の朝」「変貌」「木々は光を浴びて」、書簡体の「ルオーについて」、講演録「経験について」の五編が収録され、うち二編は『遥かなノートル・ダム』にも収録されている。

第五編の「経験について」は、自分の到達の端緒であると述べている（「あとがき」）。ここで語られているのは「経験」の真の意味である。森は、二五年前の「敗戦の経験」を持ち出し、日本人が敗戦を現実には感じなかったと述べる。「経験」とは、自分たちが現実によって変容や作用を受けることだが、「敗戦」は大部分の日本人にとって本当の意味で敗戦と経験されなかった、それが今日の問題の起因となっていると見透かす。講和条約の締結などの際に、ようやく敗戦であったことがわかり、それゆえに問題が生じることを間接的に理解するようになったのだと述べている。

（米村みゆき）

湯川秀樹《ゆかわひでき》

物理学者

一九〇七〜一九八一

一九〇七年に、地理学者の父小川琢治、母小雪の三男として東京で生まれた。父が京都帝国大学に転勤になった際に一家は京都に移った。第三高等学校を経て、二九年に京都帝国大学理学部を朝永振一郎とともに卒業した。三二年に湯川スミと結婚、湯川姓を名のることとなった。京都大学の副手、講師を経て三三年に大阪帝国大学理学部講師となった。三四年に新しい素粒子、中間子の存在を予言する論文を発表し、これが認められて四九年のノーベル物理学賞受賞に繋がった。三九年には京都帝国大学教授になり、第二次世界大戦後は、欧文学術雑誌「理論物理学の進歩」を発刊して国内の研究活動の発展に努めた。四八年に渡米、プリンストン高等研究所やコロンビア大学で研究を行い、五三年に帰国して新設の京都大学基礎物理学研究所の所長となった。ラッセル・アインシュタイン宣言に署名し、パグウォッシュ会議に参加するなど、世界の平和に向けた活動に生涯取り組んだ。湯川の居所だった地に近い、兵庫県西宮市立苦楽園小学校の校庭には中間子論誕生記念碑が建立され、そこには「未知の世界を探求する人々は地図を持たない旅人である」と刻まれている。

〈全集等〉『湯川秀樹著作集』全一〇巻・別巻一セット（岩波書店、一九八九〜九〇年）

〈水先案内〉桑原武夫、井上健、小沼通二編『湯川秀樹』（日本放送出版協会、一九八四年）

『創造的人間』（角川ソフィア文庫、二〇一七年）

この本は、湯川がいろいろな機会に講演をした記録や執筆したものを、一冊の本にまとめたものである。編集の際には、人間の創造性の本質は何か、という湯川の関心事に関連が深いものが集められている。湯川は、核力の中間子論を提唱、発展させることによって、若くして輝かしい創造的活動を展開した。そのこともあって、人間はどのようにすれば創造的になれるかというテーマに、終生関心を持ち続けた。ひとくちに創造性といっても、この本ではいろいろな切り口で議論が展開されている。歴史的観点からは、古代ギリシャで自然科学が大きく成長したのに対して、古代中国や古代日本がそれに及ばないのは何故かと問う。地理的環境を考える場合は、近代科学が西欧で発達し、日本は明治維新以降に西欧を追いかけることになったのは何故かが関心事となる。発展する文明社会の中で、いかにして創造性を発揮するかという切り口では、例えば大型計算機が発達し、大きな加速器を建設して巨大科学を押し進めるにあたって、どのようにして個人が創造性を発揮できるかがテーマとなる。そして機械には及ばない人間の能力は何かと問いかける。創造性を育てるための教育という観点では、学習と研究は本来は別物ではなく、模倣も創造へのステップであるという。この本では、創造性を育むポイントは何かという観点から、湯川の様々な思いが吐露されている。

『旅人――ある物理学者の回想』

（角川ソフィア文庫、二〇一一年）

湯川は中間子の存在を予言したという業績により、ノーベル物理学賞を四二歳の若さで受賞し、敗戦で打ちひしがれていた日本国民に大きな勇気を与えた。当時の国民の熱い期待に応えるように、湯川は自伝を朝日新聞に連載した。それを文庫本にしたのが本書である。自伝といっても、生誕から中間子論の第一論文を書き上げた二八歳頃までの回想記である。湯川は、研究者は地図を持たない旅人であると言う。そして自分は見知らぬ土地の遍歴者であり、荒野の開拓者でありたいという強い願望を持っていた。それが本書の題名にも反映している。湯川の学者としての偉大な成功を支えた要素を考えるとき、誰もがまず思い浮かべるのは、彼の父や兄弟たちが醸し出す知的な家庭環境のことである。長兄芳樹は金属工学、次兄茂樹は東洋史、弟の環樹は中国文学と、それぞれの分野で大をなした兄弟たちであった。地理学者の父琢治も、実に幅広い分野に興味を示す人であったという。京都府立一中や第三高等学校時代の交友関係もまた刺激的なものであった。湯川の知的関心は、中国の哲学や文学など広範な分野に及ぶ。それらが総合的に凝縮、結晶化したものが物理学において開花した様子が、この本全体から伝わってくる。湯川が渾身の力を振り絞って中間子論を世に送り出した様子が、この本の最終部分に詳しく描写されており、物理学者の自伝として貴重なものとなっている。

（窪田高弘）

吉川幸次郎《よしかわこうじろう》

漢学者・中国文学者　一九〇四〜一九八〇

一九〇四（明治三七）年兵庫県神戸市の生まれ。第三高等学校を経て京都帝国大学文学部文学科に入学し、支那語学・支那文学を専攻。二六年三月大学を卒業、大学院に進んで唐詩を研究題目とする。二八年から三一年まで中国に留学し、清朝考証学などを学ぶ。帰国後、東方文化学院京都研究所所員となり、京都帝大講師も兼任した。『尚書正義』の校訂から現代文学の批評・紹介まで、この時期既に幅広く中国文学全般を手掛けている。

戦後の一九四七年四月には論文「元雑劇研究」で文学博士の学位を得、六月には京都帝大の文学部教授となる。のち日本学術会議会員や国語審議会委員などを歴任、京都大学文学部長も務めた。その間にも元の雑劇や杜甫の詩の研究などを含め、古代から現代、文学から思想にわたる多方面で業績を残している。また専門的研究の一方で、一般向けの著作や講演にも力を入れ、中国文学・文化に関心を持つ人々を多く生み出した。三好達治との共著『新唐詩選』（岩波書店、一九五二年）のほか、『漢文の話』（筑摩書房、一九六二年）や『宋詩概説』（岩波書店、一九六二年）など多くの著作がある。八〇年四月没。

〈全集等〉『吉川幸次郎全集　決定版』全二七巻、別巻一（筑摩書房、一九八四〜二〇一九年）

〈水先案内〉礪波護・藤井譲治編『京大東洋学の百年』（京都大学学術出版会、二〇〇二年）

『漢文の話』

（ちくま学芸文庫、二〇〇六年）

吉川は一九六二年の一年間に、複数の杜甫論を含む二〇余りの文章を発表する一方、四冊の本を出している（『全集』第二七巻の横山弘編「吉川幸次郎編年著作目録」による）。『漢文の話』は一二月に新書（「グリーンベルト・シリーズ」）として刊行されたもので、「漢文を読む心得」や漢文の「中国の文章語としての性質」を説く総論的な上篇と、歴代の文章を類別に実際に読んでいく下篇とに分かれている。

入門書というにはややユニークで、文法知識にしても文学史にしても「網羅的である」ことにはこだわっていない。その代わり、例えば下篇第二「古代の議論の文章」で『孟子』の一節（「五十歩百歩」を含むくだり）を詳しく解剖するように、漢文の「簡潔の美」や「リズムの美」について実際の文章に即し徹底的に示してゆく。あるいは下篇第七「近世の叙事の文章としての「古文」」では、「碑誌伝状の文章」を「歴史書を大きなロマンとすれば、これは私小説である」と評しながら、韓愈が夭逝した娘を悼んで綴った「女挐壙銘」を精読し、込められた感情に迫る。内容・思想の紹介に終わらず、「なぜその字を用いるのか」まで説き明かしてゆく語りに本書の妙味がある。小著ながら、「個別こそ普遍への示唆である」（『全集』第一巻「自跋」）と考え、「中国人と同じ生活感情になろうと」（同第二巻「自跋」）努めた著者の思想と姿勢を知ることのできる一冊となっている。

『宋詩概説』

（岩波文庫、二〇〇六年）

一九六二年一〇月に岩波書店『中国詩人選集二集』第一巻として刊行されたもの。序章は宋詩の特徴について（しばしば唐詩との比較を交えながら）解説する総論、第一章以降が各詩人の作品を読み解く個別研究となっている。宋詩の特徴として著者が挙げるのは「日常の生活への細かな観察を含むこと」や「悲哀の止揚がなされていること」などである。七六頁では「要するに人間への興味の濃厚な詩である」ともいうが、吉川は宋詩の意義を単に技巧や趣味の問題にとどめず、哲学（人間観）の転換という点に見出した。

欧陽修ら北宋の大詩人を論ずる部分が本書の中心であるが、特に詳説されるのが蘇軾（蘇東坡）である。彼の作品と人格を通じて詩が「悲哀の止揚」（または「悲哀からの離脱」）を果たし、詩の歴史も変えたのだとする。本書はこのように、一方に新たな文学史観の大きな提示を含む。他方で、個々の作品の味を教える筆遣いも入念である。例えば梅堯臣の一部の作品に言及しつつ「現在のわれわれの文学では私小説の境地である」と評して、その観察の細かさに注目させる。また例えば邵雍の『撃壌集』を「毛色の変った人物の、毛色の変った詩集」と評し、その独特の詩（「歓喜吟」など）を掲げ興味を引く。

「『元明詩概説』とともに、六十に近づいた私がもっとも力をこめて書いたもの」（『全集』第一三巻「自跋」）と自らいう本書は、漢詩の世界への誘いに満ちている。

（大橋義武）

Ⅴ　高度経済成長期以降

一九六一（昭和三六）年〜

時代と思想❺ 高度経済成長期以降

高度経済成長期とは、経済の実質成長率がほぼ一〇％を超えていた、一九六〇年代を指している。第四次中東戦争によって、石油危機が到来する一九七三（昭和四八）年まで、人々の所得は向上し、生活形態は大きく変化した。大量生産・大量消費に伴う流通革命は、スーパーマーケットを一般化させる。またエネルギー革命が起きて、石炭から石油に移行し、家庭の電化が進んだ。電気洗濯機・電気冷蔵庫・電気掃除機の代わりに、カラーテレビ・クーラー・自家用車が、新しい「三種の神器」になる。東京オリンピック開催と、東海道新幹線開通は、その間の六四年の出来事である。この時代には公害が前景化した。水俣病、阿賀野川水銀中毒、四日市ぜんそく、イタイイタイ病は、四大公害と呼ばれる。石牟礼道子は水俣病の患者に寄り添いながら、鎮魂の思想と文学を紡いでいった。

一九二二年にソビエト社会主義共和国連邦が、世界最初の社会主義国として成立して以来、マルクス主義は日本の学問に大きな影響を与えてきた。しかし五六年にソ連共産党大会でスターリンが批判され、同年のハンガリー動乱、六八年の「プラハの春」の弾圧、六五〜七七年の中国の文化大革命を経て、マルクス主義や特定の革命家の神話性は、次第に剝落していく。他方でマルクスの読み直しも進んだ。共産主義者同盟（ブント）を理論的に支えた哲学者の廣松渉が、六〇年代末〜七〇年代前半に執筆したマルクス主義三部作はその一つである。文芸批評家の柄谷行人は七〇年代末に、『マルクス　その可能性の中心』を刊行した。それから約一〇年、八九年に東西冷戦の象徴だったベルリンの壁が市民によって破壊され、その二年後にソビエト連邦が崩壊する。

一九六〇〜七〇年代に日本の知識人の一部は、ベトナム戦争に積極的にコミットした。ベトナムは南北に分断されていたが、六四年にトンキン湾で艦艇を攻撃されたアメリカは、大量の地上部隊を投入して、北ベトナムを空爆する。南ベトナム解放民族戦線はゲリラ戦で対抗し、アメリカ軍は一〇年後に撤収を余儀なくされた。七五年になるとサイゴンが陥落して、南ベトナム政府は崩壊する。日本では、いいだ・もも、小田実、開高健、久野収、鶴見俊輔、日高六郎らが、反戦運動を展開した。ベ平連（ベトナムに平和を！市民連合）はその中心になった組織で、戦争継続中は街頭デモや反戦広告を行い、脱走米兵を支援している。

一九六八年にパリでは、学生運動から始まる五月革命が全土に広がった。日本でも大学の管理・運営・自治、教育や学費をめぐって、大学闘争が一五〇校以上の大学で起きる。その半数近くの大学はバリケードで封鎖された。中核を担ったのは、各派に分裂した全学連ではなく、無党派学生を中心にした全共闘（全学共闘会議）である。東大全共闘と日大全共闘の活動は顕著で、前者は六九年一月に安田講堂に立て籠るが、機動隊が突入して落城した。全共闘運動に最も影響を与えた思想家は吉本隆明である。吉本は六〇年代後半〜七〇年代初頭に、『言語にとって美とはなにか』『共同幻想論』『心的現象論序説』などの体系的な書物を執筆している。全共闘運動崩壊後は、新左翼各派の内ゲバが激しくなる。やがて最左派の連合赤軍は、リンチ事件や浅間山荘事件を引き起こした。

第二次世界大戦以前の帝国大学は、例外を除いて女性に門戸を閉ざしている。一九四七年に東京大学に入学した社会人類学者の中根千枝は、戦後社会に女性が進出する曙の、象徴的な知識人である。東大教授も、国立大学研究所長も、日本学士院会員も、女性では初めての肩書きだった。一一年創刊の『青鞜』のフェミニズム（女性解放運動）の系譜は、やがてジェンダー（社会的・文化的に要請される男女の役割の違い）を問う潮流になる。全共闘運動を経て社会学者になった上野千鶴子は、八〇年代以降のフェミニズムやジェンダー平等化の運動を担った一人である。

優れた思想は、読み換えられることで、新たな思想を誕生させる。日本民俗学を創始した柳田國男は、繰り返し読み直されてきた一人だろう。柳田は民俗伝承の担い手として、定住農耕民を想定した「常民」という概念を提唱している。柳田に関心を抱いた宮本常一は、渋沢敬三の影響を受けながら、フィールドワークによる民具などのデータを蓄積して、漂泊民をクローズアップした。宮本の研究は、非農耕民に着目する網野善彦の世界に引き継がれている。さらに研究領域を固定的に捉えず、クロス・ジャンルさせることで、新たな「知」の世界が生み出されることもある。神島二郎『常民の政治学』は、柳田民俗学と丸山眞男の政治学を接木させることで誕生した。小松和彦の妖怪学は、柳田の妖怪の捉え方をずらすことで成立している。

思想は必ずしも、時代との緊張関係によって成立するわけではない。時代思潮から遠い場所で構築される思想的な営為もある。四〇代前半で壮大な漢和辞典の編集を提案された諸橋轍次は、四〇代後半になってからその仕事に着手する。空襲や失明を乗り越え、『大漢和辞典』全一三巻（大修館書店）が完成したのは、三〇年以上経ってからのことである。ひたすら漢字と向き合うなかで過ごした時間は、誰も共有できない。ただ仕事は異なっても、その単独者性は、折口信夫や南方熊楠、加藤周一や山口昌男にも認められる。誰もが関係性の網目のなかで生きていくしかない。しかし諸橋の仕事に顕著な単独者性は、まだ誰も見たことがない世界を誕生させるための必要条件である。諸橋が目にした光景は、思想の遺伝子として残り、いつかどこかで別の花を開かせるに違いない。

一九八〇～九〇年代はポストモダン思潮が、フランスやアメリカで流行し、日本でも文化諸領域で盛んになった。五月革命を体験したフランスの哲学者ジャン゠フランソワ・リオタールは、世界を解釈しようとするモダンな時代の「大きな物語」は、すでに終焉していると、『ポストモダンの条件』（一九七九年）で述べている。二一世紀に入るとパソコンが急速に普及していった。二〇～三〇年代のモダン都市の時代に、機械文明の急速な発達は、時間と空間の距離を一気に縮めることで、文化全般を大きく変容させた。それと同じようにパソコンの普及は、時間を一気に縮め、空間を拡張していく。人工知能（AI）が人間の知能を超えるシンギュラリティの後、世界や人間は、どのような姿をしているのだろうか。まだ歴史として記述することはできないが、思想は新しい事態と向き合いながら、現在も編まれ続けている。

（和田博文）

石牟礼道子《いしむれみちこ》　作家

一九二七～二〇一八

一九二七（昭和二）年に、熊本県天草郡に生まれ、生後間もなく水俣に移住した。水俣実務学校を卒業し、一六歳で代用教員として勤務したのち、退職して四七年に結婚。

その後詩歌を中心に文学活動を開始し、一九五八年には詩人の谷川雁が主宰する同人誌『サークル村』に参加する。五九年に病院で水俣病患者の存在を知り、六八年には日吉フミコらと共に水俣病対策市民会議を結成した。翌年には『苦海浄土――わが水俣病』（講談社）が刊行され、大きな反響を得た。その後も、水俣病患者に寄り添い、『苦海浄土』第三部『天の魚』（筑摩書房、一九七四年）などを発表し、執筆・社会運動を継続した。二〇〇二年には新作能「不知火」を発表する。〇四年には、中絶していた『苦海浄土』の第二部『神々の村』（藤原書店）を完成させ、三部作が完結した。

一九七三年にはこれまでの活動が評価され、マグサイサイ賞を受賞。多くの著書があり、九三年には『十六夜橋』（径書房）で紫式部文学賞を、二〇〇二年には朝日賞を、〇三年には詩集『はにかみの国』（石風社）で芸術選奨文部科学大臣賞を受賞した。

〈全集等〉『石牟礼道子全集　不知火』全一七巻・別巻一（藤原書店、二〇〇四～一四年）

〈水先案内〉田中優子『苦海・浄土・日本　石牟礼道子もだえ神の精神』（集英社新書、二〇二〇年）

『新装版 苦海浄土――わが水俣病』（講談社文庫、二〇〇四年）

四大公害病のひとつである水俣病の存在を知った石牟礼は、患者のもとへ向かい、聞き取りを開始する。その聞き取りによって描かれた作品は、一九六〇年から『サークル村』にて断続的に連載され、全七章からなる本書の第三章「ゆき女きき書」となる部分がまず「奇病」のタイトルで書き始められた。六五年からは『熊本風土記』で「海と空のあいだに」のタイトルにより連載が開始される。この連載の後押しをしたのが『逝きし世の面影』（葦書房、一九九八年）の著者・渡辺京二であり、渡辺と石牟礼の交流はここから長く続いた。改題して六九年に単行本が刊行されると、すぐさま第一回大宅壮一ノンフィクション賞に選ばれるが、受賞を辞退したことでかえって話題を呼ぶことになった。

チッソ（新日本窒素）による有機水銀の流出を原因とする水俣病患者たちの声を、石牟礼は単なる「聞き書き」のまま著すことはしていない。後年のインタビュー等で明らかになっているように、本書は語られた言葉以上の声を聞き取り、語ることのできない水俣病患者たちの魂に触れることで執筆した石牟礼の特性が顕著に現れている。その意味で公害被害を告発するための「ルポルタージュ」とは大きく一線を画す。石牟礼自身も「詩」のつもりで執筆したと語るように、高度経済成長期の負の側面である過酷な水俣病患者の現実と創作とが混ざり合うことで、はじめて表現することが可能となった稀有な書である。

『椿の海の記』

（河出文庫、二〇一三年）

有機水銀に汚染される以前、昭和初期の水俣の記憶が、異界と時空間を巧みに行き交う四歳の少女「みっちん」の視線を通して描かれる。「道子」こと「みっちん」は、水俣の豊穣さを存分に語るのだが、だからこそ水俣病以後の世界に生きる語り手の言葉が重くのしかかる。『苦海浄土』の前史ともいえるこの書は、作者の自伝ともエッセイとも小説ともつかないが、そうしたジャンル分けは本書には無粋だろう。

濃密な人間関係が織りなす本書において、祖母である「おもかさま」の存在が際立つ。「神経殿《どん》」とも呼ばれ、時に錯乱の世界に生きた盲目の祖母との交流は、魂の世界へと行き来する石牟礼道子の創作の原点にあったのではないかと思わされる。

さらに、「おもかさま」を取り巻く人々の態度を、四歳の少女は幼いながらにも冷静にみつめ、差別が起こる現場を描き出す。「おもかさま」だけではなく、売られてきた若い娼婦ぽんたやハンセン病に罹患した一家の様子など、人々が何気なく発する言葉のほんの端々にのぼる差別を語り手は見逃さない。

また、本書で行われた方言を主体とした語りのあり方は、近代文学が「近代」であろうとするがゆえに葬ってきた言葉や表現を文学に呼び戻す試みでもあったのではないか。石牟礼の抒情性が遺憾なく発揮された最高傑作との呼び声高い一冊である。

（中野綾子）

上野千鶴子《うえのちづこ》 社会学者 一九四八〜

富山県に生まれる。一九七二年、京都大学文学部哲学科社会学専攻卒業。同大大学院文学研究科社会学専攻博士課程を経て、八二年、現代消費社会の女性表象を読み解いた『セクシィ・ギャルの大研究』（光文社）でフェミニスト論客として注目されて以来、日本のフェミニズムを牽引し続けてきた。二〇〇九年にNPO法人ウィメンズアクションネットワーク（WAN）設立、一一年より理事長。日本学術会議会員。京都精華大学、東京大学、立命館大学などで教鞭をとった。一一年、朝日賞受賞。

女性の性を女性視点で描いた『スカートの下の劇場』（河出書房新社、一九八九年）、近代社会におけるジェンダーの位相を批判した『家父長制と資本制』（岩波書店、一九九〇年）、『近代家族の成立と終焉』（同、一九九四年、サントリー学芸賞）、『ナショナリズムとジェンダー』（青土社、一九九八年）、ベストセラー『おひとりさまの老後』（法研、二〇〇七年）にはじまる〈おひとりさま〉シリーズなど、時代思潮に形を与える書を生み出し続ける一方、次世代に向け『〈おんな〉の思想』（集英社インターナショナル、二〇一三年）などを著す。

〈全集等〉 未刊行
〈水先案内〉 千田有紀編『上野千鶴子に挑む』（勁草書房、二〇一一年）

『スカートの下の劇場――ひとはどうしてパンティにこだわるのか』（河出文庫、一九九二年）

「スカートの中」ではなく、「スカートの下」なのである。本書が女性を客体としてまなざす男性の視点からではなく、女性自身の視点から、女性のセクシュアリティという「謎」に迫るものであることを、このタイトルが端的に示す。企業メディア誌の下着特集への短い寄稿をきっかけに生まれた本書は、刊行当初から大きな反響を呼んだ。

文化の中で生きられるセクシュアリティは、歴史や社会の産物という面を強くもつ。それは消費社会が用意するさまざまな欲望の装置に翻弄され、矢継ぎ早に形を変え続けてきた。そのような装置のひとつ、「下着」というモノのあり方を映し鏡に、著者は多方面からの考察を展開する。身体を覆うことの意味と歴史、女性のナルシシズムと男性のファンタジー、家族のあり方と身体管理、セクシュアリティとブラザーフッド／シスターフッド、フェティシズムとリアルな身体、性の規範とその変遷――。著者の語りからくっきりと浮かび上がるのは、男女のセクシュアリティの徹底的な非対称性である。本書の眼は、それぞれの性に固有の疎外、男女間で繰り広げられる悲喜劇に及び、あたかも三〇年後の今日を見通していたかのように、リアルからの逃避という未来像を描く。

セクシュアリティを表舞台で論じること、しかも女が論じること、そのタブーを怒濤のごとく打ち破り、時代を画した一冊である。

『〈おんな〉の思想——私たちは、あなたを忘れない』（集英社文庫、二〇一六年）

「〈おんな〉の思想」はいかに形作られてきたのか。本書はその歩みを次世代に伝えるために書かれた。著者は自身の血肉となったことばたちを道しるべに、現代フェミニズムの、また個人としての著者自身の、思想形成の道のりを辿りなおしていく。

第一部では、森崎和江、石牟礼道子、田中美津、富岡多恵子、水田宗子による著作が取り上げられる。それぞれの作品が書かれた一九六〇年代から八〇年代は、現代に続くフェミニズム思想の黎明期でもある。ありあわせの表現への違和感を抱えた若き日の著者は、これらの作品に衝撃を受ける。女である経験について書かれたものだけではない。「女でなければ書かれなかった」と著者に感ぜしめたことばの数々が、「肺腑に沁みた」のだ。

第二部は、ミシェル・フーコー、エドワード・W・サイード、イヴ・K・セジウィック、ジョーン・W・スコット、ガヤトリ・C・スピヴァク、ジュディス・バトラーによる著作を扱う。「「おんな／おとこ」をつくりだすしかけ」を考える助けとなってきたこれらの試みもまた、「〈おんな〉の思想」の重要な一部だと著者はいう。こう考えれば、「〈おんな〉の思想」は決して女性思想家の専売特許ではない。

本書がひもとく〈おんな〉の思想の広がりに、語りえなかった事柄に形を与え、見えなかったしくみに光を当てる思想という営みの力を改めて感じることができる。

（金野美奈子）

梅原猛《うめはらたけし》

哲学者

一九二五～二〇一九

一九二五年、宮城県仙台市生まれ。西田幾多郎や田辺元に憧れ、四五年京都帝国大学哲学科に入学。四八年、同大学卒業。五三年、龍谷大学専任講師。五五年、立命館大学専任講師。この頃より日本文化の研究に傾倒し始める。『美と宗教の発見——創造的日本文化論』（一九六七年）、『地獄の思想』（同年）。六九年、学園紛争で立命館大学を去る。七二年、京都市立芸術大学の教授に就任。『隠された十字架——法隆寺論』（一九七二年）、『水底の歌——柿本人麿論』（一九七三年）を出版。日本史における怨霊の役割を強調した、独自の歴史観・日本文化観を提唱する。七四年、同大学の学長に就任。八〇年代には、国際日本文化研究センターの発足に関わり、八七年に同センターの初代所長に就任。日本文化の基層をたずねて、縄文文化の研究にも取り組む。また、戯曲『ヤマトタケル』を出版するなど、思想家の枠組みを超えて活躍。九二年に、文化功労者に。さらに、日本仏教の研究にも取り組み、二〇〇〇年には『法然の哀しみ』を刊行。前年の九九年には文化勲章を受章。最晩年には「人類哲学」を提唱した（『人類哲学序説』二〇一三年）。

〈全集等〉『梅原猛著作集』全四〇巻（第Ⅰ期 集英社一九八一～八二年、第Ⅱ期 小学館二〇〇〇～〇三年）

〈水先案内〉『総特集 梅原猛』（『ユリイカ』二〇一九年四月臨時増刊号、青土社）

『海人《あま》と天皇――日本とは何か』上・中・下（朝日文庫、二〇一一年）

梅原には和辻哲郎や西田幾多郎などの日本文化論に大きな不満があった。それは彼らの視点が基本的に西洋との対比に向けられていたからである。日本文化のあり方は、まずは中国文化との綿密な比較によって明らかにされなければならない。このように述べ、彼は聖徳太子から菅原道真までの日本の「第二の建国」の時期（第一は、弥生から古墳時代）を分析していく。

基本的に飛鳥時代から奈良時代までの政治的権力の変遷が辿られるが、女帝に焦点が当てられていることがこの書の特徴である。確かに、この時期には女性天皇が多い。推古天皇、持統天皇、孝謙天皇など六名の女帝がいる。梅原によればそれは偶然ではない。中国の律令を日本に輸入する際に、当時の権力者・藤原不比等はそれを自家に権力を集中させると同時に、中抜きされた権力の座に女性が座ることを排除しないものに改変したからである。このことが結果として「象徴天皇制」を生んだと梅原は言う。

当初「日本とは何か」と意図されていたタイトルが「海人と天皇」に変わったのは、宮子の存在に梅原の関心が集中したからである。宮子とは、不比等の長女で、文武天皇との間に後の聖武天皇を生む人物である。ただ、彼女には和歌山県道成寺に伝わる伝承が存在する。それによれば宮子は当地の海人の娘であり、その美貌が認められて、不比等の養女となったとされる。梅原はこの伝承が歴史的事実であったことを論証しようとする。

『水底の歌――柿本人麿論』上・下　（新潮文庫、一九八三年）

梅原日本学の中でも、もっともセンセーショナルなものは、『隠された十字架』（一九七二年）での聖徳太子怨霊説であろう。それによれば、法隆寺は太子の霊を鎮魂するために建立された寺院だという。続いて出版された本書『水底の歌』（一九七三年）では今度は歌聖とされる飛鳥時代の詩人・柿本人麿も怨霊であることが主張される。当時の権力者・藤原不比等に政治的に追放され、和銅元（七〇八）年の初夏、都から遠く離れた石見国高津の沖合で、水底へと投げ入れられた。梅原はこのように主張する。

梅原の論証および結論の是非はここで扱うことはできないが、その背後にある彼の思想について触れておくことにしよう。端的に言って、それは反合理主義の立場である。ニーチェやハイデガーから学んだ手法がここで日本精神史の分析に適用されている。そして、梅原によって近代合理性の精神を体現したものとされるのが、後の人麿解釈に圧倒的な影響力を有した、江戸時代の国学者・賀茂真淵である。梅原にとって許しがたかったのは、彼が紀貫之によって書かれた『古今和歌集』の「仮名序」における人麿の記述を自説に都合よく改竄していることである。なるほど、人麿が平城天皇（在位八〇六～八〇九）と「身をあわせ」たという紀貫之の記述は真淵の合理主義の立場からは理解されるべくもないが、それはむしろ「深い魂の内面における、二つのペルソナの美的共存」を意味すると梅原は言う。（竹花洋佑）

加藤周一《かとうしゅういち》
作家・評論家
一九一九〜二〇〇八

戦後日本を代表する国際的な知識人である。医者の長男として東京府に生まれる。東京府立第一中学校、第一高等学校を経て、一九四〇年に東京帝国大学医学部に入学。血液学を学ぶかたわら、同大学フランス文学研究室にも出入りする。四三年に繰上げ卒業。敗戦直後に広島で被爆の調査と治療にあたり、はたして医学は人間を救えるか、という疑念を抱いた。

加藤の文学への目覚めは、中学校で芥川龍之介を読んだことに遡るが、次第にフランス文学へと関心を広げてゆく。一方、高校時代から『万葉集』をはじめ日本古典文学に親しんだ。

しかし、加藤の関心は文学に限定されなかった。加藤の好奇心はほぼ森羅万象に亘った。なぜなら、加藤は「自由」を尊び、自由であるためには、自らに課される条件――歴史的、政治的、経済的、宗教的、人種的、性的条件などを知り、それらの総合的・全体的な理解が必要だと考えたからである。だからこそ日本の問題を考えるにも加藤は国際的な比較の視点から捉えた。自分の考えが外国人にどう理解されるかを知るため、一五に及ぶ海外の大学で教鞭をとり、国内では積極的に市民との勉強会を楽しんだ。一九九三年度朝日賞を受賞。

〈全集等〉『加藤周一著作集』全二四巻（平凡社、一九七八〜二〇一〇年）

〈水先案内〉鷲巣力『加藤周一はいかにして「加藤周一」となったか』（岩波書店、二〇一八年）

『羊の歌――わが回想』正・続　（岩波新書、一九六八年）

加藤の自伝的小説であり、代表作の一つである。一九三八年に創刊され、今日までに三〇〇〇冊余を刊行した「岩波新書」のなかで、人気ベストスリーを誇る超ロングにしてベストセラー作品。母方の祖父の話から始まり、加藤が四一歳になる一九六〇年までの、およそ一〇〇年間が描かれる。「平均的日本人」の自分が時代のなかでどのようにつくられたかを綴ったと加藤は記すが、むしろ、日本人に稀なる自立した精神をいかに培ったか、ということが本書の主題である。それは、とりもなおさず、現代日本人の可能性を示すものでもある。

本書には合理的思考で明晰に書かれているという定評がある。しかし、意識して書いたのだろうが、論理の展開は飛躍し、叙述は曖昧さを含み、筋は連想ゲームの如くに展開することもある。新書といえども読むに容易ではないが、加藤の文体は、これを音読すれば心地よい。

正編に描かれる青春時代は「一五年戦争」に重なる。戦時と戦後に、ずるずると引きずられる知識人、たちまち変わっていく人びとを目の当たりにした。戦争体験は「日本人のものの考え方とはいかなるものか」という問題意識を抱かせ、これが加藤の言動の原点となる。

続編に述べられるフランス留学の日々は、フランス文化をはじめヨーロッパ文化を理解し、戦争体験で得たみずからの問題意識を深めるための比較の視座を築くものだった。なお、一九六〇年以降の加藤の人生は『『羊の歌』余聞』（ちくま文庫、二〇一一年）などに記される。

『日本文学史序説』上・下

（ちくま学芸文庫、一九九九年）

加藤の主著である。日本文学の歴史を、『万葉集』の時代から二〇世紀半ばに至るまで、通史として綴った。日本文学通史は一九世紀後半以降に書かれるようになるが、個人による本格的な日本文学通史は数点しかない。すなわち、その嚆矢となった三上参次・高津鍬三郎『日本文学史』（金港堂、一八九〇年）、津田左右吉『文学に現はれたる我が国民思想の研究』（洛陽堂、一九一六〜二一年）、山元都星雄『日本文学史——社会学的に見たる』（白楊社、一九三八〜四一年、未完）、小西甚一『日本文藝史』（講談社、一九八五〜九二年）、そして本書である。

本書の特徴の第一は、文学の概念を広くとることである。小説や詩歌はいうまでもないが、空海の『十住心論』、道元の『正法眼蔵』、新井白石の『藩翰譜』、農民一揆の檄文まで、戦後では丸山眞男や鶴見俊輔の作品までを文学として捉えた。これらの作品や人物を、普通、文学史は取り扱わない。第二の特徴は、外来思想と土着的世界観との接触が繰り返され、日本文学は、外来思想を受容した作品、土着的世界観が生んだ作品、二つが合成された作品を生み出すことを論証したことである。加藤の「雑種文化」の具体例として日本文学通史を論じたといえる。第三の特徴は、日本文学をヨーロッパ文学、中国文学と比較しつつ論じたことである。海外の日本研究者にとって恰好の日本文化案内となり、二〇二二年現在、八カ国語に翻訳されている。『『日本文学史序説』補講』（ちくま学芸文庫、二〇一二年）もある。（鷲巣力）

神島二郎《かみしまじろう》　政治学者　一九一八〜一九九八

東京に生まれる。一九四二年第一高等学校卒業、東京帝国大学法学部政治学科入学。翌年に東部第六部隊入隊。フィリピン方面軍特情部警戦隊での戦地経験を経て四六年帰国復員、四七年大学卒業。四九年に東京大学法科大学大学院特別研究生修了後、五四年まで国立国会図書館にて嘱託、主事、調査員として勤務する。明治大学講師などを経て、五九年から八四年まで立教大学教授、その後八九年まで立正大学教授。日本政治学会理事長を八〇年から八二年まで務めた。

主著『近代日本の精神構造』（岩波書店、一九六一年）では天皇制ファシズムを支えた構造の解明を民衆意識の側から試み、「第二のムラ」などの概念を生み出す。『日本人の結婚観』（筑摩書房、一九六九年）では、近代日本社会の「単身者主義」を剔抉する独自の考察を展開。『常民の政治学』（伝統と現代社、一九七二年）、『日常性の政治学』（筑摩書房、一九八二年）、『転換期日本の底流』（中央公論社、一九九〇年）などの評論で現実政治について積極的に発言しながら、輸入品ではない政治学理論の確立を目指し晩年まで考察を続けた。

〈全集等〉 未刊行

〈水先案内〉 大森美紀彦「神島二郎研究ノート」『神奈川大学国際経営論集』37（二〇〇九年）

『常民の政治学』（講談社学術文庫、一九八四年）

敗戦により、それまでの「自身の哲学をつきくずされた」（本書所収「常民学への道」）ことを機に、一高在学中から関心を寄せていた日本民俗学の研究を深めようと、神島は柳田國男の門をたたく。同時期に丸山眞男にも師事して近代日本政治史の研究を開始し、被治者の日常性から現実政治をとらえる視点の確立と、日本社会のより深い理解を目指した。本書は一九五三年から七二年までに書かれた三五編ほどの文章を執筆年代順に収め、それぞれに神島自身による短い解説を付す。

「柳田国男と民俗学」「常民学への道――柳田国男との〈出会い〉を中心に」などのエッセイで神島〈常民学〉の視点と方法がわかりやすく説かれる一方、「安保雑感」「公共的世界の創出」「日本政治の底にあるもの」などでは、同時代の現実政治のシャープな見取り図とともに、よりよい政治社会の構築に向けたメッセージが力強く語られる。

神島は丸山がある時期からアカデミックな世界に活動を限定していったことを批判し、自身は最後まで、現実世界に関する発言を続けた。自らが生きる世界のありようとその根底に潜む構造についての思索を続けつつ、たんなる傍観者に留まることを潔しとしなかった著者の「個人史と戦後史との交渉」（あとがき）が、本書から生き生きと立ち上がってくる。神島思想の射程を知る格好の手がかりである。

『日本人の結婚観』

（講談社学術文庫、一九七七年）

どんな社会体制も、それは究極のところ、私たちの日常生活によって支えられている。大きな政治に問題があるとすれば、それは私たちの日常性の問題と関わっているはずだ――。このような立場から日本社会を考察する著者は、本書で結婚という身近な事柄に注目する。本書は、日本社会の問題が結婚をめぐる特定の意識や、意識と不可分の実践のあり方といかにつながってきたかを具体的にたどる書であるとともに、「私的な日常性から公的な国政まで透視する方法」（『常民の政治学』所収「近代日本の政治と女」著者解説）を提示する試みでもある。神島の著作のうちでもとくに広く読まれてきた作品である。

幕末勤王志士の料亭政治から説き起こされる本書で、著者は近代日本政治を根底から支えたものを〈独身者本位の結婚観〉と喝破する（「独身者本位」の表現は後に「単身者本位」と改められた）。神島によれば、単身者同士の結合という一見自由な結婚観に支えられた社会体制のもと、家族形成はむしろ難しくなり、家庭の内実も掘り崩されてきた。そのために、「富国強兵」や「経済成長」のため達成を易々と吸い上げられてしまう個人が大量に生み出されたのである。後半では、自立の拠点として家庭のもつ意義が考察され、〈家庭本位の結婚観〉に基づく社会再構築の課題と展望が論じられる。社会のいっそうの単身者化が進むなか、本書に描かれた家族と社会の関係は私たちに多くを示唆し続けている。

（金野美奈子）

柄谷行人《からたにこうじん》

評論家　一九四一〜

兵庫県尼崎市生まれ。一九六五（昭和四〇）年東京大学経済学部卒業後、同大学大学院人文科学研究科英文学専攻、六七年修士課程修了。漱石の作品に人間の本質的な孤独感を読み込んだ「〈意識〉と〈自然〉――漱石試論」により、『群像』新人文学賞（評論部門）受賞。七二年第一評論集『畏怖する人間』（冬樹社）を刊行。七五年法政大学教授。七八年『マルクス　その可能性の中心』（講談社、亀井勝一郎賞受賞）を発表。イェール大学で客員教授として日本文学史を教えた経験を契機として八〇年『日本近代文学の起源』（講談社）刊行。その後論理体系の「形式性」について関心を深め、八三年『隠喩としての建築』（講談社）、八五年『内省と遡行』（講談社）に見られるような抽象的思考を深める。八八年から『季刊思潮』の編集同人として、九一年からは『批評空間』の編集委員として、雑誌の発刊にも関わる。二〇〇〇年にNAM（New Associationist Movement）を結成し、資本主義への対抗運動を始めるが〇三年解散。二〇二二年『力と交換様式』（岩波書店）を刊行。同年バーグルエン哲学・文化賞受賞。

一九九七年に近畿大学特任教授に就任。二〇〇二年同大国際人文科学研究所初代所長。

〈全集等〉『定本 柄谷行人集』全五巻（岩波書店、二〇〇四年）

〈水先案内〉 小林敏明『柄谷行人論――〈他者〉のゆくえ』（筑摩選書、二〇一五年）

『マルクスその可能性の中心』

（講談社学術文庫、一九九〇年）

一九九一年一二月、ソビエト連邦は崩壊した。マルクスに起点を置くとされた「社会主義思想」の現実化の証しとして存在していた一つの強大な国家が、その元来の理念からの数々の逸脱を露わにした末に消滅したのである。この出来事に伴うようにして、国際政治上の「冷戦」の終結、「マルクス主義」の有効性の終焉が取り沙汰されるような論調が、一時支配的となった。マルクスの主著としての『資本論』も、もはや時代遅れの博物館的思想として扱われかねない状況が発生していたのである。

しかし今日からみれば、その後さらに高度に発達した資本主義の制度が世界を呑み込む趨勢の中で、『資本論』をはじめとするマルクスの思想が、新たな文脈のもとに再評価されてきていることもまた確かである。本書はそうした時代思潮にはるかに先駆けるようにして、『資本論』で展開される「価値形態論」を、構造主義的言語論を参照しつつ読み替えていった試みである。その核心は相対的価値形態と等価形態は固定的な関係をとらないということにあり、そこには徹底的に「中心化」が排除されている。マルクスの「可能性の中心」を、支配的な中心を解体する差異性・外部性に見出す本書はデリダ的な「脱＝構築」の方法に連なるものであり、柄谷は本書において、その後展開される「ポスト構造主義」「ポストモダン」とされる理論的枠組みを先取りする思考を示したといえるだろう。

『定本 日本近代文学の起源』

（岩波現代文庫、二〇〇八年）

柄谷行人は一九七五年からおよそ二年間、イェール大学において客員教授として講義を行った。本書はその経験に基づいて構想・執筆されたものである。エドワード・W・サイードの著作『オリエンタリズム』の原著が七八年に刊行され、それは世界中の、とりわけ米国の「外国観」に大きな影響を与えた。柄谷は、近代が生じた西洋ではその展開過程が長期に亘るために見えない形となっている諸事象が、日本では短期間に、さまざまなものが連関してコンパクトに目に見える形になり、そこに近代の本質が出ているとみて、明治二〇年代（一八九〇年頃）の日本の姿に着目した。その背景には、ミシェル・フーコーが『言葉と物』で指摘したような、近代文学の起源は一九世紀後半にすぎない、という考え方がある。

本書で柄谷は、言文一致を基礎的条件としてそこから「風景の発見」が生じたと論じている。美に対する崇高が、やがて美そのものとされ、新しい名勝が生まれる。柄谷はそうした現象が明治二〇年代日本におこったことを的確に指摘した。漱石はこの近代的主体の発見（風景の発見）を眼前にしたのであり、そこに彼が『文学論』を発想する根底があったとする。ベネディクト・アンダーソンの『想像の共同体』を参照すればすぐ了解されるように、本書で書かれたことは、本質的に「ナショナリズム」の起源についても同様のものとして論じることが可能である。

（島村 輝）

河合隼雄《かわいはやお》　心理学者　一九二八〜二〇〇七

兵庫県生まれ。京都大学理学部卒業。高校教師として数学を教えつつ、京都大学大学院で心理学を学ぶ。天理大学に講師として赴任後、カリフォルニア大学ロサンゼルス校に留学。ついでスイスのユング研究所でカール・アルフレッド・マイヤーに師事し、日本人として初めてユング派分析家の資格を取得。帰国後、京都大学教授に着任。『ユング心理学入門』（培風館、一九六七年）、『影の現象学』（思索社、一九七六年）、『無意識の構造』（中公新書、一九七七年）などを通じて、ユング心理学や箱庭療法を日本に伝える。日本人に適合した心理療法を提唱するとともに、臨床心理の専門家を育成する必要を訴え、日本臨床心理士会を設立して、臨床心理士の資格創設に尽力。また『母性社会日本の病理』（中央公論社、一九七六年）、『昔話と日本人の心』（岩波書店、一九八二年）などで、母性原理と父性原理をキーワードとする独自の日本文化論を展開した。『昔話と日本人の心』で大佛次郎賞、『明恵 夢を生きる』（京都松柏社、一九八七年）で新潮学芸賞を受賞。国際日本文化研究センター所長、文化庁長官を歴任。二〇〇七年、逝去。

〈全集等〉『河合隼雄著作集』第一期全一四巻（岩波書店、一九九四〜九五年）、同第二期全一一巻（岩波書店、二〇〇一〜〇二年）

〈水先案内〉河合隼雄『未来への記憶——自伝の試み』上・下（岩波新書、二〇〇一年）

『無意識の構造 改版』（中公新書、二〇一七年）

フロイトが提唱した精神分析は、二〇世紀の思想に強烈なインパクトを与えた。心理学、精神分析は言うに及ばず、歴史学、社会学、文化人類学、文学など、その影響範囲はきわめて広い。「無意識」は、そのフロイト精神分析の核をなす概念である。フロイト『夢解釈』（一九〇〇年）以降、夢を経由した「無意識」へのアプローチは、精神分析を普及させるにあたって大きな駆動力となった。当時、新進気鋭の精神医学者として知られていたユングもまた『夢解釈』を読んで感激し、フロイトのもとで精神分析の普及に力を尽くした。しかし、やがて両者の相違は明らかになり、アドラー同様、ユングもまたフロイトと決別する。本書はユング心理学について、フロイトやフロイトの共同研究者であったアドラーの学説と比較しつつ、「無意識」の問題を中心に論じている。ユングによれば、人間の無意識の層は個人的無意識と普遍的無意識から成る。個人的無意識は個人の生活と関連したもので、意識の表層に近い。一方普遍的無意識は生来的なもので、人類一般に共通し、無意識の深層に存在する。この無意識の世界について、イメージとシンボル、グレートマザーや影、アニマ、アニムスといった元型《アーキタイプ》をキーワードに、豊富な実例を踏まえつつ、わかりやすく解説する。なお、本書では母性との結合を保存しつづけた日本文化の特性についても触れており、『ユング心理学入門』とともに、河合の一連の日本文化論の基盤を成している。

『ユング心理学入門』

（岩波現代文庫、二〇〇九年）

日本ではまださほど知られていなかったユングの心理学に関する、最初の本格的な入門書である。河合は、ユング心理学の最大の特徴を「堅固な体系を真理として提示することではなく、人間の心、ひいては生き方に対する根本姿勢を問うていること」、個々の人間の全存在を尊重すること、つまり「個性化」にあると言う。そこからは、切断的な父性原理にもとづく合理主義的な西洋の近代科学に対して、全体性や包括性を重視するユング心理学の母性原理的な特徴が浮かび上がる。フロイトがいかに無意識をコントロールするかについて考察したとすれば、ユングは、いかに自我を超えて人間の全体を把握するかについて考えていた。しかしこうした全体的、包括的な思考は、フロイトのような明晰な分析の形を取ることが困難である。その結果、ユングが選択したのがイメージ論だったと河合は指摘する。このようなユング心理学の特徴は、科学的言説よりも宗教や文学、文化の問題と相性が良い。またそれは、河合が終生抱えることとなった「日本人である自分が西洋で生まれたユング心理学を学ぶことの意味は何か」「日本においてユング派の治療法をおこなうことの意味は何か」「ユング心理学の視点に立った時、日本人の心のありようをどのように捉えることができるのか」といった問いと結びつく。その意味で本書は、のちに河合が展開する独創的な日本文化論の背景にあるものを示唆している。

（一柳廣孝）

木村敏《きむらびん》

精神病理学者

一九三一〜二〇二一

朝鮮慶尚南道生まれ。京都大学医学部卒業。ミュンヘン大学、ハイデルベルク大学に留学。名古屋市立大学教授を経て、京都大学教授。『人と人との間 精神病理学的日本論』（弘文堂、一九七二年）、『分裂病の現象学』（弘文堂、一九七五年）、『自己・あいだ・時間――現象学的精神病理学』（弘文堂、一九八一年）などによって、「あいだとしての自己」の概念を軸とする現象学的・人間学的な精神病理学の理論を提唱。その独自な自己論や「あいだ」の思想、時間論は海外からも高く評価され、現代思想の領域からも注目を集めた。一九八一年にシーボルト賞を、八五年にエグネール賞を受賞。九〇年、『分裂病と他者』（弘文堂）刊行。また『心の病理を考える』（岩波書店、一九九四年）などによって、心と身体、生命論と精神病理の問題に取り組み、臨床の現場から立ち上げる臨床哲学の必要性を訴えた。九九年、国際哲学・精神医学会表彰。二〇〇二年、『木村敏著作集第七巻　臨床哲学論文集』（弘文堂）で和辻哲郎文化賞受賞。一〇年、『精神医学から臨床哲学へ』（ミネルヴァ書房）で毎日出版文化賞受賞。

〈全集等〉『木村敏著作集』全八巻（弘文堂、二〇〇一年）

〈水先案内〉 木村敏『精神医学から臨床哲学へ』（ミネルヴァ書房、二〇一〇年）

『自己・あいだ・時間』

（ちくま学芸文庫、二〇〇六年）

現代にあっては、脳機能を中心とした身体に病の原因を求める生物学的精神医学が、精神医学の主流をなしている。精神障害の診断マニュアルであるDSMが普及し、薬物療法が飛躍的に発展することで、その傾向はより顕著になった。しかしそれは、患者の症状に見合った薬の投与が治療の中心になることを意味する。こうした状況に対して木村は「現在の患者の病態を彼の全人生の文脈の中で正しく捉えて行く」営みの重要性を主張する。精神病理学は、臨床の現場を離れては成立しない。患者と直接向き合う臨床の場にあって重視すべきは、それぞれの患者が歩んできた道のり、個別性である。そのなかで彼らの病態を「正しく」捉えるためには、「正しさ」の判断基準となる根本的な問題、たとえば人が安心して日常的に生きていくとはどういうことなのか、そもそも人間とはいかなる存在なのか、といった問いかけに対する共通理解が必要となる。ここから木村は「患者の自己が他者や世界との「あいだ」の場所において、また自己自身との「あいだ」の歴史性において、どのようにして「時間」を生きているかについての現象学的思索」の重要性を喚起する。自己とは何か。自己を規定するうえで重要な役割を果たす「あいだ」とは何を意味するのか。また患者が固執する「時間」をどう捉えるのか。本書は、臨床の場を通じて磨き上げられた木村人間学の歩みの結晶である。

『分裂病と他者』

（ちくま学芸文庫、二〇〇七年）

分裂病とは「絶対的に個別的な自己と他者との「あいだ」の出来事」である。また分裂病者とは、根源的で先天的な「世界との親しさ」を確保できず、危機にさらされている者である。この分裂病と「世界との親しさ」をめぐる問題を主題的に展開することこそが、自分たちの世代の課題であると木村は言う。木村によれば、圧倒的に多くの分裂病者は思春期以後に発病する。発病前の彼らの対人的行動様式の最大の特徴は、他人との「間（ま）」をとることが苦手であること、はっきりした「自分」を十分に確立できない点にある。こうした特徴は、時間論の視点からも確認できる。木村はそれを「アンテ・フェストゥム」（前夜祭）的と呼ぶ。分裂病者は今ここで生起している事態には関心を示さず、未来の兆候の世界に生きている。しかし彼らは、それまでの自己を引き受けていないために未来の自己を思い描けない。そのため、彼らにとっての世界と他者は未知なるものと化し、未来は不安に覆われる。それに対して鬱病患者の時間意識は、過去に縛られている。この鬱病患者に特有の時間意識を、木村は「ポスト・フェストゥム」（後の祭り）と呼んでいる。分裂病をはじめとする精神病では、患者の社会生活や自己と他者の関係といった、目に見えない、形のない出来事が障害されている。だからこそ観察が必要であり、臨床の現場に携わる治療者自身が「哲学する」必要があると、木村は強く訴えている。

（一柳廣孝）

久野収《くのおさむ》

哲学者　一九一〇〜一九九九

一九一〇年、大阪府堺市生まれ。熊本の旧制五高を経て、京都帝国大学文学部哲学科に入学。在学中の三三年に滝川事件が起こり、学生を組織して反対運動を展開。三五年には、中井正一らと雑誌『世界文化』を創刊。翌年には隔週刊新聞『土曜日』を創刊。三七年、「京都人民戦線事件」に関わった容疑で検挙される（三九年、出獄）。戦後は、多くの著作を執筆すると共に、平和・市民運動の思想的リーダーの一人として様々な実践的活動に積極的に参加する。四九年、学習院大学講師。また、同年「平和問題談話会」の結成に参加し、全面講和・非武装中立の主張を展開する。五八年には、「憲法問題研究会」に参加、六〇年安保闘争にも関わる。さらに、六五年には、鶴見俊輔、小田実らと「ベ平連」を結成。代表的な論文・著作としては、『平和の論理と戦争の論理』（一九七二年）、『歴史的理性批判序説』（一九七七年）などがある。また、『思想のドラマトゥルギー』（林達夫との共著、一九七四年）、『戦後日本の思想』（鶴見俊輔、藤田省三との共著、一九五九年）などの対談集もある。九三年には『週刊金曜日』の創刊に参加。九九年、死去。

〈全集等〉『久野収集』全五巻（一九九八年、岩波書店）

〈水先案内〉村上義雄『人間 久野収——市民哲学者、きたるべき時代への「遺言」』（平凡社新書、二〇〇二年）

『久野収セレクション』

（岩波現代文庫、二〇一〇年）

久野の思想を貫く言葉は、市民と平和であろう。主に、この二つのキーワードをめぐる論文から本書は構成されている。編者は久野を師と仰ぐ佐高信である。

市民とは何か。久野によれば、それは職業によって生活をたてている人間のことである。その場合、職業と生活とが分離していることが重要である。両者が癒着している農民の場合は、生活に密着した共同体のエートスによって無意識的に思考・行動様式が縛られている。そうしたものから切り離された職業人は個であると同時に、企業の壁を超えた他の職業人との連帯の可能性を内包していると久野は言う。このように、個の確立という明治以来の問題に、久野は市民という概念で答えたと言えよう。この連帯は社会の管理抑圧的体制に対抗する。その仕方が、心境的なものでも、相手の全面的転覆を目指すものでもない点が久野の特徴であろう。小集団の市民運動の意義を説く久野は、同時に特殊な社会集団への帰属を緩め、生活者が商品をボイコットすることで独占を牽制する運動の必要性を主張する。

平和については、徹底的な非戦を貫く絶対的平和論と武器を取ることを条件付きで認める相対的平和論との調停を目指し、武力以外のあらゆる手段を尽くして戦う「非挑発的抵抗の立場」を掲げる。そして、平和を「安全」とみなし、その内実を軍事的安全保障と考えるのは、〝思考の惰性〟以外の何ものでもないと久野は訴える。

『歴史的理性批判序説』

（岩波モダンクラシックス、二〇〇一年）

「歴史的理性批判」という言葉によって久野が試みたのは、理性の歴史的展開を分析することによって、近代的理性の「ひずみ」を「根底から照らしだす」ことである。「ひずみ」ということで念頭に置かれているのは、ファシズムである。ヨーロッパの理性はなぜファシズムの出現を許したのか、久野はそれを歴史的に遡って捉えようとする。

一般的に、理性による合理的世界解釈の歴史は同時に呪術・神話を未開に属するものとして退けていくプロセスであるとされる。しかし、事情はそう単純ではないと久野は考える。その際に強調されるのが、ミメシス（同化的模倣活動）の役割である。テオリア（理性認識）が対象との距離に基づいてそれを間接的に認識しようとするのに対して、ミメシスは対象を模倣することでそれと一体化しようとする。人間がかつて呪術の時代の住人だった頃に全面的に開花していたミメシスは、近代においても人間活動の底流にある。個体としての人間の自己形成の基盤に常に他者の模倣があることからもそのことは明らかであると久野は言う。

そうであるならば、テオリアすなわち理性の支配はミメシスの縮小ではなくその抑圧のプロセスであったということになるが、久野は現代の状況をミメシスによるテオリアへの復讐と見る。人間のあらゆる活動を合理的に支配しようとする近代的理性は、実際のところ他者と絶えず同調しようとする大衆の働きに下支えされているからである。

（竹花洋佑）

小松和彦《こまつかずひこ》

文化人類学者・民俗学者　一九四七〜

東京都生まれ。埼玉大学教養学部教養学科卒業。東京都立大学大学院社会科学研究科（社会人類学）博士課程修了。一九七一年より高知県旧物部村でいざなぎ流陰陽道に関するフィールドワークを開始。その成果を、後に『いざなぎ流の研究』（角川学芸出版、二〇一一年）にまとめる。また、ミクロネシアでも継続的にフィールドワークを実施。構造主義的な文化人類学の立場から日本の神々や呪術を読み解いた『神々の精神史』（伝統と現代社、一九七八年）、『憑霊信仰論』（伝統と現代社、一九八二年）、『異人論』（青土社、一九八五年）を相次いで刊行。さらに、妖怪を軸に日本文化の古層を掘り起こす研究を進める。信州大学、大阪大学で教鞭を取り、九七年から国際日本文化研究センター教授。「怪異・妖怪伝承DB」「怪異・妖怪画像DB」を構築し、あわせて学際的な共同研究プロジェクトを運営。その研究成果を『日本妖怪学大全』（小学館、二〇〇三年）、『進化する妖怪文化研究』（せりか書房、二〇一七年）などにまとめた。二〇一二年より、国際日本文化研究センター所長。一三年、紫綬褒章受章。一六年、文化功労者。二〇年、瑞宝重光章受章。

〈全集等〉 未刊行

〈水先案内〉 小松和彦還暦記念論集刊行会編『日本文化の人類学／異文化の民俗学』（法蔵館、二〇〇八年）

（角川ソフィア文庫、二〇一五年）

『異界と日本人』

われわれの生活している世界には、無数の境界が設定されている。そしてこれらの境界はときに錯綜し、層をなす。境界によって、われわれは自分たちの世界を形作ってきた。小松は、この境界の向こう側にある世界を「異界」と呼ぶ。古代から現代に至るまで、異界をめぐる想像力は多くの物語を生み出してきた。これらの物語を読み解くことで、日本文化史の新たな一面を知ることができると小松は言う。異界とは、境界によって隔てられた「こちら」に対する「向こう」の世界である。地獄や極楽といった非日常的な世界から、村境の先にある山といった日常世界と地続きの場所まで、幅が広く、空間的なニュアンスの強い概念だが、異界はわれわれの内面にも潜んでいる。秩序によって統御された社会的な意識や欲望に対峙する、反社会的な意識や欲望である。それはしばしば、無意識領域のなかに封じ込められ、抑圧されている。この欲望が境界を越えて「こちら」に侵入し「無秩序」「混沌」「恐怖」をもたらしたとき、それらは「異人」または「妖怪」として顕現する。こうして異界は、現世を照射する鏡となるのである。本書では「長谷雄草紙絵巻」「大江山絵詞」「玉藻前草紙絵巻」などの一一の物語を取り上げ、異界をめぐる想像力の変遷と、妖怪文化の行方を追う。なお小松の異界観をより深く知るには、小松編『日本人の異界観』（せりか書房、二〇〇六年）、小松・山泰幸編『異人論とは何か』（ミネルヴァ書房、二〇一五年）参照。

『妖怪文化入門』

（角川ソフィア文庫、二〇一二年）

日本の妖怪研究は、長く柳田國男の定義に縛られてきた。柳田は常民の心意伝承を明らかにするための民俗資料のひとつとして妖怪を捉え、日本各地に残る妖怪関連の資料を収集し、妖怪を神との関係性から論じるために、近世まで同じバケモノというカテゴリーに内包されていた妖怪と幽霊を弁別したうえで、妖怪を零落した神であると定義した。この柳田の見解に異議を唱え、新生面を開いたのが小松である。小松は『憑霊信仰論』で、構造分析の視点から「妖怪とは祀られない超自然的存在である」と主張した。それまでの実体論的な妖怪研究から、人間と人間社会の認識をめぐる「総合人間学」への転換である。以降、小松は総合的な視点から妖怪を読み解く試みとして『図解雑学　日本の妖怪』（ナツメ社、二〇〇九年）、『妖怪学の基礎知識』（角川選書、二〇一一年）などを編纂する。本書からは、こうした小松の妖怪研究の全体像と現在の立ち位置を知ることができる。本書で小松は新たに、出来事としての妖怪、存在としての妖怪、造形としての妖怪という三つの位相から妖怪の把握を試みている。また本書には、二〇世紀までの怪異や妖怪に関する先駆的な研究をまとめた『怪異の民俗学』（全八巻、河出書房新社、二〇〇〇～〇一年）の各巻に小松が寄せた解説も収録されており、現代に至るまでの怪異・妖怪研究の流れをコンパクトに概観することができる。

（一柳廣孝）

澁澤龍彦《しぶさわたつひこ》　フランス文学者　一九二八〜一九八七

小説家、評論家、フランス文学者。本名は澁澤龍雄。

一九五三(昭和二八)年東京大学仏文科を卒業した。在学中からマルキ・ド・サドの研究を行う。五四年にジャン・コクトーの『大胯びらき』を翻訳し、「澁澤龍彦」名義を初めて使用する。五九年、マルキ・ド・サドの『悪徳の栄え』を翻訳出版するが、猥褻の文書であるとして出版元の現代思潮社社長と共に起訴され、六九年に有罪が確定する(「悪徳の栄え事件」)。ジョルジュ・バタイユ『エロティシズム』の邦訳や、サド侯爵などの一三名の人物を評論した『悪魔のいる文学史――神秘家と狂詩人』(中央公論社、一九七二年)など、悪徳文学、異端文学、オカルティズムを日本に紹介したほか、美術評論、文明論、『エロスの解剖』(桃源社、一九六五年)など、東西のエロスに関する著作でも知られる。人間や文明の暗黒面に光を当てたこれらの著作は大きな反響を呼んだ。幻想文学の書き手としても活躍し、第九回泉鏡花賞を受賞した『唐草物語』(河出書房新社、一九八一年)、第三九回読売文学賞を受賞した『高丘親王航海記』(文藝春秋、一九八七年)などがある。三島由紀夫や、舞踏家の土方巽などと深い親交があった。

〈全集等〉『澁澤龍彦全集』全二二巻・別巻二(河出書房新社、一九九三〜九五年)

〈水先案内〉東雅夫編『澁澤龍彦玉手匣』(河出書房新社、二〇一七年)

『エロスの解剖』

（河出文庫、二〇一七年）

母性の女神に対する愛の女神を貞操帯から語る「女神の帯について」ほか、「オルガスムについて」「性とは何か」「コンプレックスについて」など『新婦人』に連載した一二章と、『芸術生活』ほかに発表した「エロティック図書館めぐり」など三章と、書き下ろしの「マンドラゴラについて」など一六のエッセイ集である。

澁澤は、本書の初版の「あとがき」で「エロスの魅力に憑かれた人間として、大方の期待に応えるべく、冷静に慎重にエロスを腑分けしたつもり」と述べている。巻頭に掲げたレオノール・フィニイとポオル・デルヴォーの絵は、同書の内容を象徴的に語るという。「近親相姦について」では、文学作品における近親相姦の事例としてサド侯爵の作品、ロレンス・ダレル「アレクサンドリア四重奏」をあげ、トオマス・マン『選ばれし人』を近親相姦文学の決定版と称すべきと述べる。「ホモ・ビオログギクス（生物学的人間）」は、人間の生殖の形式をめぐって起こる生物学的革命について記しており、人工受精に触れるくだりでは「人間の種子や若芽が園芸植物のように、移植され」ることや、身体の弱い女性が、出産のために、他人の子宮を借りることも可能になると予想しており、慧眼である。さらに、将来の夫婦は優良種の精液を保存する精液銀行に赴き、父親を決めればよく、胎外発生や貯蔵瓶妊娠による生殖も一般となり、快楽と生殖は関係がなくなると述べている。

『高丘親王航海記』

（文春文庫、一九九〇年）

評論集、翻訳、エッセイを多く残す澁澤龍彦による長編小説であり遺作である。本作で読売文学賞を受賞した。平城天皇の第三皇子として実在した高丘親王が、天竺への旅のあいだに出会った様々な不思議を描く。七つの連作であり夢幻譚となっている。

貞観七年、六七歳の高丘親王が、海路で広州から天竺に向かう。同行するのは、安展と円覚という二人の僧と逃亡奴隷の少年秋丸の三人である。晩年に仏道を極めるため、日本から唐に渡りさらに天竺を目指したのは、父の寵姫であった藤原薬子が、親王の幼少時、彼の耳に天竺のことを吹き込んだからである。釈迦の生まれた国で、見たこともない鳥やけもの、草木や花があり、空には天人が飛ぶ、そして何もかもが正反対の世界。実際、航海のあいだ、親王は薬子の記憶に捉われている。秋丸が女性の正体を現したとき天竺へ近づけば男になるかもしれないという理屈を出す。そもそも航海記自体、多くの物語が新王の見た夢という設定である。薬子の記憶が介在のほか、薬子も夢となって現れる仕組みである。同作は、鳥の下半身をした女性、犬頭人の国などキメラが多く登場する点が注目されるが、これも薬子が語った天竺の世界と通じている。

小説家の高橋克彦は「解説」で同作を「奇跡としか表現のできない大傑作」と激賞し、澁澤が死を目前にして全身全霊を傾けた仕事が小説であった点に着目する。（米村みゆき）

遠山啓《とおやまひらく》

数学者　一九〇九〜一九七九

一九二九（昭和四）年に東京大学の数学科に進学したが、二年で自主退学。三五年に東北大学に再進学。高校以来、文学に心酔し、哲学に傾倒。海軍の数学教官を経て四四年、東京工大の助教授に。敗戦の廃墟のなか伝説の自主講座「量子論の数学的基礎」を敢行。その聴講生に吉本隆明がいた。四九年、「代数関数の非アーベル的理論」で理学博士、教授に。

一九五一年に数学教育協議会を結成、生活単元学習を徹底的に批判し、系統的な指導体系（通称：水道方式）を創案。国民的なブームに。その後、数学教育の現代化を唱え、小中高の一貫カリキュラムに取り組む。五二年に『無限と連続』（岩波新書）を出版。六二年には『数学セミナー』（日本評論社）の創刊に参画し、数学文化の啓蒙や『微分と積分』（同、一九七〇年）ほかユニークなテキストを著わす。六七年、初代の理学部長。七二年、『歩きはじめの算数』（国土社）を上梓、「原数学」という新領域を開拓して障害児に教科教育の道を拓く。

晩年は教育を覆う賢愚の差別に挑み、「ひと」運動を主宰。『競争原理を超えて』（太郎次郎社、一九七六年）を出版。「術学観」を礎とする教育の未来像を提唱した。（友兼清治）

〈全集等〉『遠山啓著作集』全二七巻、別巻二（太郎次郎社エディタス、一九七八〜八三年）

〈水先案内〉友兼清治『遠山啓——行動する数楽者の思想と仕事』（同、二〇一七年）

『数学入門』上・下（岩波新書、一九五九〜六〇年）

一九五二年に出た『無限と連続——現代数学の展望』（岩波新書）は、遠山が書いた啓蒙書の第一作である。大学で学ぶ現代数学の基本概念「集合と無限」「群」「位相空間」「群と幾何学」などが興味深く解説されており、知的欲求に満ちあふれた読者から熱狂的に迎えられた。気鋭の若手研究者グループ「新数学人集団（ＳＳＳ）」からも高く評価された。本書執筆の動機には東京工大での自主講座があったと、遠山はあるエッセイで記している。『無限と連続』の成功に力を得た遠山は、次に『数学入門』に取り組んだ。目次は以下の通り。［上］数の幼年期／分離量と連続量／数の反意語／代数—ずるい算数／図形の科学／円の世界／複素数—最後の楽章。［下］数の魔術と科学／変化の言語—関数／無限の算術—極限／伸縮と回転／分析の方法—微分／総合の方法—積分／微視の世界—微分方程式。

遠山が小・中・高の教師たちと進めていた数学教育改革運動での実践・研究を踏まえ、小学校から高校までに学ぶべき数学の根幹となる諸概念について、その考え方をていねいに、おもしろく解説した読み物である。筆は数学史・科学史のみならず、哲学や文学にも及び、広範な読者の好奇心を刺激する。一九六一年、毎日出版文化賞を受賞。

本書もまた多くの読者を得て版を重ね、『無限と連続』とともに、現在もなお読み継がれている。両書いずれも遠山の代表作であり、数学啓蒙書の古典といってよい。

『現代数学入門』

（ちくま学芸文庫、二〇一二年）

本書は「数学は変貌する」と「現代数学への招待」の二部で構成されている。

「数学は変貌する」は、一九七〇年六月、紀伊國屋ホールにて開催された「筑摩総合大学公開講座」における二回の講義をまとめたものである（七一年、国土社より単行本として刊行）。数千年にわたる数学の歴史を「古代」「中世」「近代」「現代」と四つに区分し、それぞれの時代に展開された数学とその特徴を大づかみに見渡してみせる。数学は「ただの人間たちが、何千年も昔から、寄ってたかってつくりあげた、きわめて人間臭い学問なのだ」（単行本「あとがき」）という遠山の数学観がみごとに表現された講義であり、読者はその名調子に身を委ねるとよい。

「現代数学への招待」は、遠山が編集顧問を務めた月刊雑誌『数学セミナー』（日本評論社）の一九六三年八月号から六四年一〇月号まで一五回にわたって連載されたもので、「集合」「群」「環」「体」「位相空間」など、現代数学では必須の基本概念を解説する。とくに現代数学が人間の構想力を解放したことを強調し、そこから「公理的方法」や「構造」の話を経て、集合論へ、群論へと、読者をぐいぐいと導いていく。

遠山は、数学の解説の際に、卓抜な譬え話を用いることに長けていた。その才能は本書でも存分に発揮されている。

（亀井哲治郎）

中根千枝《なかねちえ》

社会人類学者

一九二六〜二〇二一

東京都出身。小学校六年生の秋中国に渡り、六年ほど、北京で暮らす。津田塾専門学校を経て、一九五〇年、東京大学文学部東洋史学科卒、五二年、東大大学院修了。東大助手、講師、助教授、教授と、女性研究者の先駆けとして道を切り開いた。八〇年には、東大東洋文化研究所所長となった。東北から鹿児島まで全国的な農村の調査を経た後、人類学の研究を世界各地で行う。五三（昭和二八）年からインドに三年、五九年から六二年にかけてはイギリス、イタリア、その他シカゴ大学、ロンドン大学で研鑽を積んだ。インドの奥地アッサムを探検、調査したものをまとめた『未開の顔・文明の顔』を五九年に中央公論社から刊行し、毎日出版文化賞を受賞した。帰国後「日本の集団構造はどこでも同じ」というテーマを糸口として「場」における序列を重視し、「ウチ」と「ソト」の関係を基調とする日本社会を考察した『タテ社会の人間関係』を六七年に講談社現代新書として刊行、今日にいたるまで累計一〇〇万部を超えるロングセラーとなり、イギリスで出版された英語版は、一三カ国で翻訳出版された。九三（平成五）年文化功労者、九五年学士院会員、二〇〇一年文化勲章を受章。

〈全集等〉未刊行

〈水先案内〉J・ヘンドリー『社会人類学入門——多文化共生のために』（法政大学出版局、〈増補新版〉二〇一七年）

『タテ社会と現代日本』（講談社現代新書、二〇一九年）

中根千枝の知名度を一挙に高め、その後の社会的活躍の基盤となったのが、今日にいたるまでロングセラーの地位を維持している『タテ社会の人間関係』（講談社現代新書、一九六七年）であることは言うまでもない。長期にわたる在外研究から帰国後、『中央公論』から「どんなテーマでもいいから論文を書いて」との注文があり、その時に思いついたのが、日本の集団構造はどこでも同じということだったと、中根は明かしている。そこで書かれたのが本書に再録されている「日本的社会構造の発見」（『中央公論』一九六四年五月）だった。この論文を基としてまとめられたのが『タテ社会の人間関係』である。前書刊行から五〇年余りを隔てた時点で、現代日本を読み解いてみたときに何が見えてくるか、という版元・講談社現代新書編集部の問題意識を投げかけられ、それに応える形で作られたのが本書である。

そうした試みが成立する背景には、ムラ意識、派閥抗争、年功序列など「日本社会」の特徴として指摘された事柄が、今日にも基本的に変わらずに続いているという状況認識がある。前書同様、本書に言及されている「日本社会」で発生したさまざまな出来事の分析には、読む者誰しもが「ああ」と思い当たるところがあろう。社会人類学的なその方法は、今日にあってはやや本質主義的に見えなくもないが、それでもそれが今日の日本で発生する社会現象を理解する上で説得力を持ち、有効性が保たれているのは驚くべきことである。

『社会人類学——アジア諸社会の考察』（講談社学術文庫、二〇〇二年）

本書の原本は一九八七年に東京大学出版会から刊行されている。序論にも指摘されているように、当時も、また今日でも「社会人類学」という呼称と「文化人類学」という呼称とが意味するものの重なりや違いといったものについて、統一された明快な定義があるというわけではない。そうした中で本書は、中根が標榜する「社会人類学」の基本的な方法、アプローチの提示と、本人の主たるフィールドであるアジア諸社会の構造的比較という構成を通じて、従来のこの学問分野の研究の視野を広げる役割を果たしたものと位置づけることができる。二部構成からなる本書の第一部は「方法」と総題が付され、「フィールドワークの意味」「社会の比較」「血縁・婚姻に関する概念とシステム」「家族・世代交替に関するシステム」といった、分析方法や分析概念の提示と、その具体的な意味について記述されている。第二部は「比較」の総題の下「複合社会の構成と統合のプロセス」「階層」「集団構造」「ネットワーク——東南アジア的人間関係」といった内容が、豊富な具体例を通して分析されていく。中根は序論中で「本書は筆者の独断的な要素を多分にもつもの」であり、「概説書でもなければ、また、社会人類学研究の紹介書でもない」とも記しているが、実質的にはこの分野にアプローチする際の最良の入門書の一つとして、手にするに相応しい文献の地位を失っていないといえるだろう。

（島村 輝）

中村雄二郎《なかむらゆうじろう》
哲学者
一九二五〜二〇一七

一九二五年、東京浅草生まれ。四五年、東京帝国大学文学部哲学科へ入学。修士論文はパスカル。五四年、同大学院博士課程修了。五五年、明治大学法学部の専任講師となる。以後、同大学の助教授、教授を歴任。中村の哲学の基調にあるのは、自然科学を範とする近代的な知を解体し、知の枠組みそのものを組み替えることであった。そのために、感性、身体、パトスといった問題の重要性が説かれることになる。『感性の覚醒』(一九七五年)、『共通感覚論』(一九七九年)、『魔女ランダ考——演劇的知とは何か』(一九八三年)、『臨床の知とは何か』(一九九二年)といった、著作のタイトルがそうした中村の姿勢を示している。知のあり方の再構築の可能性を西田幾多郎の思索のうちにも見出し、西田の読み直しの機運を作った功績も大きい。『西田幾多郎』は八三年に、『西田哲学の脱構築』は八七年に刊行された。一般書も多く執筆し、『術語集』(一九八四年)はベストセラーになった。中村哲学の集大成とも言える『述語的世界と制度』(一九九八年)では、西田の場所の論理が、中村をパスカルへと導いた三木清の方向性において乗り越えられることが試みられている。

〈全集等〉『中村雄二郎著作集』全二〇巻(岩波書店、一九九三〜二〇〇〇年)
〈水先案内〉 大塚信一『哲学者・中村雄二郎の仕事——〈道化的モラリスト〉の生き方と冒険』(トランスビュー、二〇〇八年)

『共通感覚論』

（岩波現代文庫、二〇〇〇年）

常識はわかるようでよくわからない概念である。日常経験に根ざした知でありながら、あまりにも自明でありすぎてそれとして気づかれることがないからである。この自明性は何に基づくのか。このように問うて、中村は常識＝コモン・センス（common sense）のもう一つの意味、すなわちアリストテレス由来の「共通感覚」という発想に注目する。諸感覚に共通して、「それらを統合して働く総合的で全体的な感得力《センス》」、それが「共通感覚」である。世界の現実感を喪失した離人症の患者を「共通感覚の障害」と理解した木村敏の主張を手がかりに、中村はそれが自明性の地平を成立させているものであることを論じていく。

中村は諸感覚の統合のあり方が、歴史的な負荷のかかったものであることに注意を向ける。そのような観点から、近代における視覚の優位の問題性が扱われる。視覚に対する触覚の復権が探られる中で、「体性感覚」がそうした地平の具体的在処として探り当てられる。これは、触覚を含む皮膚感覚と筋肉感覚を含む運動感覚から成るものであり、視覚が取り持つ明晰な「求心的統合」とは対照的に、無意識的な「遠心的統合」である。このように、視覚をモデルとする近代の理性優位の知の枠組みが、「体性感覚」という身体的統合の働きを基礎に捉え返されることになる。そうした中村の試みは、この書では、言語と記憶・時間・場所《トポス》という諸問題の「共通感覚」的基礎を解明する方向でなされていくことになる。

『知の百家言』

（講談社学術文庫、二〇一二年）

この書は、『朝日新聞』に一九九三年一月からおよそ二年半にわたって連載されたエッセー「人類知抄　百家言」がもとになっている。思想家の言葉が冒頭に掲げられ、その言葉についての要領を得た説明が続く。プラトンやデカルト、老子などの有名どころはもちろんのこと、クレーやアインシュタインなどの芸術家・科学者の言葉も収録されている。よく知られた哲学者の名言は、おそらくは意図的に除外されていて、その代わりに立ち止まって思考を巡らすことを要求するようなフレーズが多く並んでいる。例えば、中村は、ベンヤミンには、「幸福であるとは、なんのおそれもなしに自己を眺めうる、ということである」という言葉を、シェイクスピアには、「わしには道などないのだ。だから目はいらぬ。目が見えたときにはよくつまずいたものだ」という言葉を語らせている。

中村は最後の言葉をパスカルのものにすると当初から決めていたと言う。デカルト的な近代理性の立場をふまえつつ、それを痛烈に批判したところにパスカルの意義があると中村は語る。そのようなパスカルの立場は同時に中村自身のものであろう。その中村が選んだパスカルの文章は、意外なことに次のものである。「イエスは世の終わりまで苦しみ給うであろう。その間、われわれは眠ってはならない」。ここに、厳しい現実に直面しても、思考することを決してやめるべきではないという哲学者・中村の覚悟が託されている。（竹花洋佑）

橋川文三《はしかわぶんぞう》　政治学者

一九二二〜一九八三

長崎で生まれる。広島高等師範学校付属中学校時代から学内誌に随想や詩を発表。第一高等学校では文芸部に所属し、保田與重郎に傾倒する。一九四二年、東京帝国大学法学部政治学科入学。勤労動員で貴族院事務局、農林省広島食糧事務所などに配置される。四五年卒業。その後、戦後創刊された文化雑誌の編集に関わる。四七年、『潮流』誌で丸山眞男の原稿を担当。丸山との交流を深め、東大でのゼミに参加する。五〇年より弘文堂勤務、丸山とともに企画した『社会科学講座』を編集。五七年、同人誌に「日本浪曼派批判序説」を連載開始、注目を集める。竹内好を中心とする「中国の会」に参加、六三年、雑誌『中国』編集委員となる。この間、明治大学講師、助教授を経て七〇年より教授。

著書に『日本浪曼派批判序説』（未來社、一九六〇年）、『ナショナリズム』（紀伊國屋書店、一九六八年）、『政治と文学の辺境』（冬樹社、一九七〇年）、『柳田国男』（講談社、一九七七年）、『昭和維新試論』（朝日新聞社、一九八四年）、『昭和ナショナリズムの諸相』（筒井清忠編、名古屋大学出版会、一九九四年）など。

〈全集等〉『増補版 橋川文三著作集』全一〇巻（筑摩書房、二〇〇〇年）

〈水先案内〉宮嶋繁明『橋川文三――日本浪曼派の精神』（弦書房、二〇一四年）

『日本浪曼派批判序説』

（講談社文芸文庫、一九九八年）

一九三〇年代に起こった日本浪曼派は、近代主義を批判して日本的伝統への回帰を唱え、とくに青年層の「右傾化」に大きな影響を与えたとされる文芸運動である。機関誌編集長であった保田與重郎の思想に、一高時代の著者も深く心酔し、戦地での美しい死に憧れた。だが戦後、全てはなかったことになる。自分たち「戦中派」世代の心性に決定的な痕跡を残したあの思想は、一体何だったのか——。戦後一〇余年を経て出版された本書は、日本浪曼派の思想を初めて内在的に検討した研究書であるとともに、「自己の精神史的位置づけ」を模索していた著者にとっての、回生の書でもあった。

著者はカール・シュミットの『政治的ロマン主義』を下敷きに、日本浪曼派の思想的内実、青年たちをとらえた魅力の源泉、戦時社会で果たした役割を考察していく。保田は「イロニイ」の網を幾重にも張り巡らし、ここにはないものの力を不断に呼び起こすことで、現状に対する批判とともに、その逆説的な受容を可能にした。戦時社会に対する人々の違和感や、青年期特有の「形性的衝動のリズム」とに、それは見事に共鳴し、状況の客観的分析やリアルな政治行動から人々を遠ざけることに加担したのだ、と。戦後黙殺されていた思想運動に光を当て、同人誌への連載中から反響を呼んだ本書の分析には、社会と思想、個人の関係を深く考えさせる、多くの材料が詰まっている。

『ナショナリズム——その神話と論理』（ちくま学芸文庫、二〇一五年）

日本浪曼派の分析を形にした後、橋川は日本を敗戦に導いたナショナリズムの全体像の分析へと進む。かつて師表と仰いだ丸山眞男を批判し、「超国家主義」を日本ナショナリズムの一形態と位置づけた「昭和超国家主義の諸相」（『現代日本思想体系31　超国家主義』解説、一九六四年）から四年。「惨憺たる準遭難事件の報告記録」との著者の自己評価（「あとがき」）をよそに、本書は日本人によるナショナリズム論の記念碑的作品となった。

近代ナショナリズムは、懐かしい山河や慣れ親しんだ集団への本能的愛着とは異なり、より抽象的な、新しい政治共同体への愛情と忠誠を基礎とする。人々をこの「謎にみちた新しい幻想」に巻き込んだ「離陸」は、いかにして可能となったのか。本書の前提となる筆者のナショナリズム理解をルソーに言及しつつ提示した後、著者は日本における近代ナショナリズムの黎明期を訪ねる。開国前後における日本人の国家意識や国学の役割。「隠岐コンミューン」に現れた「下からの」ネーション形成の契機。明治国家による、平準化された「国民」の創出と「家」思想の形成事業。反政府運動からの「右翼」の誕生——。

橋川が当初目論んだ行程をほとんど進めないまま本書は閉じられることになったが、ここに描き出された国家と人間の諸相は、近代ナショナリズムという謎をめぐるその後の私たちの思考を刺激し続けている。

（金野美奈子）

蓮實重彦《はすみしげひこ》

批評家　一九三六〜

東京生まれ。父は美術史学者の故蓮實重康。東京大学文学部を卒業後、同大大学院に進学。一九六二（昭和三七）年にフランスに留学し、六五年にパリ大学大学院で博士号を取得した。同年、帰国して六六年に東京大学文学部助手になり、以降講師、助教授を経て八八年に同大教養学部教授。九七年から二〇〇一年まで同大総長も務めた。

フランスの小説家フローベールや、フーコー、デリダ、ドゥルーズなどフランス現代思想の翻訳、研究で著名である。主な著書に『批評あるいは仮死の祭典』（一九七四年、せりか書房）、『反＝日本語論』（一九七七年、筑摩書房）などがあり、後者は一九七七年第二九回読売文学賞を受賞した。映画評論家としても活躍しており、『監督　小津安二郎』（一九八三年、筑摩書房）など映画関連の著書を数多く発表、八五年から八八年まで、季刊映画誌『リュミエール』編集長、二〇〇一年の第五八回ヴェネツィア国際映画祭で現代映画部門審査委員長を務めた。一六年には『新潮』同年四月号掲載の小説「伯爵夫人」が第二九回三島由紀夫賞に選ばれた。

〈全集等〉 未刊行

〈水先案内〉 「総特集 蓮實重彦」『ユリイカ』二〇一七年一〇月臨時増刊号（青土社）

『反＝日本語論』

（ちくま学芸文庫、二〇〇九年）

「反＝日本語論」と題されたこの書物が標的とするものは、具体的な「日本語」それ自体ではない。同様にそれはまた体系的な「論」の構築を目的として書かれたものでもない。ここで述べられているのは、あまりにも当然のものとして私たちが受け入れてしまっている日常の言語使用そのものが含む大きな問題、「ことば」があたかも「もの」に貼り付けられたレッテルのように理解されている仕方に対する、個別の局面での違和感の表明である。その違和感は、フランス文学を専門とする学者としての筆者、フランス語を母語とするパートナー、そして日仏両言語が共存し、時としてせめぎ合う中で個人としての言語形成を行うこととなった子どもを登場人物とする日常の検討の中で、否応なく感じさせられ、分析を余儀なくされることとなったものだ。そういう意味では、これはある特殊で個別的な状況設定の下に置かれた一つの家族の生活を通して、「言語」そのもののありようを批判的に検討するという、文学的野心に満ちた試みの軌跡であるともいえる。

言語記号による分節化が根源的に内包する「恣意性」、音声と文字表現の乖離、記号内容から切り離されて浮遊する記号表現の戯れ、そこから発生する「意味」と呼ばれるべきものの頼りなさなど、ここには「ポストモダン」的な発想から切り拓かれた言語批判がちりばめられており、そこから「文化」一般を再考する通路も開かれていると読めるだろう。

蓮實重彥

『物語批判序説』

（講談社文芸文庫、二〇一八年）

本書の原本は一九八五（昭和六〇）年に中央公論社から刊行された。日本の文化批評界は、時あたかも「ポスト構造主義」「ポストモダン」の潮流の最盛期にあり、本書の提示する問題は、そうした思想の時流に極めてよく適ったものと受け止められた。二部からなる本書のⅠでは、フローベール『紋切型辞典』を援用して、誰もが人々の間で曖昧に流通する共有された話題だけを口にする時代の有り様を指摘する。どこでどうしてそれを知ったのか、それとして意識されることのない「常識」によって作られた目に見えない枠組によって、言説は流通を保障される。それを筆者は「説話論的な磁場」と呼ぶ。そうした枠組は、暗黙のうちに共有されていることが前提であって、明るみに出された途端に有効性を失うと説く本論は、それ自体こうした逆説的な方法を通じて「物語」の本源的矛盾を示そうとしている。Ⅱではプルースト「見出された時」から、話者「私」は「芸術作品」として「長さ」を実現しようと夢想しているが、決して現実の『失われた時を求めて』という小説がそれに当たるのではないという。ついでサルトルの「大戦の終末」の読みにおける転倒を指摘、さらにロラン・バルトの「作者の死」について、それが「作者」の「終わり」を断定する「問題」として受け取られたことを否定しながら、その戦略性を語る。全体を通じて、本書はまさにこうした「ポストモダン」的「脱＝構築」のスタイルによって成功したのだといえるだろう。（島村 輝）

日高六郎《ひだかろくろう》　社会学者　一九一七〜二〇一八

中国青島生まれ。旧制東京高等学校から、一九三八年、東京帝国大学文学部社会学科入学。四一年に繰り上げ卒業後、召集されるが間もなく病気除隊。戸田貞三の下で東京帝大文学部副手となり、のち助手。四四年、海軍技術研究所嘱託。四九年、東京大学新聞研究所助教授、六〇年同教授。六九年、学生運動に対する機動隊導入に抗議して辞職。のちに渡仏。七六年から八九年まで京都精華短期大学教授。

思想の科学研究会、『近代文学』、サークル・生活記録運動、日教組教研集会、教科書裁判、国民文化会議、原水禁運動、安保闘争、ベトナム反戦運動、水俣病患者支援運動、日韓問題、在日朝鮮人問題、沖縄問題など数々の社会運動、社会問題への関わりで知られる。著書に『現代イデオロギー』（勁草書房、一九六〇年）、『日高六郎教育論集』（一ッ橋書房、一九七〇年）、『戦後思想と歴史の体験』（勁草書房、一九七四年）、『戦後思想を考える』（岩波書店、一九八〇年）、『私の平和論』（同、一九九五年）、『私の憲法体験』（筑摩書房、二〇一〇年）、『日高六郎セレクション』（杉山光信編、岩波書店、二〇一一年）など。

〈全集等〉 未刊行
〈水先案内〉 黒川創『日高六郎・95歳のポルトレ――対話をとおして』（新宿書房、二〇一二年）

『戦後思想を考える』

（岩波新書、一九八〇年）

「いま日本で進行しているのは、第二の八・一五へ向かっての緩慢な歩みではないか」――。一九七〇年代後半に書かれた論文やエッセイを素材にまとめられた本書を貫くのは、日本社会に対する著者の危機感である。また戦争になりそうだ、というわけではない。たんなる政治危機や経済不安への恐れでも、ましてや革命の危機でもない。著者が指摘するのは、得体の知れない管理主義的全体主義へのゆるやかな下降ともいうべき事態である。戦争の時代を若者として生きた著者には、日本社会の様相が、かつて戦争へと滑らかに落ち込んでいった状況と二重写しになる。しかも現代では、滅私奉公ならぬ「滅公奉私」のみかけの陰で、全体主義化はそれと知られず静かに進行していっているのではないか。

本書の語りはとくに若者たちに向けられている。成人式での一様な振袖姿、目を細める大人たち。その光景は、もっぱら大人の庇護の下、やさしく、社会に従順な存在として、それと知らぬまま危機の時代を生きる若者の世界を象徴する。戦後の一時期、それぞれの状況認識、希望、意志をつき合わせ、よりよい社会を築こうとする機運がたしかにあり、若者はその一翼を担った。歴史のわずかの間に変貌したかに見える若者たちに向け、著者は自らの経験とともに「戦後」を振り返り、現代の危機に世代を超えてともに立ち向かう道を模索する。危機の深まりが誰の目にも明白な今日、本書の呼びかけはますます重要性を増している。

『私の平和論——戦前から戦後へ』（岩波新書、一九九五年）

本書は、戦後五〇年の節目に書かれた。著者は「父の目と子の目」を合わせて二〇世紀一〇〇年の断片をつなぎ、一つの時代の重みを描きだそうとする。ときには些細ともみえる歴史の断片を注意深く拾い上げ、ときには歴史に照らして現在の状況を省みながら、平和を求めるとはどういうことかが、具体的な素材と人々の姿を通して思考される。

一九二二年一二月一七日の青島、著者が父に手を引かれ、日本軍撤兵を見送った日の情景から本書の記述は始まる。東京外国語学校シナ語科第一期生だった父。青島で実業家として暮らし、「国粋思想家」でありながら「ほんものの日華親善」をめざしていた。戦局が進展する中での父の苦悩、進学で日本に帰国した息子との葛藤、兄の戦死を受け止めた家族にとっての八月一五日。これら個人史の断片から、『きけわだつみのこえ』にみる教育者の戦争責任、敗戦後の人々の心性と平和運動の困難、歴史教科書問題、憲法改正をめぐる議論などが自在に考察され、日本社会の取るべき道が論じられる。

父子のモチーフは本書を締めくくるエピソードにも登場する。戦時中、信仰上の理由から娘の明治神宮参拝免除を願い出た一人の父と、それに応えた一人の国民学校教師。このような小さな勇気が呼応し合う先に、著者は平和主義の未来をみる。来る世紀を生きる者へと託された著者からのバトンの行方を、考えさせずにはおかない。

（金野美奈子）

廣松渉《ひろまつわたる》

哲学者　一九三三～一九九四

福岡の伝習館高校の併置中学に在籍時、すでに青年共産同盟に加盟するなど思想的に早熟だった廣松は、高校進学の年に日本共産党へ入党が許された。高校では退学処分を受け、大学入試資格検定により東京学芸大学に入学し、全日本学生自治会総連合（全学連）に参加して活動を続けた。一九五四年には東京大学へ入学し、文学部哲学科へ進んだ。以後は理論面から左翼活動に関わっていき、共産主義者同盟（ブント）には理論面で協力した。六七年創刊の『情況』は、廣松の資金援助により創刊されたと言われる。やがて名古屋大学の助教授となったが、七〇年には学生運動を支持して辞職した。

一九七二年には代表作の一つとなった『世界の共同主観的存在構造』（勁草書房）を公刊する。七六年には東京大学教養学部助教授となり、後に教授に就任した。八二年には主著となる『存在と意味』第一巻（岩波書店）を刊行。九四年に定年退職し、ほどなくして没した。退官直前には、「東北アジアが歴史の主役に――日中を軸に〝東亜〟の新体制を」と題した論説を朝日新聞に発表し、波紋をもたらした。

〈全集等〉『廣松渉著作集』全一六巻（岩波書店、一九九六～九七年）
〈水先案内〉小林敏明『廣松渉――近代の超克』（講談社学術文庫、二〇一五年）

『世界の共同主観的存在構造』（岩波文庫、二〇一七年）

マルクスについて多くの著作を残した廣松だが、自身の哲学的な問題意識と基本思想を述べた本書は、数多い著作の中でももっとも広く読まれることとなった代表作である。

近代的世界観の根本をなす「主観―客観」図式およびその変種に対して、著者は四肢的存在構造を対置する。まず、客体の側は実は二重になっており、レアールな所与においてイデアールな「意味」が肉化して現れている。また主体の側も二重化されており、レアールな誰かにおいて何某かとしての役割が担われている（例えば父親としての私）。このように主観と客観はともに二重化しており、まとめれば〈所与がそれ以上の何かとして・何某かとしての或る者に対してある〉という四肢的な構造をもっている。この構造はまずは認識論的に取り出されるが、存在論的な考察にも通底する根本的な構造連関となっている。

四肢的構造は、しかし意味と役柄というイデアールなものが「物象化」されることで、見失われてしまう。これらはそもそも共同主観性（間主観性）のもとに形成されており、各人は間主体的な相互形成の過程においてさまざまな役柄を引き受けることで意味を形成していく。私といった人称的なものだけでなく、認識論的主観もまた役柄の一つにすぎないのであり、共同主観的な同型性は歴史的・社会的な産物として分析されねばならない。物象化の解明を伴うこうした分析へ向けて、廣松は本書で理論的な足場を固めている。

『今こそマルクスを読み返す』

（講談社現代新書、一九九〇年）

廣松のマルクス研究のエッセンスをコンパクトにまとめた本書は、ソ連邦の解体を背景として、改めてマルクスが開示した理論的地平を継承し展開するものとなっている。

第一章は、マルクスが開示した新しい世界観が、関係主義的なものであることを説明する。人間は、生産活動を営む社会的な動物として、自然や人間相互の関係において存在するとして捉えなおされる。社会的諸関係の総体である人間が、さらに相互に関わりあっている諸関係として、社会もまた把握しなおされる。社会的秩序の基礎となるのは生産の場での秩序構造であり、これが下部構造となる。そして、生産の場に即して自然と切り離せない人間のあり方に注目することで、歴史観もまたエコロジカルな見方へと刷新される。

第二章は『資本論』の基本的な主張を述べる。商品や貨幣に即した分析による資本制社会の解明は、市民社会像の自己欺瞞性を暴露しつつも、社会の進展の先を見定めるものであることを確認している。第三章は、資本主義の命運と共産主義社会の展望について述べている。マルクス本人は社会主義社会の建設も国有化も唱導していない。理想的未来としては、人々が「全人的に開花」し、ことさら自由や平等が、さらには私有財産や固定的分業の廃止などが、要求事項とならなくても済むような協同社会を思い描いていた、と廣松は解釈しており、補説でその具体的な姿を描くことを試みている。

（朝倉友海）

松田道雄《まつだみちお》　育児評論家　一九〇八〜一九九八

茨城県の医師の家に生まれ、すぐに京都へ移住。一九三二（昭和七）年に京都帝国大学医学部を卒業。卒業後は、京都府立西ノ京健康相談所や京都府衛生課に勤める。敗戦後に京都で開業し、六七年まで開業医として過ごし、その後は執筆活動に専念した。

戦前から執筆活動も並行し、一九四〇年には専門である小児結核に関する『結核』（弘文堂）を刊行した。戦後はさらに執筆の場を広げ、多岐にわたる活躍をみせた。医師としての立場から、五〇年に『結核をなくすために』（岩波新書）を、六〇年には『私は赤ちゃん』（岩波新書）などの一般書を執筆している。なかでも、六七年に初版が刊行された『育児の百科』はベストセラーとなった。また、青年期にマルクス主義の影響を強く受け、ロシア革命史の研究者の顔も持つ。その著に七〇年の『ロシアの革命』（河出書房新社）などがある。エッセイの名手としても知られ、長く『毎日新聞』で「ハーフ・タイム」欄を担当した。晩年の九七年には、『安楽に死にたい』（岩波書店）で、高齢者医療や介護のあり方を批判し、話題を呼んだ。

〈全集等〉『松田道雄の本』全一六巻（筑摩書房、一九七九〜八〇年）
〈水先案内〉高草木光一『松田道雄と「いのち」の社会主義』（岩波書店、二〇一八年）

『定本 育児の百科』上・中・下 （岩波文庫、二〇〇七～〇九年）

本書は、松田が町医者として過ごすなかで生じた、核家族化する社会のなかで、子育ての伝統が継承されず母親が孤立することに対する思いが根底にある。一九六七年に岩波書店より八〇〇頁を越す箱入り本で初版が刊行されると、その後八〇年に「新版」、八七年に「最新版」、九九年に「定本版」と三度の改訂が行われた。

乳児から小学校までの子供の年齢ごとに構成され、各年齢における「そだてかた」「環境」「かわったこと」「集団保育」等の項目が立てられる。食事や遊び、病気への対応策が丁寧に述べられ、育児での些細な不安をすくいとることに一役買った。時代に即して育児のあり方を見つめなおした松田は、「新版」で早くも「父親になった人に」の項を追加する。

本書の白眉は、単なる実用書を超え、育児への向き合い方を説いた思想書の側面をもつ点だろう。赤ちゃん一人ひとりの「個性」を尊重すべきとの考えが中心に据えられ、翻ってそれは医師批判にも結び付いた。とくに本書の特徴は「集団保育」の項目に強く表れる。一九五七年に全ソ小児科学会に参加した松田は、「集団保育」の実践に衝撃を受ける。その後、政治的見解の相違から参加していた関西保育問題研究会とは袂を分かつことになるが、「集団保育」への希望は持ち続けた。高度経済成長期の育児を支えた通算発行部数一六〇万部以上の大ベストセラーである。

『日常を愛する』

（平凡社ライブラリー、二〇〇二年）

松田の名を一般に知らしめたのは『毎日新聞』に掲載されたエッセイ欄「ハーフ・タイム」だろう。柔和な語り口のエッセイは、高度経済成長期を経て増加した知的中間層に愛され、その生活の良き伴走者となった。一九五三年から週一での連載が開始され、それらは『本の虫』（筑摩書房、一九八三年六月）にて単行本化され、後半の八一年一月〜八三年九月分が本書に当たる。

同居する孫の世話の話や最近読んだ書籍、最新の医学情報、読者から手紙で寄せられた悩み相談、友人との交流など、タイトル通りの「日常」が語られる。生い立ちからの読書遍歴を語った『私の読んだ本』（岩波新書、一九七一年）からも分かるように幅広い読書に支えられた松田の博覧強記ぶりが遺憾なく発揮され、内容は多岐にわたる。分かりやすい言葉で書かれたエッセイだが、その背後には、青春時代にマルクス主義の強い影響を受けるも、敗戦後には市民社会での戦後民主主義の醸成を目指した強い信念が横たわる。育児だけではなく、若者の生き方、医療との付き合い方、高齢者の死のあり方など、自立した「市民」であるためにはどうすべきかと松田は説く。優しい語り口の奥に潜む、権力に対する強い批判精神が、頼もしき知識人として新聞紙上で愛されていた所以であろう。現在、そうしたあり方への再評価が進む。

（中野綾子）

宮本常一《みやもとつねいち》 民俗学者 一九〇七〜一九八一

山口県大島郡生まれ。一九二九（昭和四）年大阪府天王寺師範学校専攻科卒業。同年四月から大阪府下小学校訓導として小学校教育に従事する。三四年柳田國男の指導のもとに沢田四郎作・桜田勝徳らとともに大阪民俗談話会を組織してその運営にあたる。三九年渋沢敬三の主宰するアチック＝ミューゼアム（のちの日本常民文化研究所）の研究員となり、全国各地の民俗調査を行うとともに民具の蒐集整理にあたる。五〇（昭和二五）年八学会連合対馬総合調査、五二年九学会連合能登総合調査、五九年九学会連合佐渡総合調査、六三年九学会連合下北総合調査に日本民俗学会より参加し漁村民俗の実態調査を行う。離島の振興、塩業史研究の進展と『日本塩業大系』の編纂に尽力。六五年武蔵野美術大学教授となり民俗学・文化人類学を講ずる。同年には日本観光文化研究所を設立し所長として地域開発、旅の研究を推進する。また民具研究の進展に留意し、七五年には日本民具学会の設立とともにその幹事となり同学会の発展に尽力する。七七年武蔵野美術大学を退職、同大名誉教授となる。山口県周防大島町に「宮本常一記念館」がある。

〈全集等〉『宮本常一著作集』全二五巻（未來社、一九七八〜八〇年、第三回今和次郎賞受賞）
〈水先案内〉『宮本常一——「忘れられた日本人」を訪ねて』（別冊『太陽』、二〇〇七年）

『辺境を歩いた人々』

（河出文庫、二〇一八年）

自らも「歩く人」として日本全国を訪れ、文章や写真などの膨大な資料を残した宮本が、さまざまな理由や動機から「辺境」とされた地を踏破し記録した先駆者四人の生涯を記したのが本書である。思わぬことから人を殺《あや》めてしまい、八丈島に流刑となったが、膨大な風俗地誌『八丈実記』をまとめあげることになった近藤富蔵、陸奥にとどまり、民俗学の草分けとなった菅江真澄、蝦夷地のために尽くした探検家・松浦武四郎、沖縄、与那国、奄美、台湾で生活し調査した笹森儀助。登場するそれぞれの人物には、その生涯をまとめた短い紹介が付くが、本文を見るとその紹介をはるかに超え出た、先人たちの奮闘ぶりがいきいきと伝わってくる。これらの人物たちが生きた江戸後期から明治に至る時期は、西欧列強による世界分割がその最終段階に入る頃であり、ユーラシア大陸最東端にあるこの島国周辺も、その力学に巻き込まれざるを得なかった。そうした「近代」の原理が世界に蔓延しようとする時、それまで「国家」の範疇からはやや遠いところにあった辺境が、彼らによって「発見」されていったのであり、そこにはかずかずの悲劇的な出来事もあった。その様を語る宮本の筆致は、そうした辺境にあって飢饉や貧困の中にあった人々の暮しを、これら先駆者たちが如何に深い想像力とともに実感し、記録していったかを描き出す。それはまたこうした記録の祖述を通じて、宮本自身の「民俗」に向かう基本的な態度と方法を示すこととともなっている。

『日本人のくらしと文化――炉辺夜話』（河出文庫、二〇一三年）

民俗学者としての宮本常一の方法的特徴は、なによりもまず現地に身を運び、その土地の人々の話を詳しく聞き取って、そこから生活文化の立体像をダイナミックに再現することにある。時にはその熱意が語り口に生のまま現れ、文学的想像力の産物であるかのように読み手に感じさせるような瞬間さえある。本書は「炉辺夜話」と副題が付されていることからも判るように、宮本自身の各地での講演や談話の記録をまとめたものだが、それはこの聞き取りの達人が、また自ら語りの名手でもあったことの証しとなっている。

本書は「生活の伝統」「民族と宗教」「民衆文化と岩谷観音」「離島の生活と文化」「離島振興のために」「宮本常一先生聞き書き」の六章から成る。上記のような特徴は、それぞれの章の扱う題材に沿って実に興味深く示される。その中で際立つのは、異質の文化、自分らでは生みだすことのできない文化を抱えこもうとする強い意欲に支えられ、生活を高める努力を続けていったことこそ伝統といえるものである、という考え方を基底とした、逆説的でありながら力強い肉声の勢いである。それがオシラサマや茶壺など民俗的遺物の伝播や、また「血まつり」から「水まつり」への信仰形態の変化などについてのスケールの大きな説に独特な魅力を与え、他方では具体的な農漁村改革の提言などについても、その魅力と切り離せない説得力を持ち得るものとなったと見ることができよう。

（島村 輝）

山口昌男《やまぐちまさお》　文化人類学者　一九三一～二〇一三

北海道網走郡美幌町生まれ。一九五五年、東京大学文学部国史学科卒業。六〇年、東京都立大学大学院社会人類学科博士課程中退。六三年、ナイジェリアのイバダン大学社会学講師。六五年、東京外国語大学アジア・アフリカ言語文化研究所講師。以後、パリ第一〇大学、メキシコ大学、静岡県立大学、札幌大学などで教鞭を取る。七四年に『歴史・祝祭・神話』（中央公論社）を、七五年に『文化と両義性』（岩波書店）、『道化の民俗学』（新潮社）を刊行。七八年、『知の遠近法』（岩波書店）刊行。この間、西アフリカ、インドネシア、カリブ海諸国、韓国など、世界各地でフィールドワークを行う。「中心と周縁」「スケープゴート」「道化（トリックスター）」といった概念を駆使し、独自の文化理論を展開した。八四年、磯崎新、大江健三郎、大岡信、武満徹、中村雄二郎とともに編集同人として『季刊へるめす』を創刊。九五年、『「挫折」の昭和史』（岩波書店）、『「敗者」の精神史』（岩波書店）刊行。翌年、『「敗者」の精神史』で大佛次郎賞受賞。二〇〇一年、『内田魯庵山脈』（晶文社）刊行。〇九年、瑞宝中綬章受章。一一年、文化功労者。

〈全集等〉『山口昌男著作集』全五巻（筑摩書房、二〇〇二～〇三年）

〈水先案内〉真島一郎・川村伸秀編『山口昌男 人類学的思考の沃野』（東京外国語大学出版会、二〇一四年）

『歴史・祝祭・神話』

（岩波現代文庫、二〇一四年）

一九七〇年代から八〇年代にかけて、日本の知的シーンに強烈なインパクトを与えた山口昌男最初期の代表的な著作。祝祭＝カーニヴァルが我々の心の奥底に潜む神話を蘇らせ、現代の時空間に風穴を開ける。そして、このカーニヴァル的な属性をその身に帯びて〈周縁〉から出現する英雄は〈中心〉の権力を揺さぶり、共同体を活性化させるものの、その過剰な聖性ゆえに秩序回復のための犠牲として葬られ、闇へと消し去られる。のちに山口が『文化と両義性』などで展開するスケープゴート論、中心と周縁の理論がすでに本書に示されている。本書ではドラマティックな生の軌跡を刻んだ祝祭的な英雄たちが、時間と空間を超えてピックアップされ、鮮烈に描き出される。スペイン内戦時の詩人ガルシア・ロルカ、一五世紀フランスの貴族ジル・ド・レ、室町時代の婆佐羅大名である佐々木道誉、ロシアの革命家トロツキー、そして彼と同時期に活躍した舞台人メイエルホリドらである。彼らはみな、自ら「さずき」＝神を迎える舞台に上がる。そして、神の命によって「はたもの」＝贖罪の羊となる。彼らは日常世界に活力を導入するための解発装置である。彼らによって世界は日常から遊離し、世界を再編するために必要な感性の領域は拡大する。祝祭の始まりである。しかし、祭は長くは続かない。人々が秩序的な世界への回帰を望むとき、彼らは秩序を惑乱する理解不能な「異人」として、排除されるのである。

『道化の民俗学』

（岩波現代文庫、二〇〇七年）

ヨーロッパ中世の民俗文化の土壌から生まれたイタリア演劇の道化役、アルレッキーノ。死と復活、否定（嘲笑）と肯定（歓喜の笑い）が結び合わされるカーニヴァルという場のなかで、アルレッキーノはふたつの相反する原理の間を自由自在に動き回る。このような祝祭空間における道化のイメージは、神話的な思考を媒介にして、ヘルメスを召喚する。彼らの分析を通して、世界各地の創造神話に登場するトリックスター（文化英雄）が、二元論的な世界観や社会構造のなかで、両極の境界的な形象であり、両義性を内包した存在であることを示す。さらにアフリカ文化のなかでトリックスター的な位置を占める野兎、エシュ＝エレグバ神の検討を経由して、この系譜のなかにインド神話における「黒き英雄神」クリシュナを位置づけてみせる。神話的思考においてはトリックスター（文化英雄）が、そして演劇の舞台においては道化が、文化の根源的な部分において想像力の立ち上がる場を提供しているのである。山口はこのような跳躍的な知の試みを、法則性に固執する従来の歴史的思考に対して「人類学的思考」と呼んだ。後年は「歴史人類学」を標榜し、近代日本の公的世界の階層秩序から身を翻して、見えない日本を作り出してきた「敗者」たちの知のネットワークに目を向ける。その眼差しは『「挫折」の昭和史』『「敗者」の精神史』『内田魯庵山脈』の、いわゆる「敗者」三部作にまとめられた。

（一柳廣孝）

吉本隆明《よしもとたかあき》　思想家　一九二四〜二〇一二

　東京に生まれる。東京工業大学電気化学科卒業。一九五二年に詩集『固有時との対話』、五三年に『転位のための十篇』、五四年には評論「マチウ書試論」などを発表して注目された。五六年には戦前のプロレタリア文学運動、戦後の民主主義文学運動の当事者となった文学者たちの戦争責任を追及する評論『文学者の戦争責任』（武井昭夫との共著、淡路書房）を刊行し、またさらに「転向」が権力の過酷な弾圧によってもたらされたとする従来の考え方とは異なり、大衆の心情から離れた知識人たちの孤立した状況から生まれたとする『転向論』（一九五八年）を発表した。また六八年には国家の幻想性を剔抉する『共同幻想論』（河出書房新社）を刊行。六五年には文学における言語表現の分析『言語にとって美とはなにか』を勁草書房から刊行、さらに『心的現象論序説』（北洋社、一九七一年）の刊行によってそれまでの左翼的芸術論とは異なる新たな理論的枠組みの主張を行った。その後、古典文学論、宗教論、現代文学論、大衆イメージの現代的変容の動因をメディアの大幅な発展によるものとし、そこに表現の可能性を看取しようとする試み等、文学と思想にわたる幅広い方面の評論活動を行った。

〈全集等〉『吉本隆明全集』全三八巻、別巻一（晶文社、二〇一四〜刊行継続中）

〈水先案内〉宇田亮一『吉本隆明〝心〟から読み解く思想』（彩流社、二〇一四年）

『定本 言語にとって美とはなにか』I・II

（角川ソフィア文庫、二〇〇一年）

本書は吉本隆明がそれまでマルクス主義的な枠組みに縛られがちだった言語・芸術に関する批評の分野において、それに対抗する理論的プランを提示した試みである。そのもっとも重要な提起は、人間の言語使用の様態を、その発生にさかのぼって考察した点にある。人間は、動物社会より複雑な生産関係を持った、より高次な共同社会をいとなむようになり、特定の有節音が特定の信号としての機能を持ち、ついには特定の音が特定の事物を指示するものとして現れる。その意識の潜勢力が、何事かを言わなくてはならぬまでになったということは、人間が人間的な意識の自己表出の欲求を持つようになったことを意味している。言語はこのように、対象に対する指示（指示表出）と、対象に対する意識の表出（自己表出）という二重性を本質的に持っている。例えば原始人が海を見て自己表出として「海」といったとき、その「海」は目の前で見ている海であると同時に、他のどこかで見た「海」でもあるという、海の類概念を抽出することができるようになったことを意味すると、吉本は説く。ここから吉本の論は言語表現一般の史的検討へと、壮大に展開されていく。ソシュール以後の言語論、記号論の広範な理論がまだ十分に紹介されていないこの時期に、こうした考え方をほとんど自前の思考として展開したことは、今日の目からすれば不備や不足はあったとしても、文学理論上の歴史的なモニュメントとして評価しなければならないであろう。

『改訂新版 共同幻想論』

（角川ソフィア文庫、一九八二年）

本書は、幻想としての国家の成立を描いた国家論であり、禁制論、憑人論、巫覡論、巫女論、他界論、祭儀論、母制論、対幻想論、罪責論、規範論、起源論の一一の編によって構成されている。国家は集団生活を成立させる機能として作られたという社会契約説や、支配階級が自分の既得権益を守るために作った暴力装置であるというマルクス・レーニン主義的な国家論に対して、吉本は、国家とは共同の幻想である、すなわち詩や文学を創るように、人間は国家というフィクションを空想し、創造したのだと説く。この幻想は自らが作り出した虚構ではあるが、それが共同のものであることによって、人間はその幻想に敬意や親しみ、また往々にして恐怖を覚える。特に原始的な宗教国家で顕著に見られるこの現象は、例えばその共同体に伝わる呪術的伝承が心的に働きかけることによって、肉体的・精神的に人間を死に至らしめることとさえある。現代社会にあっても「個人主義」という自己幻想が「愛国心」や各種のナショナリズムという形で、共同幻想に侵食される例は顕著であり、共同幻想の解体、自己幻想の共同幻想からの自立という課題は、現在でもラジカルな本質的意味を持つと吉本は指摘している。ただし本書は必ずしも体系的に書かれているというわけではなく、記述上不明瞭なところもあり、どのような切り口から読むかによって多元的に解釈できてしまうという点で、今日に至るまで評価の揺れの大きい書物であるといえよう。

（島村 輝）

編者あとがき

本書の監修は、東京女子大学の丸山眞男記念比較思想研究センター（以下、丸山センター）になっています。センターで本書を企画することになった経緯を、少し記させていただきます。

丸山センターは二〇〇二年に、東京女子大学の比較文化研究所に附置されました。政治学者丸山の約一万八〇〇〇冊の図書と、ほぼ同数の雑誌、約八二〇〇件の草稿類を、ご遺族が寄贈してくださったことが契機でした。約五八〇〇冊の蔵書には、丸山自身による書き込みが見られます。丸山センターではこれらの資料を広く活用していただくために、丸山眞男文庫として整理を進め、雑誌や傷み本を除いて、生前の丸山家の蔵書状況がリアルに分かる、バーチャル書庫をウェブ上に再現しました。また草稿類については、デジタルアーカイブを構築しています。

同時に「丸山文庫協力の会」のお力添えをいただいて、記念講演会と公開研究会を開催し、二〇二三年にはそれぞれ、第二三回と第一二回を迎えます。コロナ下ではZOOMによる録画を、動画サイトで公開する方法をとりました。コロナ前は一般の方々が受講していただける、「比較思想」の公開授業も実施していました。

丸山センターは二〇一七年に、立命館大学加藤周一現代思想研究センターと学術協力協定を結び、それに基づく共同展示を企画してきました。これは二つの大学で同時に、学生や一般の方を対象に、展覧会を開く試みです。二〇一八年の第一回のテーマは「君たちはこれからどう生きるか：丸山眞男と加藤周一から学ぶ」、翌年の第二回は「〈おしゃべり〉からはじまる民主主義」、第三回は「我を人と成せし者は映画：加藤も丸山も映画大好き！」でした。丸山センターのホームページに入っていただくと、最新の展覧会がデジタル展示で見られます。

丸山センターでは二〇一九年から、センターの活動のウィングを拡大することを検討してきました。丸山眞男の研究や資料の公開は大きな柱ですが、政治学だけでなく、近現代日本思想史という、もう一つの柱を立てたいと考えたからです。本書はその最初の試みになります。その考え方に基づいて、近現代日本思想史の、「知」の巨人一〇〇人を対象に、二〇〇冊の本のガイドを作ることにしました。ガイドなので、この本から出発して、関心を持たれた思想の世界を、探求していただければと願っています。そのために二〇〇冊の本は、現在書店で購入できる、または図書館所蔵の可能性が高い、文庫・新書・選書を中心に選定しました。本書の末尾には、これらの思想家の旧蔵書や原稿を所蔵する、記念館・研究センター・個人文庫の一覧を入れてあります。

一〇〇人のジャンルは多様です。哲学者、思想家、政治家、美術史家、社会運動家、実業家、地理学者、教育者、革命家、ジャーナリスト、女性解放運動家、農政学者、数学者、民俗学者、歴史学者、博物学者、漢字研究者、物理学者、経済学者、文学研究者、文化人類学者、批評家、心理学者などが混在しています。新しい「知」の課題は、ジャンルをクロスさせ、自由に思考することで発見されてきました。「知」の巨人は、一〇〇人しかいないわけではありません。視点を変えると、別の人物がクローズアップされてきます。時代の変容を追いかけながら、しなやかに、可変的に、領域を拡大してきた、思想の世界を体験していただければ幸いです。

なお、項目となっている人名の表記については、一般に流布しているものを採用しました。時代もジャンルも多岐にわたるため、解説文や引用文中の仮名遣いなどの統一は項目ごとにとどめています。

最後になりますが、分担執筆していただいた研究者の方々、ご助力いただいた加藤周一現代思想研究センター前センター長の鷲巣力さん、編集を担当してくださった平凡社の竹内涼子さんに、深く感謝申し上げます。

二〇二二年一〇月一五日

和田博文（東京女子大学・丸山眞男記念比較思想研究センター長）

記念館・研究センター・個人文庫・旧蔵書一覧（当該人物の五十音順）

◆阿部文庫
仙台市青葉区川内　東北大学附属図書館内
阿部次郎（一八八三〜一九五九）の蔵書五一九〇冊を所蔵。目録あり（冊子体）。

◆阿部記念館
山形県酒田市山寺字宅地179-1
阿部次郎の生家を使用。遺墨・書簡などを所蔵。

◆荒畑寒村関係資料
神奈川県藤沢市朝日町12-6　藤沢市文書館内
荒畑寒村（一八八七〜一九八一）の愛用品などを所蔵。

◆石川三四郎資料室
埼玉県本庄市千代田4-9-1　本庄市立図書館内
石川三四郎（一八七六〜一九五六）の蔵書、書簡、原稿、著作、発行雑誌を所蔵。

◆水俣病センター相思社水俣病歴史考証館（石牟礼道子）
熊本県水俣市袋34
石牟礼道子（一九二七〜二〇一八）の『苦海浄土』原稿などを所蔵。

◆今西文庫
岐阜県岐阜市柳戸1-1　岐阜大学図書館内
今西錦二（一九〇二〜一九九二）旧蔵の図書二九六三冊、雑誌一三八タイトル、自筆原稿二七三九頁、自筆メモ・カード五三九枚、印刷論文三六四件を所蔵。図書館HP内に特設ページあり。

◆哲学堂文庫（井上円了）
東京都文京区白山5-28-20　東洋大学附属図書館白山図書館内
井上円了（一八五八〜一九一九）の蔵書二万一五六〇冊を所蔵。目録あり（冊子体）。

◆植村記念　佐波文庫
東京都杉並区善福寺2-6-1　東京女子大学比較文化研究所内
植村正久（一八五八〜一九二五）の女婿・佐波亘が『植村正久と其の時代』を編纂するために収集した明治期キリスト教関係資料を所蔵。目録あり（冊子体）。

◆内村鑑三文庫
北海道札幌市北区北八条西5　北海道大学附属図書館内
内村鑑三（一八六一〜一九三〇）旧蔵のキリスト教関係の和書一六六冊、洋書一〇八三冊を所蔵。図書館HPに資料一覧のリンクあり。

◆**内村鑑三記念文庫**
東京都三鷹市大沢3-10-2　国際基督教大学図書館内
内村鑑三の原稿、書、書簡、写真のほか、著書、関連図書および雑誌記事を所蔵。図書館HPに目録へのリンク、デジタルアーカイブあり。目録あり（冊子体）。

◆**宇野文庫**
茨城県つくば市天王台1-1-1　筑波大学附属図書館内
宇野弘蔵（一八九七〜一九七七）の蔵書、手稿、ノートなど一四〇〇点を所蔵。OPAC検索ページに一覧リンクあり。

◆**宇野文庫・宇野文書**
東京都文京区本郷7-3-1　東京大学社会科学研究所内
宇野弘蔵旧蔵の和書三四一冊、洋書二冊、ノート類の複写三八冊を所蔵。OPACあり。目録あり（PDF形式）。

◆**宇野弘蔵文庫**
東京都町田市相原町4342　法政大学多摩図書館内
宇野弘蔵旧蔵の和書九四九冊、洋書四八七冊を所蔵。目録あり（Excel形式）。

◆**酒田市立光丘文庫（大川周明）**
山形県酒田市中町1-4-10　酒田市役所中町庁舎内
大川周明（一八八六〜一九五七）の蔵書、日記類を所蔵。

◆**大隈関係資料**
東京都新宿区西早稲田1-6-1　早稲田大学図書館内
大隈重信（一八三八〜一九二二）の旧蔵書類一万二〇〇〇点を所蔵。図書館HP内にデジタルアーカイブあり。

◆**大隈重信記念館**
佐賀県佐賀市水ケ江2-11-11
大隈重信の愛用品・画像・音声記録などを所蔵。

◆**大塚久雄文庫**
福島県福島市金谷川1　福島大学附属図書館内
大塚久雄（一九〇七〜一九九六）旧蔵の図書六〇五四冊、雑誌一四〇タイトル、抜刷一七〇〇点、ノート、自筆原稿、住所録、講演テープ、写真を所蔵。目録あり（冊子体）。

◆**岡潔文庫**
奈良県奈良市北魚屋西町　奈良女子大学学術情報センター内
岡潔（一九〇一〜一九七八）の旧蔵資料、自筆原稿、未発表論文などを所蔵。専用HPあり。

◆**岡倉天心記念室**
茨城県北茨城市大津町椿2083　茨城県天心記念五浦美術館内
岡倉天心（一八六三〜一九一三）の書簡や遺品などを展示。

◆**折口博士記念古代研究所**
東京都渋谷区東4-10-28 國學院大學博物館内
折口信夫（一八八七〜一九五三）旧蔵の単行本六二二九冊、文庫本五七四冊、雑誌四二七種・六八四三冊、和書四六六冊、葉書七三九七通、封書二四七〇通、草稿・写真類を所蔵。一部は『折口信夫全集』に収録。

◆**折口文庫**
長野県松本市蟻ケ崎2-4-40 松本市図書館内
折口信夫の長野県内での足跡をうかがわせる資料二〇〇〇点を収蔵。

◆**加藤周一文庫**
京都府京都市北区等持院北町56-1 立命館大学図書館内
加藤周一（一九一九〜二〇〇八）旧蔵の図書・雑誌二万冊、手稿ノート・資料類（整理中）を所蔵。デジタルアーカイブあり。

◆**加藤弘之文書**
東京都千代田区永田町1-10-1 国立国会図書館憲政資料室内
加藤弘之（一八三六〜一九一六）の書簡、自筆草稿を所蔵。目録あり（冊子体）。

◆**加藤弘之関係資料**
東京都文京区本郷7-3-1 東京大学文書館内
加藤弘之の書簡、自筆草稿、書類を所蔵。OPACあり。

◆**一般財団法人 河合隼雄記念財団**
大阪府大阪市中央区淡路町4-3-6
河合隼雄（一九二八〜二〇〇七）の著作、論文、記事を所蔵。刊行・デジタルアーカイブ化に向けて準備中。

◆**河上文庫**
京都府京都市左京区吉田本町 京都大学大学院経済学研究科・経済学部図書室内
河上肇（一八七九〜一九四六）の蔵書、講義ノート、原稿など約二七〇〇点を所蔵。目録あり（冊子体）。

◆**河上肇文庫**
京都府京都市左京区下鴨半木町1-29 京都府立京都学・歴彩館内
河上肇の書籍、原稿など約八〇〇点を所蔵。

◆**河口慧海コレクション**
宮城県仙台市青葉区川内27-1 東北大学大学院文学研究科東洋・日本美術史研究室内
河口慧海（一八六六〜一九四五）がインド、ネパール、チベットの各地で収集した仏教美術資料八一八点、民俗資料四一三点、標本二五五点を所蔵。東北大学総合学術博物館収蔵資料データベースにデジタルアーカイブあり。

◆**河口コレクション**
東京都文京区本駒込2-28-21 東洋文庫内

河口慧海が収集したサンスクリット文書の一部、チベット大蔵経典の大半の部分を所蔵。チベット語蔵外文献のOPACあり。

◆**木下尚江記念館**
長野県松本市大字島立2196-1 松本市歴史の里内
木下尚江（一八六九～一九三七）の生家。

◆**弘前市立郷土文学館（陸羯南）**
青森県弘前市大字下白銀町2-1
陸羯南（一八五七～一九〇七）の著書、原稿、遺墨、遺品を所蔵。

◆**九鬼周三文庫**
兵庫県神戸市東灘区岡本8-9-1 甲南大学図書館内
九鬼周三（一八八八～一九四一）の蔵書、原稿などを所蔵。デジタルアーカイブあり。

◆**久野収氏旧蔵書**
大阪府東大阪市荒本北1-2-1 大阪府立中央図書館内
久野収（一九一〇～一九九九）旧蔵の和書六〇一一冊、洋書一四六八冊、雑誌一一冊を所蔵。一九三〇年代以降の哲学書が中心。目録あり（冊子体）。

◆**桑原武夫文庫**
京都府京都市左京区吉田本町 京都大学人文科学研究所図書室内
桑原武夫（一九〇四～一九八八）旧蔵のフランス文学関係図書一〇四七冊を所蔵。

◆**法政大学大原社会問題研究所（幸徳秋水）**
東京都町田市相原町4342
幸徳秋水（一八七一～一九一一）直筆の『「共産党宣言」訳稿』・書を所蔵。

◆**今和次郎コレクション**
山形県新庄市石川町4-15 雪の里情報館
工学院大学から寄託された今和次郎（一八八八～一九七三）コレクションの図書約三〇〇〇冊を所蔵。デジタルアーカイブで約一五〇〇点を公開。目録あり（冊子体）。

◆**今和次郎コレクション**
東京都八王子市中野町2665-1 工学院大学八王子図書館内
今和次郎旧蔵の和書約四六〇〇冊、洋書九三四冊、調査資料、スケッチ、野帖、講義録、報告書、研究ノート、図面、写真、原稿、スクラップ、日記、手紙などの諸資料を所蔵。目録あり（冊子体）。大学HPで検索可。

◆**堺利彦顕彰記念館**
福岡県京都郡みやこ町豊津1123-13 みやこ市立歴史民俗博物館内
堺利彦（一八七一～一九三三）の『望郷台』などの生原稿、

色紙・短冊多数、初版本、朝倉文夫作のデスマスクなどを所蔵。

◆**向坂逸郎文庫**
東京都町田市相原町4342 法政大学大原社会問題研究所内
向坂逸郎（一八九七～一九八五）旧蔵の日本語文献二万一三九〇冊、外国語文献九八八一冊、逐次刊行物日本語三三九三点・外国語五九三点を所蔵。堺利彦旧蔵の図書・資料を含む。目録あり（冊子体）。

◆**東公園（志賀重昂）**
愛知県岡崎市欠町大山田1
志賀重昂（一八六三～一九二七）が収集した大仏像・仏画などを園内に収める。また、世界各地で収集した木・石・竹を用いて志賀が建てた茶室を移築。

◆**渋沢栄一記念館**
埼玉県深谷市下手計1204
渋沢栄一（一八四〇～一九三一）の遺墨、写真などを所蔵。デジタルミュージアムあり。

◆**松ヶ岡文庫（鈴木大拙）**
神奈川県鎌倉市山ノ内1375
鈴木大拙（一八七〇～一九六六）の旧蔵書、遺墨、原稿、遺品、収集物等を所蔵。目録あり（冊子体）。

◆**鈴木大拙館**
石川県金沢市本多町3-4-20
鈴木大拙の書、写真、著作などを展示。

◆**高群文庫**
熊本県熊本市中央区大江6-1-74 熊本市立図書館内
高群逸枝（一八九四～一九六四）の蔵書一一三二点を所蔵。目録あり（冊子体）。

◆**竹内好文庫**
東京都目黒区駒場4-3-55 日本近代文学館内
竹内好（一九一〇～一九七七）の著書・著作収録書・雑誌『中国』など三九三冊、太宰治の葉書一点を所蔵。

◆**田辺文庫**
群馬県前橋市荒牧町4-2 群馬大学総合情報メディアセンター内
田辺元（一八八五～一九六二）の蔵書六〇〇〇点、メモ、原稿を所蔵。目録あり（冊子体）。デジタルアーカイブあり（京都学派アーカイブ）。

◆**田辺文庫**
京都府京都市左京区吉田本町 京都大学大学院文学研究科図書館内
田辺元旧蔵の和漢籍六〇五冊、洋書八〇七冊、寄託書七九冊を所蔵。目録あり（冊子体）。

◆谷川徹三文庫

東京都町田市相原町4342　法政大学多摩図書館内

谷川徹三（一八九五〜一九八九）旧蔵の洋書一〇四二冊を所蔵。目録あり（Excel形式）。

◆津田左右吉伝記資料

東京都新宿区西早稲田1-6-1　早稲田大学図書館内

津田左右吉（一八七三〜一九六一）のメモ、草稿、抜刷、パンフレット、遺愛品を所蔵。早稲田大学図書館OPACで検索可。

◆津田文庫

東京都新宿区西早稲田1-6-1　早稲田大学図書館内

津田左右吉旧蔵の和漢書・和雑誌九六二七冊、洋書・洋雑誌七四八冊を所蔵。目録あり（冊子体）。

◆都留重人名誉教授寄贈資料

東京都国立市中2-1　一橋大学経済学研究所資料室内

都留重人（一九一二〜二〇〇六）旧蔵の資料一万五〇〇〇点、書籍、書簡（都留発信分のカーボンコピー含む）、原稿、書類、草稿などを所蔵。検索用コミュニティページあり。

◆成簣堂文庫（徳富蘇峰）

東京都千代田区神田駿河台2-9　石川武美記念図書館内

徳富蘇峰（一八六三〜一九五七）旧蔵の古典五万冊、古文書五〇〇〇点、古典籍の複製本一三〇〇点、明治以降の図書二万冊、和雑誌一万二六〇〇冊、洋書二五〇〇冊、洋雑誌三〇〇〇冊、徳富蘇峰が明治三〇年から収集した書籍を所蔵。目録あり（冊子体）。

◆山王草堂記念館（徳富蘇峰）

東京都大田区山王1-41-21

徳富蘇峰の蔵書、書簡、『近世日本国民史』自筆原稿を所蔵。

◆徳富蘇峰記念館

神奈川県中郡二宮町二宮605

徳富蘇峰の蔵書約一万冊、徳富蘇峰宛書簡約四万六〇〇〇通、揮毫、収集美術品などを所蔵。OPACあり。目録あり（冊子体）。

◆徳富蘇峰館

山梨県南都留郡山中湖村平野506-296　山中湖文学の森内

徳富蘇峰の原稿や関連資料など約一五〇点を所蔵。

◆徳富文庫

京都府京都市上京区今出川通烏丸東入　同志社大学今出川図書館内

徳富蘇峰の蔵書・自筆書簡三〇〇点を所蔵。目録あり（冊子体）。

◆徳富記念園
熊本県熊本市中央区大江4-10-33
徳富蘇峰・徳冨蘆花（一八六八〜一九二七）の遺品や原稿などを所蔵。

◆蘇峰文庫
熊本県熊本市中央区大江6-1-74 熊本市立図書館内
徳富蘇峰の蔵書約四五〇〇冊を所蔵。目録あり（冊子体）。

◆水俣市立蘇峰記念館
熊本県水俣市陣内1-1-1
徳富蘇峰の蔵書三八八冊と遺品を所蔵。蔵書目録あり（冊子体）。

◆水俣市立図書館（徳富蘇峰）
熊本県水俣市浜町2-10-26
徳富蘇峰の蔵書五二六三冊を所蔵。目録あり（冊子体）。

◆朝永記念室
茨城県つくば市天王台1-1-1 筑波大学大学会館内
朝永振一郎（一九〇六〜一九七九）の幼少期から晩年までの遺墨、愛用品、研究論文、遺品、写真などを所蔵。

◆内藤虎次郎文庫
京都府京都市左京区吉田本町 京都大学人文科学研究所附属東アジア人文情報学研究センター図書室内
内藤湖南（一八六六〜一九三四）旧蔵の漢籍一〇四六冊を所蔵。目録あり（冊子体）。

◆内藤文庫
大阪府吹田市山手町3-3-35 関西大学図書館内
内藤湖南の蔵書三万三〇〇〇冊を所蔵。目録あり（PDF形式）。

◆内藤文庫
大阪府大阪市住吉区杉本3-3-138 大阪市立大学学術情報センター内
内藤湖南の蔵書五八九二冊を所蔵。

◆中井正一関係資料
京都府京都市左京区吉田本町 京都大学大学文書館内
中井正一（一九〇〇〜一九五二）の自筆原稿、メモ類、ラジオ原稿を所蔵。目録あり（PDF形式）。OPACあり。

◆国文学研究資料館（中江兆民）
東京都立川市緑町10-3
中江兆民（一八四七〜一九〇一）の『三酔人経綸問答』の自筆稿本一一四枚を所蔵。資料館HPの「近代書誌・近代画像データベース」で画像を公開。

◆中村元記念館
島根県松江市八束町波入2060 松江市八束支所2階
中村元（一九一二〜一九九九）の蔵書約三万冊を所蔵。OPACあり。

◆新島遺品庫
京都府京都市上京区今出川通烏丸東入 同志社社史資料センター内
新島襄（一八四三〜一八九〇）の書簡、日記、ノート類、説教・演説草稿、公務記録・文書、軸物、絵画など六〇〇〇点を所蔵。デジタルアーカイブあり。

◆西周関係文書
東京都千代田区永田町1-10-1 国立国会図書館憲政資料室内
西周（一八二九〜一八九七）の著作の草稿・稿本、日記（一八八二〜一八九四）、履歴や以呂波別人名録などの書類、山県有朋、西郷従道、岩倉具視、勝海舟、福澤諭吉等からの西周宛書簡六〇通を所蔵。目録あり（冊子体）。『西周全集』（宗高書房、一九六〇〜一九八一）全四巻にて翻刻済み。

◆西田幾多郎史料
東京都豊島区目白1-5-1 学習院大学史料館内
西田幾多郎（一八七〇〜一九四五）の書簡、原稿、書、写真類など五八五点を所蔵。目録あり（冊子体）。

◆石川県西田幾多郎記念哲学館
石川県かほく市内日角井1
西田幾多郎のノート、原稿、遺墨、書簡などを所蔵。OPACとデジタルアーカイブあり。

◆西田文庫
京都府京都市左京区吉田本町 京都大学大学院文学研究科図書館内
西田幾多郎の蔵書一六二七冊、原稿などを所蔵。蔵書目録あり（冊子体）。OPACで検索可。デジタルアーカイブあり（京都学派アーカイブ）。

◆新渡戸稲造文庫
北海道札幌市北区北八条西5 北海道大学附属図書館内
新渡戸稲造（一八六二〜一九三三）の蔵書一五〇〇冊を所蔵。図書館HPに資料一覧のリンクあり。

◆新渡戸稲造関係資料
青森県十和田市東三番町24-1 新渡戸記念館内
新渡戸稲造の蔵書七〇〇〇冊、遺品を所蔵。

◆新渡戸稲造記念室
岩手県盛岡市本宮字蛇屋敷2-2 盛岡市先人記念館内
新渡戸稲造の遺品、愛用品、遺墨、書簡、原稿を所蔵。

◆新渡戸稲造記念文庫
東京都杉並区善福寺2-6-1 東京女子大学図書館内
新渡戸稲造旧蔵の洋書約五七〇〇冊（北海道大学などに寄贈された農政学、農業経済学、植民地問題等以外のもの約三三〇〇冊と、東京女子大学学長時代に学生利用の図書館蔵書用に寄贈されたもの）を所蔵。目録あり（冊子体）。

◆**長谷川如是閑関係コレクション**

東京都八王子市東中野742-1 中央大学中央図書館内
長谷川如是閑（一八七五〜一九六九）の蔵書七一七八冊、手稿類七二点、関係書類三六三点、写真等を所蔵。目録あり（PDF形式）。

◆**長谷川如是閑文庫**

神奈川県小田原市城内7-17 小田原市立図書館内
長谷川如是閑の蔵書五八三冊を所蔵（一般教養書が中心）。目録あり（PDF形式）。

◆**花田清輝資料**

神奈川県横浜市中区山手町110 神奈川近代文学館内
花田清輝（一九〇九〜一九七四）の原稿、創作メモ、安部公房、飯沢匡、福永武彦、富士正晴らの書簡、安部、三島由紀夫ほかの献呈本などの蔵書、佐々木基一、野間宏、埴谷雄高の花田宛弔辞五三〇点を所蔵。

◆**らいてうの家**

長野県上田市真田町長字十の原1278-720
平塚らいてう（一八八六〜一九七一）の遺品、書簡などを展示。

◆**廣松渉研究室**

東京都渋谷区千駄ヶ谷1-25-2 河合塾千駄ヶ谷オフィス1F
河合文化教育研究所内
廣松渉（一九三三〜一九九四）の自筆草稿類を所蔵。目録あり（PDF形式）。近日デジタルアーカイブ化予定。蔵書は東京大学総合図書館と東京大学柏図書館に分置。

◆**福澤関係文書**

東京都港区三田2-15-45 慶應義塾大学三田メディアセンター内
福澤諭吉（一八三五〜一九〇一）の自筆原稿、墨蹟、書簡、蔵書、遺品等を所蔵。大部分はマイクロフィルム化されている。

◆**福澤文庫**

東京都港区三田2-15-45 慶應義塾大学三田メディアセンター内
福澤諭吉と門下生の著訳書や関連文献等の一般書約一〇〇〇冊を所蔵。

◆**福澤諭吉旧居・福澤記念館**

大分県中津市留守居町586
福澤諭吉が中津藩時代に住んだ邸宅、福澤の遺品・遺墨・書籍を展示。

◆**福田恆存資料**

神奈川県横浜市中区山手町110 神奈川近代文学館内
福田恆存（一九一二〜一九九四）の原稿や訳稿、手入台本、舞台稽古写真、チャタレイ裁判関係資料、愛用の弓道具など四三〇点を所蔵。

◆松田道雄文庫
北海道札幌市豊平区西岡三条7-3-1　札幌大学図書館内
松田道雄（一九〇八～一九九八）旧蔵の和書二九冊、ロシア語図書約一七〇冊、ロシア語以外（英・独・仏）の洋書一七六七冊を所蔵。目録あり（冊子体）。

◆松田道雄文庫
熊本県熊本市中央区大江2-5-1　熊本学園大学付属図書館内
松田道雄の蔵書・資料約二万冊（文学・歴史関係八六〇〇冊、社会科学関係五〇〇〇冊、哲学・思想関係二〇〇〇冊など）を所蔵。

◆丸山眞男文庫
東京都杉並区善福寺2-6-1　東京女子大学図書館内
丸山眞男（一九一四～一九九六）旧蔵の図書一万八〇〇〇冊、雑誌約一万八〇〇〇冊、草稿類約八二〇〇点などを所蔵。旧蔵図書のバーチャル書庫と草稿類デジタルアーカイブあり。

◆三木清文庫
東京都千代田区富士見2-17-1　法政大学市ケ谷図書館内
三木清（一八九七～一九四五）旧蔵の和書四四五一冊、洋書三七一五冊を所蔵。目録あり（Excel形式）。

◆霞城館・矢野勘治記念館（三木清）
兵庫県たつの市龍野町上霞城30-3
三木清の著作や遺品を所蔵。

◆南方熊楠記念館
和歌山県牟婁郡白浜町3601-1
南方熊楠（一八六七～一九四一）の旧蔵資料、愛用品、写真、標本、関係書籍などを所蔵。

◆美濃部親子文庫
兵庫県高砂市伊保東1-18-6　高砂市民公民館内
美濃部達吉（一八七三～一九四八）・亮吉（一九〇四～一九八四）の蔵書、達吉晩年の書類等を所蔵。目録あり（冊子体）。

◆三宅雪嶺記念資料館
茨城県龍ケ崎市120　流通経済大学内
三宅雪嶺（一八六〇～一九四五）の蔵書、愛用品、収集品を所蔵。専用HPあり。

◆宮崎兄弟資料館
熊本県荒尾市宮内出目390
宮崎滔天（一八七一～一九二二）の遺品、遺墨を所蔵。

◆宮武外骨関係資料
東京都文京区本郷7-3-1　東京大学法学部研究室図書館内
宮武外骨（一八六七～一九五五）の出版物、手稿など八〇〇〇点を所蔵。

◆宮本常一記念館（周防大島文化交流センター）
山口県大島郡周防大島町平野417-11

宮本常一（一九〇七～一九八一）の蔵書、遺品、収集資料、撮影写真を所蔵。デジタルアーカイブあり。

◆**陸奥宗光関係文書**
東京都千代田区永田町1-10-1　国立国会図書館憲政資料室内
陸奥宗光（一八四四～一八九七）の書簡、憲法・議会・予算案修正・政務部・世伝御料・予戒令・農商務関係等の内政に関する書類、蹇蹇録、外交一般・条約改正・日清戦争・日清講和・三国干渉・遼東還付・各国との関係等の陸奥外交に関する資料。ほかに陸奥の著作、辞令等二四三三点を所蔵。目録あり（冊子体）。一部は国会図書館HP上で画像公開。

◆**諸橋轍次記念館**
新潟県三条市庭月434-1
諸橋轍次（一八八三～一九八二）の蔵書、日記、書簡類を所蔵。目録あり（PDF形式）。

◆**諸橋文庫**
東京都港区南麻布5-7-13　東京都立中央図書館内
諸橋轍次の蔵書二万冊を所蔵、目録あり（冊子体）。

◆**矢内原忠雄文庫**
沖縄県中頭郡西原町字千原1　琉球大学附属図書館内
矢内原忠雄（一八九三～一九六一）の蔵書六七七冊と植民地関係原資料群六八三点を所蔵。琉球大学学術リポジトリで資料画像を公開。

◆**柳田文庫**
東京都港区三田2-15-45　慶應義塾大学言語文化研究所内
柳田國男（一八七五～一九六二）が方言研究の際に作成した方言カード二一〇〇枚、ノート一冊、手書きの複写資料、方言関連の記事・抜刷、柳田の著作を所蔵。目録あり（冊子体）。

◆**柳田文庫**
東京都世田谷区成城6-1-20　成城大学民俗研究所内
柳田國男旧蔵の和書一万五五〇〇冊、洋書一五〇〇冊、別刷その他八〇〇冊、和雑誌一三七〇種、洋雑誌九〇種を所蔵。OPACあり。

◆**柳田國男館**
長野県飯田市追手町2-665-7　飯田市美術博物館付属施設
柳田國男が東京に建てた「喜談書屋」を移築したもの。柳田國男記念伊那民俗学研究所の拠点。

◆**福崎町立柳田國男・松岡家記念館**
兵庫県神崎郡福崎町西田原1038-12
柳田國男の著作物、編集物（雑誌・刊行物）、原稿、書簡、葉書、机、卒業証書、御大典に着用した衣冠束帯、ブロンズ像などを所蔵。

◆**日本民藝館（柳宗悦）**
東京都目黒区駒場4-3-33
柳宗悦（一八八九〜一九六一）の旧宅、遺墨、蔵書を所蔵。

◆**山川菊栄文庫**
神奈川県横浜市西区紅葉ケ丘9-2 神奈川県立図書館内
山川菊栄（一八九〇〜一九八〇）の旧蔵資料五一二〇点、女性運動史・女性労働運動史に関する一次資料を所蔵。OPACに資料一覧リンクあり。

◆**山口文庫**
北海道札幌市豊平区西岡三条7-3-1 札幌大学図書館内
山口昌男（一九三一〜二〇一三）の蔵書・収集資料約四万点を所蔵。図書館二階には山口の仕事場を再現した「ヘルメス」を設置。

◆**愛山文庫**
京都府京都市上京区今出川通烏丸東入 同志社大学今出川図書館内
山路愛山（一八六五〜一九一七）旧蔵の日本史関係の書籍三五六八冊（和漢書三二六七冊、洋書三〇一冊）を所蔵。一般図書と混配。カード式目録あり。

◆**湯川記念館史料室**
京都府京都市左京区北白川追分町 京都大学基礎物理学研究所内
湯川秀樹（一九〇七〜一九八一）の日記、研究資料を所蔵。日記は一部HP上で公開。目録あり。OPACあり。

◆**大阪大学総合学術博物館湯川記念室**
大阪府豊中市待兼山町1-1 大阪大学大学院理学研究科・物理学専攻内
湯川秀樹の講演原稿、論文原稿、計算ノート、手紙、学会プログラムなどを所蔵。デジタルアーカイブあり。

◆**唐学斎旧蔵書（吉川幸次郎）**
京都府京都市左京区吉田本町 京都大学大学院文学研究科図書館内
吉川幸次郎（一九〇四〜一九八〇）の蔵書六二八冊を所蔵。目録あり（冊子体）。洋書のみOPACで検索可。

◆**吉川文庫**
神戸市中央区楠町7-2-1 神戸市立中央図書館内
吉川幸次郎の蔵書二万四〇〇〇冊を所蔵。目録あり（冊子体）。

◆**吉野作造記念館**
宮城県大崎市古川福沼1-2-3
吉野作造（一八七八〜一九三三）の原稿・書簡・愛用品を所蔵。目録あり（冊子体）。デジタルアーカイブあり。

◆**吉野文庫**
東京都文京区本郷7-3-1 東京大学法学部研究室図書館内

吉野作造の蔵書八七一六冊を所蔵。目録あり（冊子体）。

◆**和辻哲郎文庫**

東京都千代田区富士見2-17-1 法政大学市ヶ谷図書館内

和辻哲郎（一八八九〜一九六〇）旧蔵の和書三一五二冊、洋書一五二一冊、和雑誌二〇種一〇三冊、洋雑誌一五種五三冊を所蔵。目録あり（Excel形式）。

（山辺春彦・杉山亮）

【編者】

和田博文（わだ・ひろふみ）

東京女子大学比較文化研究所長・丸山眞男記念比較思想研究センター長。著書に『日本人美術家のパリ 1878-1942』（平凡社、二〇二三年）、『三越誕生！——帝国のデパートと近代化の夢』（筑摩選書、二〇二〇年）、『海の上の世界地図——欧州航路紀行史』（岩波書店、二〇一六年）、『シベリア鉄道紀行史——アジアとヨーロッパを結ぶ旅』（筑摩選書、二〇一三年、交通図書賞）、『資生堂という文化装置 1872-1945』（岩波書店、二〇一一年）など。編書に『猫の文学館Ⅰ』から始まる「文学館」シリーズ六冊（ちくま文庫、二〇一七—二一年）など。

山辺春彦（やまべ・はるひこ）

東京女子大学丸山眞男記念比較思想研究センター特任講師。共著に『丸山眞男と加藤周一』（筑摩選書、近刊）、共編書に『丸山眞男講義録 別冊一——日本政治思想史 1956/59』（東京大学出版会、二〇一七年）、『丸山眞男講義録 別冊二——日本政治思想史 1957/58』（東京大学出版会、二〇一七年）など。

【執筆者】（五十音順）

朝倉友海（あさくら・ともみ）
東京大学大学院総合文化研究科准教授、専門は哲学。主な仕事に『「東アジアに哲学はない」のか――京都学派と新儒家』（岩波書店、二〇一四年）、『概念と個別性――スピノザ哲学研究』（東信堂、二〇一二年）など。

一柳廣孝（いちやなぎ・ひろたか）
横浜国立大学教授、専門は日本近現代文学・文化史。主な仕事に『怪異の表象空間――メディア・オカルト・サブカルチャー』（国書刊行会、二〇二〇年）、『無意識という物語――近代日本と「心」の行方』（名古屋大学出版会、二〇一四年）など。

大橋義武（おおはし・よしたけ）
東京女子大学専任講師、専門は中国文学。主な仕事に「日本における『三国演義』の文学史的評価――その内容及び中国の文学史家への影響について」（『三國志研究』第一三号、二〇一八年九月）、「民国期中学国語教科書と明清白話小説――資料整理と初歩的考察」（『現代中国』第八五号、二〇一一年九月）など。

金子　元（かねこ・はじめ）
秀明大学等非常勤講師、東京女子大学丸山眞男記念比較思想研究センタースタッフ。専門は日本政治思想史。主な仕事に「箕作麟祥『泰西勧善訓蒙』続篇（国政論）にみる英米モラル・フィロソフィー受容の一考察」（『秀明大学紀要』第一八号、二〇二一年三月）、「黎明期学習院の学制変遷と華族像の競合――華族会館設立から学習院第一次改革まで」（『学習院大学国際研究教育機構研究年報』第四号、二〇一八年二月）など。

亀井哲治郎（かめい・てつじろう）
数楽編集者。元『数学セミナー』編集長。ほかに雑誌『数学のたのしみ』『数学文化』や数学書の企画・編集に携わる。共著書に『輝数遇数』PART I、II（現代数学社、二〇二〇、二二年）がある。

窪田高弘（くぼた・たかひろ）
大阪大学名誉教授、専門は素粒子物理学。主な仕事に『物理のためのリー群とリー代数』（サイエンス社、二〇〇八年）、『相対性理論』（共著、裳華房、二〇〇一年）など。

黒沢文貴（くろさわ・ふみたか）

東京女子大学名誉教授、専門は日本近現代史。主な仕事に『歴史に向きあう——未来につなぐ近現代の歴史』（東京大学出版会、二〇二〇年）、『大戦間期の日本陸軍』（みすず書房、二〇〇〇年）など。

小檜山ルイ（こひやま・るい）

東京女子大学教授、専門はアメリカ・ジェンダー史、キリスト教史、日米比較文化。主な仕事に『帝国の福音——ルーシィ・ピーボディとアメリカの海外伝道』（東京大学出版会、二〇一九年）、『アメリカ婦人宣教師——来日の背景とその影響』（東京大学出版会、一九九二年）など。

金野美奈子（こんの・みなこ）

東京女子大学教授、専門は社会学。主な仕事に『ロールズと自由な社会のジェンダー——共生への対話』（勁草書房、二〇一六年）、『ＯＬの創造——意味世界としてのジェンダー』（勁草書房、二〇〇〇年）など。

佐藤美奈子（さとう・みなこ）

早稲田大学非常勤講師、専門は日本政治思想史。主な仕事に「「奴隷」の精神と「任侠」の精神——『支那革命外史』前半部に見る北一輝の日本批判」（『文化』第三〇号、二〇一二年三月）、「北一輝の「日本」——『国家改造案原理大綱』における進化論理解の変転」（『日本思想史学』第三四号、二〇〇二年九月）など。

島村輝（しまむら・てる）

フェリス女学院大学教授、専門は日本近現代文学・芸術表象論。主な仕事に「感染症に幼子を奪われる話——文学者たちの一九〇九年」（『社会文学』第五五号、二〇二二年三月）、『志賀直哉の短編小説を読み直す——「小説の神様」が仕組んだ「神話」と「歴史」のトリック』（かもがわ出版、二〇二二年）など。

杉山亮（すぎやま・りょう）

東京都立大学助教、専門は日本政治思想史。主な仕事に「東亜協会について1906～1929年」（『法学会雑誌』第六〇巻第一号、二〇一九年一月）、「明治期における儒学言説に関する一考察——井上哲次郎『儒学三部作』について⑴」（『法学会雑誌』第五八巻第一号、二〇一七年七月）など。

竹内栄美子（たけうち・えみこ）

明治大学教授、専門は日本近代文学。主な仕事に「関東大震災と『種蒔く人』」（「種蒔く人」顕彰会編『「種蒔く人」の射程——一〇〇年の時空を超えて』秋田魁新報社、二〇二二年）、『中野重治・堀田善衞 往復書簡1953-1979』（共編、影書房、二〇一八年）など。

竹花洋佑（たけはな・ようすけ）

福岡大学准教授、専門は近代日本哲学。主な仕事に『渦動する象徴——田辺哲学のダイナミズム』（共編著、晃洋書房、二〇二一年）、「『種の論理』の生成と構造——媒介としての生」（『思想』第一〇五三号、二〇一二年一月）など。

立本紘之（たてもと・ひろゆき）

法政大学大原社会問題研究所兼任研究員・独立行政法人国立公文書館調査員、専門は近現代日本社会運動史・思想史。主な仕事に『転形期芸術運動の道標——戦後日本共産党の源流としての戦前期プロレタリア文化運動』（晃洋書房、二〇二〇年）、「社会民衆党・社会大衆党の無産者芸術・文化へのまなざし」（『大原社会問題研究所雑誌』七四〇号、二〇二〇年六月）など。

友兼清治（ともかね・せいじ）

編集者（元太郎次郎社代表）、教育書を担当。主な仕事に「遠山啓著作集」、「現代教育実践文庫」第Ⅰ期（ともに太郎次郎社）など。

中野綾子（なかの・あやこ）

明治学院大学助教、専門は日本近代文学。主な仕事に「一九六〇年映画と文学のすれ違う共闘——榛葉英治『乾いた湖』の映画化による改変をめぐって」（『職業作家の生活と出版環境——日記資料から研究方法を拓く』文学通信、二〇二二年）、「日本語書物の越境——漢口兵站図書館「つはもの文庫」を例として」（『昭和文学研究』第七八集、二〇一九年三月）など。

中野貴文（なかの・たかふみ）

学習院大学教授、専門は日本中世文学。主な仕事に「徒然草の書き手の肖像」（『中世文学』第六七巻、二〇二二年六月）、『徒然草の誕生——中世文学表現史序説』（岩波書店、二〇一九年）など。

廣木 尚（ひろき・たかし）

早稲田大学講師（任期付）、専門は日本近現代史。主な仕事に『アカデミズム史学の危機と復権』（思文閣出版、二〇二二年）、「日本歴史地理学会と吉田東伍」（『早稲田大学史記要』第五二～五三巻、二〇二一～二二年）など。

藤野裕子（ふじの・ゆうこ）

早稲田大学教授、専門は民衆史・ジェンダー史。主な仕事に『民衆暴力――一揆・暴動・虐殺の日本近代』（中公新書、二〇二〇年）、『都市と暴動の民衆史――東京・1905–1923年』（有志舎、二〇一五年）など。

古川雄嗣（ふるかわ・ゆうじ）

北海道教育大学旭川校准教授、専門は教育哲学。主な仕事に『大人の道徳――西洋近代思想を問い直す』（東洋経済新報社、二〇一八年）、『偶然と運命――九鬼周造の倫理学』（ナカニシヤ出版、二〇一五年）など。

牧野邦昭（まきの・くにあき）

慶應義塾大学教授、専門は近代日本経済思想史。主な仕事に『新版 戦時下の経済学者――経済学と総力戦』（中公選書、二〇二〇年）、『経済学者たちの日米開戦――秋丸機関「幻の報告書」の謎を解く』（新潮選書、二〇一八年）など。

松井慎一郎（まつい・しんいちろう）

跡見学園女子大学教授、専門は日本近現代思想史。主な仕事に『近代日本における功利と道義――福沢諭吉から石橋湛山まで』（北樹出版、二〇一八年）、『河合栄治郎――戦闘的自由主義者の真実』（中公新書、二〇〇九年）など。

森田真生（もりた・まさお）

独立研究者。人間と数学についての考察を軸に、研究・教育・執筆・ライブ活動を行う。主な仕事に『計算する生命』（新潮社、二〇二一年）、『数学する身体』（新潮社、二〇一五年）など。